Die Sprache der Materialien

Waxmann Verlag GmbH
Steinfurter Straße 555, 48159 Münster
info@waxmann.com

Münchner Beiträge zur Volkskunde

herausgegeben vom
Institut für Volkskunde/Europäische Ethnologie
der Universität München

Band 37

Die Publikation der Reihe
Münchner Beiträge zur Volkskunde werden von
der Münchner Vereinigung für Volkskunde e. V.
gefördert und organisatorisch betreut.

Thomas Raff

Die Sprache der Materialien

Anleitung zu einer Ikonologie der Werkstoffe

Waxmann 2008
Münster / New York / München / Berlin

Bibliografische Informationen der Deutschen Nationalbibliothek
Die Deutsche Nationalbibliothek verzeichnet diese Publikation in der
Deutschen Nationalbibliografie; detaillierte bibliografische Daten sind im
Internet über http://dnb.d-nb.de abrufbar.

ISBN 978-3-8309-1881-3
ISSN 0177-3429

© 2008 Waxmann Verlag GmbH, Münster
www.waxmann.com
info@waxmann.com

Umschlaggestaltung: Gregor Pleßmann Kommunikationsdesign, Ascheberg
Titelbild: Max Klinger: Beethoven (1885 – 1902), Leipzig, Museum der bildenden Künste.
Vgl. S. 124–126.
Satz: Tomislav Helebrant
Gedruckt auf alterungsbeständigem Papier, säurefrei gemäß ISO 9706
Alle Rechte vorbehalten
Printed in Germany

INHALT

VORWORT ZUR 2. AUFLAGE

Nach über zehn Jahren erscheint dieses schmale Buch in sprachlich leicht überarbeiteter Form nochmals. Die erste Auflage der Habilitationsschrift, erschienen im Deutschen Kunstverlag, war erstaunlich schnell vergriffen, immer wieder wurde der Wunsch nach einer Neuauflage an den Verfasser herangetragen.

1994 war die Fragestellung dieser Arbeit einigermaßen neuartig und isoliert, wie aus der damals geschilderten Forschungsgeschichte deutlich hervorgeht. Inzwischen hat sich in Sachen Materialikonologie einiges getan, allerdings ganz überwiegend im Hinblick auf die „moderne" Kunst, vor allem diejenige nach 1945, die in dem vorliegenden Buch nicht behandelt wird.

Besonders viele Initiativen gingen von Hamburg aus: Seit 1996 erarbeitete Monika Wagner, zusammen mit Studenten des Kunstgeschichtlichen Seminars der Universität Hamburg, das umfangreiche „Archiv zur Erforschung der Materialikonographie". 2001 erschien ihr Buch „Das Material der Kunst. Eine andere Geschichte der Moderne" und im Jahr darauf das „Lexikon des künstlerischen Materials. Werkstoffe der modernen Kunst von Abfall bis Zinn", sowie der Tagungsband „Material in Kunst und Alltag", beide herausgegeben von Monika Wagner und Dietmar Rübel (bzw. Sebastian Hackenschmidt).

2005 erschien der von Dietmar Rübel, Monika Wagner und Vera Wolff herausgegebene Band „Materialästhetik. Quellentexte zu Kunst, Design und Architektur", der sich zwar seiner Hauptabsicht nach nicht mit der Ikonologie, sondern mit der Ästhetik der Materialien befasst, aber doch sehr wertvolle Beiträge zu den sich wandelnden Einstellungen gegenüber den Werkstoffen – und damit auch zu ihrer Ikonologie – etwa seit der Romantik und bis in die 1970er Jahre bietet. Nützlich sind darin nicht nur die z. T. aus entlegenen Publikationen entnommenen Quellentexte selbst, sondern auch die jeweils einleitend vorausgeschickten Kommentare.

Dazu kamen manche Arbeiten zu einzelnen Materialien, etwa Suzanne B. Butters' zweibändiges Werk über den Porphyr im Florenz der Renaissance (1996) oder Christian Fuhrmeisters Dissertation über „Beton, Klinker, Granit. Material macht Politik" mit dem Untertitel „Eine Materialikonographie" (2001). Juliane Bardt betont – wie ich glaube, zu Unrecht – in ihrer Disseration „Kunst aus Papier. Zur Ikonographie eines plastischen Werkmaterials der zeitgenössischen Kunst" (2006) die engen Grenzen der Materialikonographie.

Ein wesentlich weiterer Material-Begriff als in meiner Arbeit liegt dem von Andreas Haus, Franck Hofmannn und Änne Söll herausgegebenen Tagungsband „Material im Prozess. Strategien ästhetischer Produktivität" (2000) zugrunde.

Schon diese wenigen Beispiele – viele weitere sind mir sicher entgangen – zeigen: Das Interesse an den Kunst-Materialien hat in den letzten 10–15 Jahren stark zugenommen. Leider konnten die vielen neuen Erkenntnisse nicht in das vorliegende Buch eingearbeitet werden. So mag es denn als Beleg für eine bestimmte Phase der materialikonologischen Fragestellung nochmals hinausgehen.

Zur Terminologie: In Hamburg hat man sich entschlossen, die Frage nach der Materialbedeutsamkeit mit dem Begriff „Materialikonographie" zu bezeichnen, und dieser Entschluss hat offenbar breite Wirkung gehabt. Mir schien und scheint der Ausdruck „Materialikonologie" angemessener, wenn man etwa berücksichtigt, wie Erwin Panofsky 1939 „Ikonographie" und „Ikonologie" definierte: Mit der Feststellung, dass Leonardo da Vinci mit den 13 Männern, die er um einen Tisch versammelte, das Letzte Abendmahl darstellen wollte, sei das Gemälde in seinen Grundzügen bereits ikonographisch gedeutet. „Suchen wir jedoch das Fresko als ein Dokument der Persönlichkeit Leonardos oder der Kultur der italienischen Hochrenaissance oder einer bestimmten religiösen Einstellung zu verstehen, so beschäftigen wir uns mit dem Kunstwerk als einem Symptom von etwas anderem [...], und wir interpretieren seine kompositionellen und ikonographischen Züge als spezifischere Zeugnisse für dieses ‚andere'. Die Entdeckung und die Interpretation dieser ‚symbolischen' Werte [...] ist der Gegenstand dessen, was wir, im Gegensatz zur ‚Ikonographie', ‚Ikonologie' nennen können." Gerade dieses Verweisen auf Anderes, oft kaum Bewusstes, weil alltäglich oder selbstverständlich Gewordenes scheint mir für die Suche nach der Materialbedeutsamkeit typisch zu sein.

Doch sollte man an derartige Definitionen nicht zu allzu viel Energie verschwenden. Die Erkenntnis, dass die Materialien nicht nur rein physisch, sondern auch „semantisch" oder „symbolisch" etwas zum Gehalt oder zur Bedeutung der Kunstwerke beitragen (können), scheint sich durchzusetzen, egal wie man diese Fragestellung nennen mag. Es ging mir vor allem darum, hierfür geeignete Werkzeuge an die Hand zu geben, daher der vielleicht etwas anmaßende Untertitel „Anleitung zu einer Ikonologie der Werkstoffe".

Da dieser Arbeit ein sozusagen kulturhistorischer, ja gelegentlich sogar ein anthropologischer Kunstbegriff zugrunde liegt, findet die Neuauflage in der Reihe „Münchner Beiträge zur Volkskunde" vielleicht eine passende Heimat. Bei dem Herausgeber, Helge Gerndt, bedanke ich mich für die Aufnahme meiner Arbeit in diese Reihe, bei Tomislav Helebrant für technische Hilfe und Beratung.

München, im Oktober 2007
Thomas Raff

VORWORT ZUR 1. AUFLAGE

Dieses Buch ist kein Lexikon und sollte auch nicht als solches benutzt werden. Es legt keinerlei Wert auf eine wie immer geartete Vollständigkeit, sondern versucht, das weite und auch heute noch auffällig wenig bestellte Feld der Materialikonologie nach Möglichkeit systematisch abzustecken.

Manche der besprochenen Beispiele sind weltberühmte Kunstwerke, bei anderen handelt es sich um bescheidene Gegenstände des Kunsthandwerks, der Gebrauchs- oder der Volkskunst. Die Auswahl der Beispiele ist einigermaßen willkürlich; jeder Leser wird ohne große Mühe andere, vielleicht auch eindrucksvollere benennen können.

Bei dem Text handelt es sich um die geringfügig überarbeitete Version meiner Habilitationsschrift, die 1991 von der Philosophischen Fakultät der Universität Augsburg angenommen wurde. Hanno-Walter Kruft, der im September 1993 überraschend verstorbene Inhaber des Augsburger Lehrstuhls für Kunstgeschichte, hat meine Überlegungen von Anfang an mit ermutigender Zustimmung und konstruktiver Kritik begleitet und gefördert. Von vielen Kollegen und Freunden erhielt ich Hinweise auf „materialikonologisch sprechende" Denkmäler oder auf diesbezügliche Literatur, wofür ihnen allen hier herzlich gedankt sei.

München, im November 1994
Thomas Raff

WAS IST MATERIALIKONOLOGIE?

Die Frage, ob oder wie jene Materialien, aus denen Kunstwerke bestehen, einen eigenen Beitrag zur inhaltlichen Aussage dieser Kunstwerke leisten können, also die Frage nach der „Ikonologie der Materialien", wurde von der Kunstwissenschaft bisher erstaunlich selten gestellt. Offenbar empfand diese traditionell formanalytisch und stilgeschichtlich orientierte Wissenschaft das Nachdenken über die Materialien der Kunstwerke als eine untergeordnete, wenn nicht sogar als eine ihrer unwürdige Tätigkeit.

Eher als Notbehelf bedienten und bedienen sich Kunsthistoriker der Materialien zur Systematisierung umfangreicher Denkmälerkomplexe, etwa in den Bestandskatalogen großer Museen oder in Corpus-Werken. Eine wichtigere Rolle spielen die Materialien naturgemäß in der Denkmalpflege – aber auch hier in aller Regel nicht aus ikonologischen Gründen. Materialanalysen dienen gelegentlich zum Zwecke der Datierung oder Lokalisierung von Kunstwerken oder auch zur Entlarvung von Fälschungen. Die prähistorischen Epochen glaubte man, sozusagen mangels „geistigerer" Kriterien, nach bestimmten Leitmaterialien als Stein-, Bronze- oder Eisenzeit benennen zu müssen. Und schließlich gehört die möglichst genaue Benennung des Materials – ebenso wie die Angabe des Formats, der Signatur oder der Inventarnummer – zur professionellen Beschreibung oder Inventarisierung eines Kunstwerks.

In diesen und ähnlichen Fällen wird das Material ganz bewusst als ein rein äußerliches, sozusagen unter dem Niveau des eigentlich Künstlerischen oder Kunsthistorischen liegendes Hilfsmittel aufgefasst. Völlig zu Recht stellte der Münchner Kunsthistoriker Hermann Bauer fest, es sei eine Eigenschaft der „abstrakten Kunstgeschichtsschreibung, das Material zu verachten"[1].

---

[1] Hermann Bauer: Kunsthistorik. Eine kritische Einführung in das Studium der Kunstgeschichte. München 1976, S. 79. – Richard Hamann hatte bereits 1916 in seinem damals vielbeachteten Aufsatz „Die Methode der Kunstgeschichte und die allgemeine Kunstwissenschaft" geschrieben: „Alles, was wir von Materialkunde am Kunstwerk voraussetzen, ist naturwissenschaftlich orientiert und betrifft den materiellen Charakter des Werkes." (in: Monatshefte für Kunstwissenschaft 9, 1916, S. 64–78, 103–114, 141–154; Zit. S. 68). – Kritisch zu Hamanns Bemerkung über die „Materialkunde": Emil Utitz: Grundlegung der allgemeinen Kunstwissenschaft. 2 Bde. Stuttgart 1914/1920, Bd. 2, S. 53–55. Allerdings ist auch Utitz weit davon entfernt, einer Materialikonologie das Wort zu reden.

Erstaunlicherweise finden sich sogar in Monographien, die ausschließlich Kunstwerke aus einem bestimmten Material behandeln,[2] in aller Regel kaum Überlegungen zur Semantik, Symbolik oder Allegorik des betreffenden Werkstoffes. Offenbar nahmen und nehmen es die Autoren als gegeben, dass bestimmte Stoffe zu Kunstwerken verarbeitet wurden, andere dagegen nicht.

Über die mögliche „Bedeutsamkeit" einzelner Materialien wurde bisher eher außerhalb des kunstwissenschaftlichen Diskurses nachgedacht, etwa von Theologen[3], Mittelalterphilologen[4] oder Volkskundlern[5]. Von einer kunsthistorischen Forschungsgeschichte der Materialikonologie – im Sinne einer kontinuierlichen Diskussion – kann noch kaum gesprochen werden, da sich Überlegungen zur inhaltlichen Bedeutung von Werkstoffen nur ganz sporadisch und weitgehend zusammenhanglos finden. Wenn man die nicht eigentlich hierher gehörigen, zudem mehr von Künstlern, Architekten und Kunstkritikern als von Kunsthistorikern geführten Diskussionen um „Material-Gerechtigkeit", „Material-Echtheit" und „Material-Ästhetik"[6] einmal beiseite lässt, ist die Geschichte der Materialikonologie schnell zusammengefasst.

---

[2] Etwa: Rolf Fritz: Die Gefäße aus Kokosnuß in Mitteleuropa 1250–1800. Mainz 1983.

[3] Etwa: Ignaz Goldziher: Eisen als Schutz gegen Dämonen. In: Archiv für Religionswissenschaft 10, 1907, S. 41–49 (über islamische Quellen). – Karl Helmut Singer: Die Metalle Gold, Silber, Bronze, Kupfer und Eisen im Alten Testament und ihre Symbolik (= Forschung zur Bibel 43). Würzburg 1980.

[4] Hier ist vor allem die „Ohly-Schule" zu nennen, der eine ganze Reihe von Überlegungen zur allegorischen Bedeutung von Materialien zu verdanken ist; etwa: Christel Meier: *Gemma Spiritalis*. Methode und Gebrauch der Edelsteinallegorese vom frühen Christentum bis ins 18. Jahrhundert. Teil I (= Münstersche Mittelalterschriften 34/1). München 1977. – Friedrich Ohly: Tau und Perle. In: Beiträge zur Geschichte der deutschen Sprache und Literatur 95, 1973, S. 406–423. – Ders.: Diamant und Bocksblut. Zur Traditions- und Auslegungsgeschichte eines Naturvorgangs von der Antike bis in die Moderne. Berlin 1976.

[5] S. hierzu unten S. 45 f.

[6] Vgl. etwa: Walter Hentschel: Zum Problem der Materialechtheit in der alten Kunst. In: Sitzungsberichte der kunstgeschichtlichen Gesellschaft zu Berlin, 8. Januar 1954, S. 8–12. – Eberhard Hempel: Material und Strukturechtheit in der Architektur (= Abhandlungen der Sächsischen Akademie der Wissenschaften zu Leipzig, philol.-histor. Klasse, Bd. 48, H. 3). Berlin 1956. – Neuerdings sehr nützlich: Dietmar Rübel, Monika Wagner, Vera Wolff (Hgg.): Materialästhetik. Quellentexte zu Kunst, Design und Architektur. Berlin 2005.

FORSCHUNGSGESCHICHTE

Den ersten Ansatz zu einer Ikonologie des Materials scheint – oberflächlich betrachtet – Alfred Stanges problematische Schrift „Die Bedeutung des Werkstoffes
in der deutschen Kunst"[7] von 1939 zu bilden. In ihr will der Autor „Art und Charakter der Kunst des deutschen Volkes" herausarbeiten, und zwar „gewissermaßen
von unten, vom Handwerklichen aus". Stange konstatiert (oder richtiger: postuliert) eine Vorliebe des deutschen Künstlers für bestimmte Materialien:

> *„Mit einem Material hat der germanische und hat späterhin der deutsche
> Mensch vorzugsweise gearbeitet: mit dem Holze. Es ist für deutsches und
> germanisches Schaffen ähnlich bezeichnend wie der Marmor für die grie-
> chische Kunst. Und wie in der griechischen Antike zum Marmor noch
> Bronze und Ton treten, so hat auch der nordische Künstler noch in ande-
> ren Werkstoffen gestaltet, aber das Holz stand seinem Denken und Emp-
> finden zweifelsohne besonders nahe."[8]*

In ähnlicher Weise wird dann aber auch die enge Beziehung des „germanisch-deut-
schen Menschen" zu Metall und Stein geschildert, so dass sich die Aussagen gegenseitig stark relativieren. Der Autor legt explizit Wert darauf, nicht in der Nach-
folge des „Materialisten" Gottfried Semper gesehen zu werden, der den „Stil in
den technischen und tektonischen Künsten" aus den Zusammenhängen von Werkstoff, Gebrauchszweck und Technik abgeleitet hatte. Stanges ganze Schrift ist eine
apologetische Verherrlichung der deutschen und nordischen Kunst, mit versteckten
antikirchlichen und antiitalienischen sowie deutlichen antifranzösischen Tendenzen. Es handelt sich also nicht eigentlich um ein Stück Forschungsgeschichte, sondern eher um eine Quelle zur intellektuellen Instrumentalisierung von Kunst, speziell von Kunstmaterialien, für die politischen Zwecke des Dritten Reichs.

Eine bemerkenswerte Reaktion auf Alfred Stanges Überlegungen findet sich
ein Jahr später an versteckter Stelle bei Hans Sedlmayr: In einem 1940 erschienenen Büchlein versuchte er, einen „neuen Zugang zur Kunst Michelangelos über

---

[7] Alfred Stange: Die Bedeutung des Werkstoffes in der deutschen Kunst. Mit einem Anhang über Stil, Geschichte und Persönlichkeit. Bielefeld, Leipzig 1940 (zuerst veröffent-
licht in: Rheinische Blätter 16, 1939, S. 179 ff. – Diese Sondernummer erschien aus
Anlass des 50. Geburtstags Adolf Hitlers).

[8] Ebd., S. 15.

das Erlebnis der Schwere" zu finden. Ohne den Namen Stanges zu erwähnen, schreibt Sedlmayr in einem „Selbstkommentar" zu diesem Buch:

> *„Überhaupt ist in der neuesten Kunstgeschichte ein neuer Sinn für die Eigenschaften der Werkstoffe und die Symbolkraft des Stofflichen durchgebrochen und hat die Einsicht gezeitigt, daß in den Werkstoffen ein geistiger Stoff der Gestaltung sich verkörpert. Die ältere stilgeschichtliche Betrachtung hatte über die Form- und Raumprobleme, die notwendig abstrakter Natur sind, das Problem des Stoffs – nur zum Teil in einer bewußten, mißverstandenen Reaktion gegen den Semperschen ‚Materialismus' – in sehr bezeichnender Weise vernachlässigt."*[9]

Auch Sedlmayrs merkwürdig verschwommenes Verständnis von der Symbolkraft der Werkstoffe konnte jedoch nicht zum Ausgangspunkt einer wissenschaftlichen Ikonologie der Materialien werden, zumal in einer Phase der deutschen Kunstgeschichtswissenschaft, die der Ikonologie ganz grundsätzlich ablehnend gegenüberstand.

Den entscheidenden Anstoß gab erst 1969 Günter Bandmann mit seinem Aufsatz „Bemerkungen zu einer Ikonologie des Materials"[10]. Hier wird erstmals *expressis verbis* festgestellt und mit Beispielen belegt, dass die verwendeten Materialien bei vielen Kunstwerken in irgend einer Weise zur Bedeutung beitragen, also „ikonologisch aussagefähig" oder „Informationsträger" sein können. Aber bemerkenswerterweise behandelt Bandmann in diesem wichtigen Aufsatz über weite Strecken gar keine Werkstoffe im eigentlichen Sinne, sondern einerseits die verschiedenen Kunstgattungen (z. B. Fortsetzung der gebauten Architektur im gemalten Himmel bei barocken Sakralräumen), andererseits Ornamentformen (z. B. Säulenportal und Rustica).

Bandmann konstruiert in erster Linie Materialhierarchien, wobei er sich, ohne hierfür schriftliche Belege heranzuziehen, unmittelbar auf die Betrachtung der – zumeist mittelalterlichen – Kunstwerke stützt. Seine Überlegungen zur Materialikonologie bleiben demzufolge ziemlich hypothetisch und allgemein, und er selbst zieht auch ein eher enttäuschendes Resümee: „Mehr als jeder andere ikonologisch interpretierbare Gegenstand tritt das Material meist nur in Verbindung mit anderen aufschlußreichen Prinzipien – oben und unten, flächig und plastisch, farbig und monochrom – oder in Verbindung mit bedeutungsvollen Ordnungsschemata in Erscheinung und ist diesen, da integriert, durchweg untergeordnet."[11]

---

[9] Hans Sedlmayr: Michelangelo. Versuch über die Ursprünge seiner Kunst. München 1940, S. 37 f.

[10] Günter Bandmann: Bemerkungen zu einer Ikonologie des Materials. In: Städel-Jahrbuch N. F. 2, 1969, S. 75–100.

[11] Ebd., S. 94.

Ebenfalls 1969 erschien Bandmanns Aufsatz „Der Wandel der Materialbewertung in der Kunsttheorie des 19. Jahrhunderts"[12], in dem er ausführlicher als in der zuvor genannten Arbeit die sich im Laufe der Kunstgeschichte wandelnde Einstellung zum Werkstoff behandelt. Dabei unterscheidet Bandmann zwei „ästhetische Systeme": erstens ein von ihm als „idealistisch" bezeichnetes, das auf Platon und Aristoteles zurückgeht und mindestens bis zum Ende des 18. Jahrhunderts fortdauerte, und zweitens ein als „materialistisch" bezeichnetes, das seit dem 19. Jahrhundert dominierte. Während das ältere „System" das Material grundsätzlich verachte und deshalb zu reduzieren bzw. zu sublimieren suche, gestehe das jüngere dem Material eine eigenständige Rolle bei der Entstehung von Kunstwerken zu, fordere vom Künstler insbesondere, sich dem „Willen" oder dem „Charakter" der verwendeten Materialien unterzuordnen. Doch handelt dieser gedankenreiche und anregende Aufsatz fast ausschließlich von der Geschichte und dem Begriff der „Materialgerechtigkeit", also einem *ästhetischen* Postulat, wohingegen von einer Ikonologie oder Semantik der Werkstoffe nur ganz beiläufig die Rede ist.

1975 publizierte Wolfgang Kemp den Aufsatz „Material der bildenden Kunst. Zu einem ungelösten Problem der Kunstwissenschaft"[13]. Auf Bandmann aufbauend, legt er dar, dass bestimmte Materialien seit der zweiten Hälfte des 18. Jahrhunderts kanonisiert, andere dagegen aus dem Bereich der etablierten Künste ausgeschlossen wurden. Ähnlich wie Bandmann billigt auch Kemp den Materialien nur eine „verhältnismäßig geringe Breite" ikonologischer Ausdrucksmöglichkeiten zu, fordert aber zu Recht Forschungen zur Geschichte einzelner Materialien und ihrer sozialen Funktionen, etwa unter dem Aspekt des Preises, religiös-magischer Praktiken, symbolischer Bedeutungen oder assoziativer Umfelder. Am Beispiel des Materials Wachs beschreibt er einige Bedeutungs- und Anwendungsmöglichkeiten und zeigt, wie dieser Werkstoff von der Kunsttheorie aus dem etablierten Materialkanon hinausgedrängt wurde und dadurch kunstfremde, ja sogar kunstfeindliche Bedeutungen erhielt.

---

[12] Günter Bandmann: Der Wandel der Materialbewertung in der Kunsttheorie des 19. Jahrhunderts. In: Helmut Koopmann und Josef Adolf Schmoll gen. Eisenwerth (Hgg.): Beiträge zur Theorie der Künste im 19. Jahrhundert (= Studien zur Philosophie und Literatur des 19. Jahrhunderts, Bd. 12/1). Frankfurt am Main 1971, S. 129–157. – Bandmann hatte die Gedanken dieses Aufsatzes zuvor auf einer Tagung der „Arbeitskreise für Deutsche Literaturwissenschaft, Kunstgeschichte und Musikwissenschaft im Forschungsunternehmen ‚19. Jahrhundert' der Fritz Thyssen Stiftung" in Frankfurt vorgetragen. Die Texte dieses Referats und der daran anschließenden Diskussion liegen in einem vervielfältigten Typoskript vor, das aufgrund einer Tonbandaufzeichnung hergestellt und an die Teilnehmer der Arbeitskreise verteilt wurde (ebd., S. 98–121).
[13] Wolfgang Kemp: Material der bildenden Kunst. Zu einem ungelösten Problem der Kunstwissenschaft. In: Prisma (Gesamthochschule Kassel), H. 9, 1975, S. 25–34.

In einem weiteren Aufsatz[14] arbeitete Kemp 1976 heraus, dass viele Künstler des 20. Jahrhunderts die traditionell gewordenen und von der Kunsttheorie als „würdig" angesehenen Materialien als sozusagen geschichtlich verbraucht oder als kunsthistorisch belastet empfanden und deshalb nach „neuen" Werkstoffen suchten.

Michael Baxandall stellt in seinem 1980 erschienenen Buch über die süddeutschen Bildschnitzer[15] die Frage, ob das Lindenholz im 15. und 16. Jahrhundert tatsächlich nur wegen seiner technischen Eignung oder vielleicht auch aus anderen, eher inhaltlichen Gründen so hoch geschätzt wurde. Vorsichtig spricht er von einer „Aura" dieser Holzart, die man allerdings nicht genau ermessen könne. Er untersucht die Bedeutung der Linde im religiösen und brauchtümlichen Leben und kommt zu dem Ergebnis, Lindenholz sei „kein gewöhnliches Material" gewesen, sondern eines, das „Achtung erforderte".

Norberto Gramaccini widmete 1987 der „Ikonologie der Bronze im Mittelalter"[16] einen umfangreichen Aufsatz, der überzeugend und an einem zentralen Beispiel vorführt, wie die Ikonologie eines einzelnen Werkstoffes zu einer bestimmten Epoche untersucht werden sollte und könnte. Gramaccini betont, dass Bronzewerke seit karolingischer Zeit schon allein durch ihr Material topisch auf die Antike verwiesen, dass dieses Material als Symbol der Dauerhaftigkeit und Würde angesehen wurde und dass Großbronzen – ob antik oder mittelalterlich – oftmals als Rechts- oder Machtsymbole fungierten. Die sinnstiftende Strahlungskraft der im frühen Mittelalter vor dem römischen Lateranpalast aufgestellten Bronzen wird geschildert: Sowohl Karl der Große wie die seit dem 13. Jahrhundert erstarkenden italienischen Kommunen verwendeten Großbronzen, um ihren Anspruch gegenüber Rom *materialiter* zum Ausdruck zu bringen. Gramaccini behandelt die in Antike und Mittelalter der Bronze zugeschriebenen magischen und apotropäischen Eigenschaften, aber auch die soziale Stellung der Bronzearbeiter, mit einem Wort, er zeigt von den verschiedensten Ansätzen her die semantische Vernetzung eines der wichtigsten Werkstoffe der bildenden Kunst auf.

1992 veröffentlichte Wendy Stedman Sheard einen Aufsatz über „*Verrocchio's Medici tomb and the language of materials*"[17]. Hier wird äußerst plausibel dargelegt, welche semantischen Funktionen die bis dahin bei Florentiner Gräbern un-

---

[14] Wolfgang Kemp: Holz – Figuren des Problems Material. In: Ausst. Kat. „Holz = Kunst-Stoff". Baden-Baden 1976, S. 9–14.

[15] Michael Baxandall: The Limewood Sculptors of Renaissance Germany. London 1980, bes. S. 32 (deutsche Ausgabe unter dem Titel: Die Kunst der Bildschnitzer. München 1984, S. 38–42).

[16] Norberto Gramaccini: Zur Ikonologie der Bronze im Mittelalter. In: Städel-Jahrbuch N. F. 11, 1987, S. 147–170.

[17] Wendy Stedman Sheard: Verrocchio's Medici Tomb and the Language of Materials. In: Steven Bule (u. a. Hgg.): Verrocchio and Late Quattrocento Italian Sculpture. Florenz 1992, S. 63–90.

üblichen Materialien Bronze und Porphyr in der Alten Sakristei von San Lorenzo hatten. Verrocchios scheinbar so schlichtes Grab für Piero und Giovanni de' Medici brachte durch seine edlen und symbolisch aussagekräftigen Materialien die dynastischen Ambitionen der Herrscherfamilie ohne viele Worte und fast ohne Bildprogramm zum Ausdruck. Die Hauptaussage dieses Grabes liegt eben nicht in seiner Form, sondern in den verwendeten Werkstoffen.

Dieser kurze Überblick zur Forschungsgeschichte bis 1993 zeigt, dass die Existenz einer „Sprache der Materialien" von der Kunstwissenschaft erst seit den 1960er Jahren, in jüngerer Zeit aber immer deutlicher zur Kenntnis genommen wird.

Vorüberlegungen zur Methode

Zur Terminologie: Materie – Material – Werkstoff

Der Begriff „Material" besitzt ein so weites Bedeutungsspektrum, dass er für die Zwecke dieser Arbeit zunächst genauer definiert werden muss. Unter „Material" sei im Folgenden nicht jenes Abstraktum verstanden, welches Philosophen, Theologen und schließlich auch Kunsttheoretiker seit Jahrhunderten als „Materie" (griechisch *hyle*, lateinisch *substantia* oder *materia*) bezeichnen und als Gegensatz von Geist, Seele oder Idee auffassen.[18] Auch von „Materie" im Sinne von „Masse" oder „Schwere"[19] soll nicht die Rede sein.

Gemeint ist vielmehr der physische Stoff, aus dem Artefakte geschaffen wurden, etwa Bronze, Holz, Ziegel, Marmor, Wachs usw. Die Unterscheidung zwischen „Materie" und „Material" mag zunächst spitzfindig erscheinen, wird sich aber im folgenden als wichtig erweisen.

In der deutschen Sprache bezeichnet der Begriff „Werkstoff" das von mir Gemeinte am eindeutigsten. Bedauerlicherweise findet er sich überwiegend in Texten aus der Zeit des Dritten Reichs, in denen das „Fremdwort" Material durch einen deutschen Begriff ersetzt werden sollte. Die bewährte „Materialgerechtigkeit" wurde damals zur „Werkstoffehrlichkeit" umbenannt, der Granit als „Werkstoff für Jahrhunderte" gepriesen.[20] Kunsthistoriker wie Alfred Stange und Hans Sedlmayr wollten durch diese Wortwahl auch verhindern, in die Nähe der „Materialisten" – und zwar nicht nur Gottfried Sempers, sondern auch der Kommunisten und Atheisten – gestellt zu werden.[21] Demzufolge bestand damals die Tendenz, das

---

[18] Joachim Ritter und Karlfried Gründer (Hgg.): Historisches Wörterbuch der Philosophie, Bd. 5 (1980), Sp. 870–924.

[19] So etwa bei H. Sedlmayr: Michelangelo (wie Anm. 9), der vom „Urverhältnis zum Stein" und vom „Urerlebnis der Schwere", von „Schwer-Nehmen" und „Schwer-Mut" Michelangelos als seiner innersten Triebkräfte spricht.

[20] Zitate aus dem Buch „Das Bauen im Neuen Reich". Bayreuth 1938, S. 134, 30.

[21] A. Stange (wie Anm. 7). – Heinrich Lützeler: Einführung in die Philosophie der Kunst. Bonn 1934, S. 30–34. – Ders.: Kunsterfahrung und Kunstwissenschaft. 3 Bde. Freiburg, München 1975, Bd. 2, S. 1102–1117. – Alfred Rohde: Bernstein, ein deutscher Werkstoff. Seine künstlerische Verarbeitung vom Mittelalter bis zum 18. Jahrhundert. Berlin 1937. – Guido Schönberger: Narwal-Einhorn. Studien über einen seltenen Werkstoff. In: Städel-Jahrbuch 9, 1935/36, S. 167–247. – Hubert Schrade: Bauten des Dritten Reiches. Leipzig 1937, S. 9. – Bruno E. Werner: Die deutsche Plastik der Gegen-

Wort „Material" nur noch für negativ aufgefasste Kontexte („Menschenmaterial"), den Begriff „Werkstoff" dagegen in Zusammenhängen wie „gute deutsche Handarbeit" oder „nationales Bewusstsein" zu verwenden. Trotz dieser belasteten linguistischen Vergangenheit verwende ich den Begriff „Werkstoff" in dieser Arbeit, die sich ja überwiegend auf ältere Kunstwerke bezieht, und zwar synonym mit „Material".

Weiterhin ist zu betonen, dass der Material- bzw. Werkstoffbegriff im Folgenden von Fall zu Fall unterschiedlich konkret aufgefasst wird: In einem Beispiel etwa ist ganz allgemein vom „Marmor" und seiner Semantik die Rede, in einem anderen vom Marmor der Insel Paros, in einem dritten von Marmorstücken, die als Spolien von einem heidnischen Tempel stammen. Es handelt sich in diesen drei angenommenen Fällen sozusagen um drei verschiedene Materialien, nicht im chemischen, auch nicht im ästhetischen Sinne, aber auf der Ebene der Bedeutungen, um die es hier ausschließlich gehen soll.

Die Begriffe „Symbol" und „Metapher", „Bedeutsamkeit" und „Verweiskraft", „allegorisch", „bildlich" und „semantisch" werden in dieser Arbeit bezüglich der Materialien nicht so streng geschieden, wie dies bei anderen Fragestellungen üblich und möglich ist, sie werden vielmehr weitgehend synonym gebraucht.

Textquellen – Auswahl und Auswertung

Oftmals besitzen Materialien eine bestimmte semantisch bedeutsame Eigenschaft nur in der Einbildung der Auftraggeber, Schöpfer oder Rezipienten eines Kunstwerks: Eine Säule „soll" aus dem Tempel von Jerusalem stammen, ein Siegesdenkmal „soll" aus Kanonen gegossen sein, die in einer bestimmten Schlacht erobert wurden, usw. Den Artefakten sind derartige Bedeutsamkeiten ihres Werkstoffes normalerweise weder anzusehen, noch sind sie naturwissenschaftlich nachweisbar: Der Rezipient (auch der Kunsthistoriker) erfährt von den betreffenden „Eigenschaften" vielmehr nur durch außerkünstlerische Quellen, aus mündlicher oder schriftlicher Überlieferung. Selbst wenn diese Quellen legendenhafte Züge tragen oder später als die Artefakte zu datieren sind, auf die sie sich beziehen, handelt es sich keineswegs um willkürliche oder historisch irrelevante Aussagen. Im Gegenteil: Die Tatsache, dass sich Heiligenviten, Pilgerführer oder Einwei-

---

wart (= Die Kunstbücher des Volkes 7). Berlin 1940, z. B. S. 10. – H. Sedlmayr: Michelangelo (wie Anm. 9), S. 37 f. – Erich Sperling: Neue deutsche Bildschnitzkunst. Burg bei Magdeburg 1943, z. B. S. 12, 16, auch im Vorwort von Paul Hopfer. – Vgl. auch in diesem Zusammenhang die volkskundliche Diskussion um den Begriff der „Stoffheiligkeit" (hierzu S. 45 f.).

hungsreden solcher Motive bemächtigten, belegt gerade, wie lebendig, anregend und verbreitet die Vorstellung von „bedeutsamen Materialien" zu den verschiedensten Zeiten war.

Aber auch wenn einem Material eine bestimmte Eigenschaft, historisch oder naturwissenschaftlich gesehen, zu Recht zugeschrieben wird, wenn etwa ein Statuensockel tatsächlich aus einheimischem („vaterländischem") Granit bestehen oder eine Marienfigur tatsächlich aus „Olivenholz vom Ölberg" geschnitzt sein sollte, bleiben für die Erkenntnis und Beurteilung der intendierten Bedeutung außerkünstlerische Quellen unerlässlich. Denn es ist eben ein grundlegender Unterschied, ob ein Denkmalsockel nur deshalb aus Granit gefertigt wurde, weil dieser Stein in der Nähe zur Verfügung stand und deshalb preiswert war, oder ob (und gegebenenfalls wann) aus dieser Tatsache eine patriotische Aussage abgeleitet wurde.

Es werden daher in dieser Arbeit vorwiegend solche Artefakte als Beispiele herangezogen, zu deren Materialbedeutsamkeit schriftliche Belege vorliegen. Die Übertragbarkeit der Ergebnisse auf „quellenlose", sozusagen „materialikonologisch stumme" Kunstwerke muss dann in einem weiteren Arbeitsschritt jeweils festgestellt und begründet werden.

Die Schriftquellen lassen sich grob in zwei Arten einteilen:

Erstens: Texte, die sich auf ein einzelnes Kunstwerk oder einen bestimmten Typus von Kunstwerken beziehen. Das können z. B. Schatzverzeichnisse, Eröffnungsansprachen, Inschriften oder Legenden sein.

Zweitens: Texte, die zur Bedeutung eines Materials an sich, unabhängig von seiner Verwendung in Kunstwerken, etwas aussagen. Hier empfiehlt es sich, vor allem solche Schriften heranzuziehen, die weite Verbreitung gefunden haben, so dass sie mit einer gewissen Wahrscheinlichkeit auch bereits den Schöpfern der Kunstwerke als Quellen dienen konnten. Dies gilt etwa für die großen Enzyklopädien der Antike und des Mittelalters,[22] wie die *Naturalis historia* des älteren Plinius (1. Jahrhundert n. Chr.), die *Etymologiae* des Isidor von Sevilla (1. Hälfte 7. Jahrhundert), *De universo* des Hrabanus Maurus (Mitte 9. Jahrhundert), das *Speculum maius* des Vinzenz von Beauvais (Mitte 13. Jahrhundert) usw. Diese Enzyklopädien, deren Angaben häufig voneinander abhängen, geben den jeweiligen Bildungsstand ihrer Zeit recht zuverlässig wieder und dienten ihrerseits als wichtige Quellen für die vielgelesenen exegetischen und bibel-allegorischen Schriften, die ebenfalls als Quellen dienen können. Das Wissen der genannten Enzyklopädien kann in den für die Schaffung von Kunstwerken maßgeblichen Kreisen vorausgesetzt werden, so dass diese Schriften als Belege für die Bedeutung von Materialien größere Relevanz besitzen als Spezialliteratur, die nur in wenigen entlegenen Manuskripten überliefert ist.

---

[22] Robert L. Collison: Encyclopaedias – Their History Throughout the Ages. New York, London 1966.

Materialikonologie versus Materialästhetik

Es soll in dieser Arbeit nicht vom „ästhetischen Charakter"[23] der Werkstoffe die Rede sein, also nicht untersucht werden, welches Material welchem Kunstwerk aus rein gestalterischen Gründen als besonders angemessen erscheint und ob es eben deshalb vom Künstler ausgewählt wurde. Solche auf die „Einfühlungsästhetik" des späten 19. Jahrhunderts zurückgehende Überlegungen tendieren dazu, unhistorisch zu sein, und sagen meist mehr über den kulturgeschichtlichen Standpunkt des Überlegenden als über den des untersuchten Kunstwerks aus. Wie zeitgebunden und schwankend „charakterliche" Bewertungen von Werkstoffen sein können, zeigt paradigmatisch das Material Beton: In der ersten Hälfte des 20. Jahrhunderts fast „messianisch" positiv besetzt, sank es wenig später zur populären Metapher für Untugenden wie Menschenverachtung, Borniertheit oder Herzlosigkeit[24] herab. Wenn dagegen die einem Werkstoff zugeschriebenen – positiven oder negativen – „Charakterzüge" durch zeitgenössische Quellen oder gar bezüglich eines konkreten Kunstwerks belegbar sind, so können und sollten diese Wertungen natürlich zum Zwecke der Materialikonologie herangezogen werden.

Materialbedeutsamkeiten und Materialnamen – Konstanz und Wandel

Die Bedeutsamkeit eines Werkstoffes ist, wie das Beispiel des Betons andeuten sollte, keine feste Größe. Materialien können erstaunlich schnell „semantisch aufgeladen", aber auch wieder „entladen" oder „neu geladen" werden. So wird sich z. B. zeigen, dass Bronze im alten Israel noch nicht wie später bei den Römern als

---

[23] Hierzu: Theodor Lipps: Die Ästhetik. Psychologie des Schönen und der Kunst. Bd. 2 (Die ästhetische Betrachtung und die bildende Kunst). Hamburg, Leipzig 1906, S. 516–559. Dieses Werk stellt auch sonst wichtige Überlegungen zum ästhetischen Verhältnis zwischen Materie und Kunstwerk, sowie zwischen Materie und Betrachter an.

[24] Vgl. einerseits: Julius Vischer und Ludwig Hilbersheimer: Beton als Gestalter (= Die Baubücher 5). Stuttgart 1928. – Sigfried Giedion: Bauen in Frankreich, Bauen in Eisen, Bauen in Eisenbeton. Leipzig, Berlin 1928 – Zur positiven Bewertung des Betons bei den Anthroposophen: Rex Raab, Arne Klingborg und Ake Fant: Sprechender Beton. Dornach 1972. – Marcel Joray: Le béton dans l'art contemporain. 2 Bde. Neuchâtel 1977/1984. – Andererseits: Erich Lüth: Ich finde Beton zum Kotzen. In: Berichte. Jahrbuch der Freien Akademie der Künste in Hamburg 1971/72, S. 70 f. – Christoph Hackelsberger: Beton – Stein der Weisen? Nachdenken über einen Baustoff (= bauwelt fundamente 79). Braunschweig 1988. – Gestalten in Beton. Zum Werk von Pier Luigi Nervi. Köln 1989, bes. S. 5–16. – Ausst. Kat. „Visionen in Beton – Betonskulpturen im 20. Jahrhundert". Düsseldorf 1995. – Bezeichnend ist in diesem Zusammenhang der aktuelle Werbeslogan der deutschen Betonindustrie: „Beton – Es kommt drauf an, was man draus macht", der die negativen Konnotationen des Materials stillschweigend voraussetzt und ironisch verarbeitet.

Metapher für „ehrwürdige Dauerhaftigkeit" galt, dass Eisen in Deutschland erst seit den napoleonischen Befreiungskriegen und nur etwa drei Jahrzehnte lang als nationaler Werkstoff angesehen wurde oder dass Porphyr in der römischen Kaiserzeit vor allem auf das ptolemäische Ägypten, für die Byzantiner dagegen vornehmlich auf die alte *Urbs* am Tiber verwies.

Ein weiteres Problem bilden die Materialbezeichnungen, die im Lauf der Geschichte weder stabil noch eindeutig waren: So kann das griechische *chalkos* wie das lateinische *aes* sowohl Kupfer als auch Bronze und manche andere Legierung[25] bedeuten; als „Marmor" wurde bis ins 19. Jahrhundert jeder polierfähige Stein[26] (also auch Granit, Porphyr und Alabaster) bezeichnet; bei den Edelsteinen ist nicht der heutige mineralogische Wissensstand und Sprachgebrauch, sondern derjenige der betreffenden Epoche maßgeblich. So bezeichnet, um nur ein Beispiel herauszugreifen, das einflussreiche, um 310 v. Chr. entstandene Steinbuch des Theophrast (und davon abhängig auch Plinius der Ältere und mancher andere Autor) den Lapislazuli mit dem Wort „Saphir".

Gelegentlich bereitet die Abgrenzung zwischen Material und künstlerischer Technik Schwierigkeiten. So wäre etwa zu überlegen, ob, ikonologisch gesprochen, zwischen einer Haustein- und einer Ziegelfassade eher ein Unterschied der Werkstoffe oder einer der Techniken festzustellen ist; ähnlich bei Vergleichen zwischen Mosaik und Fresko, Relief und Malerei, Ölbild und Photographie. Es wird sich bei zukünftigen Untersuchungen über die Semantik von Techniken und Kunstgattungen empfehlen, die Materialikonologie mit einzubeziehen.

Auswahl der Beispiele

Die folgenden Überlegungen sind weder chronologisch noch nach Werkstoffen gegliedert, vielmehr sollen einige der wichtigsten Aussagemöglichkeiten von Materialien anhand typischer Beispiele vorgeführt werden. Unter „Aussagemöglichkeiten" verstehe ich verschiedene denkbare Bedeutungen bestimmter Werkstoffe in bestimmten – zeitlichen wie funktionalen – Situationen. Historische Zusammenhänge müssen dabei leider oft auseinandergerissen werden, so ist etwa von den Spolien der Aachener Pfalzkapelle (Abb. 1, 2, 8) oder von der „Granit-Ideologie" des 19. Jahrhunderts unter verschiedenen Aspekten an verschiedenen Stellen die

---

[25] Auch im Alten Testament werden Kupfer und Bronze mit einem einzigen Wort bezeichnet: K. H. Singer (wie Anm. 3), S. 45 ff., 104 ff., 1176 ff.

[26] Pietro Cataneo: I quattro primi libri di architettura. Venedig 1554, fol. 27v: *„Avvenga che da molti moderni parte de i suddetti, come il porfido, il serpentino, il mistio, il granito et altri della medesima natura, sieno stati da i marmi divisi; tutti nondimeno, come si è detto, si deveno tenere per marmi."*

Rede. Diese Vorgehensweise ist aus Gründen der Systematik unvermeidlich, auch wenn sich die Arbeit demzufolge nicht als Nachschlagewerk zur Symbolik einzelner Werkstoffe eignet.

Es kann sich im Folgenden nur um Vorüberlegungen handeln, um einen ersten Versuch, das weite Feld der Materialikonologie abzustecken; eher um den Vorschlag einer Methode als um eine auf Vollständigkeit angelegte Behandlung des noch kaum bearbeiteten Themas. Die zur Veranschaulichung ausgewählten Beispiele können auch jeweils nur ganz knapp und einseitig unter den materialikonologischen Aspekten vorgestellt und keineswegs kunsthistorisch gewürdigt werden.

Architektur, Skulptur und Kunstgewerbe stehen als stärker materialgebundene Gattungen im Vordergrund, doch lassen sich mitunter auch bei Gemälden zu den verwendeten Materialien (Malgrund, Malmittel) Aussagen machen, etwa wenn veraltete oder technisch überholte Werkstoffe (Pergament, Holztafel[27] oder Goldgrund) beibehalten oder vergessene Techniken (Enkaustik[28]) neu belebt werden, um Gemälden Ehrwürdigkeit, Altertümlichkeit oder nationales Gepräge zu verleihen.

Der Leser vermisst womöglich Hinweise auf die Kunst des 20. Jahrhunderts, in der die Semantik der Materialien oftmals eine wesentliche, nicht selten sogar die dominierende Rolle spielt. Lediglich von der Ablehnung traditioneller oder „etablierter" Materialien durch die modernen Künstler wird am Ende kurz die Rede sein. Dagegen ist das starke Hervortreten des Materiellen in der neueren Kunst, die Verwendung alltäglicher Materialien durch *Arte povera, Objet trouvé* und *Land Art*, bei „Spurensicherern" und „Wiener Aktionisten", die Dominanz „neuer", das heißt untraditioneller Materialien bei Künstlern wie Lázló Moholy-Nagy, Naum Gabo, Constantin Brancusi, Alexander Calder, Günther Uecker, Jannis Kounellis, Mario Merz, Anselm Kiefer, Marina Abramovic und vielen anderen, ein so bekanntes Phänomen, das von den Künstlern selbst und ihren Interpreten so oft erklärt wurde, dass es mir nicht notwendig erschien, im Rahmen dieser Untersuchung auch noch hierauf einzugehen.[29]

---

[27] Anton Raphael Mengs malte 1756 zwei zusammengehörige Pastelle, die als verschollen gelten: Das eine zeigte eine junge griechische Tänzerin, das andere einen alten Philosophen. Die Bilder waren als Allegorien der „Sinnenfreude" und der „Vernunft" in Auftrag gegeben worden. Die Zeitgenossen bemerkten, dass die Tänzerin auf Pergament, der Philosoph dagegen auf Holz gemalt war. Es darf vermutet werden, dass die unterschiedlichen Materialien nicht nur aus ästhetischen Gründen gewählt wurden, sondern zusätzlich zur Aussage der beiden Allegorien beitragen sollten (s. Hein-Th. Schulze Altcappenberg: *Le Voltaire de l'Art.* Johann Georg Wille (1715–1808) und seine Schule in Paris. Münster 1987, S. 235–238).

[28] Ulrich Schießl: Die deutschsprachige Literatur zu Werkstoffen und Techniken der Malerei von 1530 bis ca. 1950. Worms 1989, S. 111–113.

[29] Vgl. etwa die Ausstellungskataloge „Kunst und Kunststoff. Der Kunststoff als Werkstoff des Künstlers" (Wiesbaden 1968); „Dimensionen des Plastischen. Bildhauertechniken" (Berlin 1981); „Kunst wird Material" (Berlin 1982); „Plastikwelten" (Berlin 1985). –

24

Es soll aber nicht verschwiegen werden, dass ich gerade durch die angedeuteten Tendenzen in der neueren Kunst, vor allem durch die „privaten Material-Mythologien" eines Joseph Beuys, durch seinen Umgang mit so „kunstfremden" Materialien wie Fett, Filz[30] oder Honig, zu der Frage nach der Ikonologie der Werkstoffe in der älteren Kunst angeregt wurde.[31]

Werner Hofmann: Das Material in der neuen Plastik. In: Werk (Winterthur) 46, 1959, S. 101–105. – Ursula Aldinger: Neue Materialien in der Plastik des 20. Jahrhunderts. Zum Problem: Werkstoff und Kunstwerk. In: Zeitschrift für Ästhetik und allgemeine Kunstwissenschaft 16/2, 1971, S. 242–259. – Andrea El-Danasouri: Kunststoff und Müll. Das Material bei Naum Gabo und Kurt Schwitters (= Beiträge zur Kunstwissenschaft 45). München 1992.

[30] Zur kultischen Bedeutung des Filzes im mittelalterlichen Zentralasien, vor allem in der Mongolei, s. Leonardo Olschki: The Myth of Felt. Berkeley, Los Angeles 1949. – Vgl. auch: Ulrike Zang: Filz. In: RDK, Bd. 7 (1987), Sp. 1185–1196.

[31] Johannes Am Ende u. a.: Joseph Beuys und die Fettecke. Eine Dokumentation zur Zerstörung der Fettecke in der Kunstakademie Düsseldorf. Heidelberg 1987. – Matthias Bleyl (Hg.): Joseph Beuys. Der erweiterte Kunstbegriff. Texte und Bilder zum Beuys-Block im Hessischen Landesmuseum Darmstadt. Darmstadt 1989, bes. S. 19–48.

MATERIE UND MATERIAL IN DER KUNSTTHEORIE

Die Einstellung der Künstler und ihrer Auftraggeber zu den Werkstoffen scheint im Lauf der Geschichte gewissen Wandlungen zu unterliegen: Man meint, Phasen des Respekts und Interesses von solchen der Achtlosigkeit gegenüber den Werkstoffen, Zeiten des Materialprunks von solchen betonter Materialschlichtheit unterscheiden zu können[32]. Doch sind die Kriterien für diese Differenzierungen zeitbedingt und kaum objektivierbar.

Konkreter kann man die sich wandelnden Vorstellungen vom Verhältnis zwischen Material und Artefakt in Kunsttheorie und Ästhetik belegen. Günter Bandmann hatte in diesem Zusammenhang vorgeschlagen, die Geschichte der Kunsttheorie in zwei „ästhetische Systeme" zu untergliedern, nicht so sehr im Sinne aufeinanderfolgender Phasen oder Epochen, sondern eher als sich zeitlich und inhaltlich überschneidende Betrachtungsweisen. Diese Einteilung trägt aber genau genommen nichts zur Materialsemantik bei: Erstens unterschied Bandmann nicht deutlich genug zwischen den Begriffen „Materie" und „Material", zweitens handelt es sich bei der Ikonologie grundsätzlich nicht um eine ästhetische, sondern um eine semantische oder inhaltliche Fragestellung. Die beiden von Bandmann beschriebenen „ästhetischen Systeme" werden hier dennoch referiert, gerade um die Andersartigkeit der materialsemantischen Betrachtungsweise – die zweifellos kein „System" bildet – deutlicher hervortreten zu lassen.

Ablehnung der Materie

Die Ablehnung der „Materie" – nicht etwa einzelner Materialien – geht mindestens bis auf Platons Ideenlehre zurück und gilt mit gewissen Einschränkungen bis heute. Die Materie, das Material, wird demnach als notwendiges Übel, als „niedrigster" Teil des Kunstwerks aufgefasst. Zwischen dem Kunstwerk im eigentlichen Sinne und der Materie, aus der es besteht, wird oft sogar ein negatives Spannungsverhältnis konstruiert: Das Wesentliche, das eigentlich Künstlerische des Kunstwerks, sei die hinter oder über diesem stehende *Idea*[33], der *Concetto* oder *Di-*

---

[32] Hierzu: Otto Stelzer: Die Vorgeschichte der abstrakten Kunst. Denkmodelle und Vor-Bilder. München 1964, S. 191 ff.

[33] Hierzu: Erwin Panofsky: Idea. Ein Beitrag zur Begriffsgeschichte der älteren Kunsttheorie. Hamburg 1924 (2. Aufl. 1959; Reprint Berlin 1989).

segno[34], etwas Unmaterielles also, das – je nach dem geistigen Standpunkt des Theoretikers – Gott oder dem Genius des Künstlers verdankt werde. Diese künstlerische Idee bedürfe der Materie lediglich, um veranschaulicht zu werden, wobei die Theoretiker gelegentlich so weit gehen zu behaupten, die Idee des Kunstwerks werde durch ihre Materialisierung eher verunklärt, in gewisser Weise erniedrigt, das Kunstwerk befinde sich also vor seiner Realisierung in seinem reinsten und höchsten Zustand. Diese Auffassung findet sich, mit verschiedenen Argumentationsrichtungen und Schwerpunkten, bei Platon wie bei Plotin, bei Augustinus wie bei Thomas von Aquin, im Neuplatonismus des 16. wie im deutschen Idealismus des 19. Jahrhunderts.

In der behaupteten oder stillschweigend vorausgesetzten Werte-Hierarchie „Inhalt – Form – Materie" bildet die letztere, sofern sie überhaupt in die Überlegungen mit einbezogen wird, stets die unterste Stufe. Kunsttheorie und Ästhetik untersuchten bis ins 19. Jahrhundert hinein fast ausschließlich das Spannungsverhältnis zwischen „Inhalt" und „Form", während die Materie als *Quantité négligeable* gar nicht oder eben nur als Negativposten abgehandelt wurde.

Von einzelnen Werkstoffen ist im Rahmen dieser „idealistischen Betrachtungsweise" kaum je die Rede. Lediglich die kostbarsten Materialien wurden und werden hier immer wieder genannt, und zwar stets ablehnend, weil gerade sie nach Meinung der „idealistischen Theoretiker" vom „unverständigen Volk" – gemeint sind die „Praktiker", also die Auftraggeber und Käufer von Kunst – oftmals höher als die Kunstwerke selbst geschätzt würden.

Zahlreiche Belege für das als negativ oder zumindest problematisch empfundene Spannungsverhältnis zwischen Kunst-Wert und Material-Wert lassen sich seit der frühen römischen Kaiserzeit finden. So beklagt etwa der ältere Plinius[35], die Wandmalerei werde von den kostbaren Marmorverkleidungen, ja sogar vom Golde verdrängt, oder er tadelt die Luxusporträts seiner Zeit: „Bronzene Brustbilder stellt man auf, mit Gesichtern aus Silber, ohne dass sich die Gestalten unterscheiden. [...] So sehr wünschen alle, dass man nur das Material sieht, dass sie selber aber nicht zu erkennen seien. [...] Und sie hinterlassen gleichsam nur Bilder ihres Geldes, nicht aber ihre eigenen."[36]

---

[34] Hierzu: Wolfgang Kemp: Disegno. Beiträge zur Geschichte des Begriffs zwischen 1547 und 1607. In: Marburger Jahrbuch für Kunstwissenschaft 19, 1974, S. 219–240.

[35] Plinius, NH 35, 2.

[36] NH, 35, 4 f. – An anderer Stelle (35, 50) resümiert Plinius, dass die Malerei zu jener Zeit, als der Reichtum noch geringer war, besser gewesen sei, während man heute um den Wert des Materials, nicht um den des Geistes besorgt sei (*„quoniam rerum, non animi pretiis excubatur"*).

Spöttisch behandelt Lukian[37] im 2. Jahrhundert n. Chr. den Konflikt zwischen Material-Wert und Kunst-Wert in einem seiner Dialoge: Zeus beruft eine Götterversammlung ein, zu der auch die von den Menschen geschaffenen Kultbilder geladen sind. Der Götterbote Hermes erhält den Auftrag, diese Kultbilder gemäß dem Rang, der ihnen „nach der Materie oder der Kunst wegen gebührt", zu plazieren, „zuerst also die goldenen, hernach die silbernen, dann die elfenbeinernen, alle der Ordnung nach, darauf die von Bronze und von Marmor". Andererseits will Zeus aber auch die Werke der berühmtesten griechischen Bildhauer hervorgehoben wissen. Hermes beginnt nun zu grübeln, ob etwa eine Statue, die „zwar von Gold und mehrere Zentner schwer, aber nicht sonderlich gearbeitet oder wohl ganz gemeines Stümperwerk" ist, den Bronzestatuen des Myron, Polyklet oder Phidias und den marmornen des Alkamenes vorgezogen werden sollte. „Oder gebührt der Kunst die Ehre?" Ein bronzener Neptun des Lysipp beschwert sich, dass ein Anubis höher gestellt werde, nur weil er eine „große Schnauze von purem Golde hat". Der ebenfalls anwesende Koloss von Rhodos gibt zu, nur aus Bronze zu bestehen, er sei aber dafür so groß, dass man „mit dem nämlichen Aufwande ein ganzes Dutzend goldner Götter" hätte machen lassen können. Schließlich flammt noch ein Streit zwischen einer Bacchus- und einer Heraklesstatue auf: Beide sind aus Bronze, beide ein Werk des Lysipp und beide von gleich hoher Geburt, nämlich Söhne des Zeus. Bei soviel materieller, künstlerischer und genealogischer Gleichheit scheint eine Rangfolge kaum mehr begründbar zu sein!

Viel bekannter als dieser amüsante Lukian-Dialog war und ist die Stelle aus Ovids „Metamorphosen", wo die kunstvoll gefertigten Metalltüren am Palast des Apollo mit den Worten *„opere superante materiam"* gepriesen werden[38]. Dieser Ausdruck soll nicht, wie noch Bandmann[39] meinte, bedeuten, dass durch die künstlerische Tätigkeit „das Material übersteigert bzw. überwunden" wird – ein allzusehr dem deutschen Idealismus des 19. Jahrhunderts verhafteter Gedanke. Der antike Autor wollte vielmehr sagen: So kostbar auch das Material dieser Türflügel sein mag, noch wertvoller ist die daran gewandte Kunstfertigkeit.

---

[37] Lukian: Jupiter tragödus. Zitate nach der Übersetzung von Christoph Martin Wieland (Ed. Jürgen Werner. Leipzig 1981, S. 228–230).

[38] Metamorphosen, II, 5. – Vgl. Andrzej Vincenz: *Materia superabat opus*. In: *Ars Auro Prior. Studia Joanni Bialostocki sexagenario dicata*. Warschau 1981, S. 53–59.

[39] G. Bandmann: Der Wandel (wie Anm. 12), S. 130 f.

Obwohl die christlichen Ovid-Kommentare[40] diesen Satz meines Wissens nicht eigens deuteten, verbreitete sich die griffige Formulierung vom Kunst-Wert, der den Material-Wert übersteigt, im Mittelalter offenbar als Topos der Rühmung: Ein Reliquiar wurde am Ende des 10. Jahrhunderts mit folgenden Worten gepriesen: „*Operoso satis artificio, gemmarum multitudo diversarum splendore, laminis aureis et eboris sculptura radiantibus mirifice decoratus, profecto talis ut materiam superaret opus.* "[41] Über die kunstvolle Rückseite des Hochaltars der Abteikirche von Saint-Denis bemerkte Abt Suger, sie sei „*tam forma quam materia mirabili anaglifo opere, ut a quibusdam dici possit ,Materiam superabat opus'.* "[42]

Um 1158 ließ der Bischof von Le Mans Glasfenster anfertigen, „*quarum materiam, licet commendabilem, superabat opus*"[43], vom Reliquienschrein Edwards des Bekenners (1241) in Westminster Abbey heißt es: „*In qua fabrica, licet, materia fuisset preciosissima, tamen secundum illud poeticum: Materiam superabat opus*"[44], und 1244 rühmte Papst Innozenz IV. die neue Hofkapelle zu Paris, die Sainte Chapelle, mit denselben Worten.[45]

Eine etwas andere Argumentationsweise wählte Abt Suger, als er glaubte, sich wegen der prunkvollen Ausstattung seiner neuen Abteikirche gegen Kritik verteidigen zu müssen, und zu diesem Zwecke über den Eingang der Kirche die berühmten Verse setzen ließ:

---

[40] So deutet der bekannteste christliche Ovid-Interpret, Petrus Berchorius (*Metamorphosis Ovidiana moraliter [...] explanata.* Basel 1543, fol. 22v) (Reprint New York, London 1979), den Palast Apolls als Kirche oder Religion und die Säulen als Prälaten und Kirchenvorstände. Der Palast enthalte Gold, also Weisheit und Unterscheidungsvermögen, Silber, also Beredsamkeit und Gelehrsamkeit, Elfenbein, also Keuschheit und Reinigung, usw. Der Satz „*opere superante materiam*" wird zwar zitiert, aber nicht eigens kommentiert.

[41] Zit. nach: Harald Keller: Zur Entstehung der sakralen Vollskulptur in der ottonischen Zeit. In: Ders.: Blick vom Monte Cavo. Frankfurt am Main 1984, S. 19–47 (S. 44, Anm. 55a).

[42] Erwin Panofsky: Abbot Suger on the Abbey Church of St.-Denis and Its Art Treasures. 2. Aufl. Princeton 1979, S. 60–63.

[43] Victor Mortet: Recueil de textes relatifs à l'histoire de l'architecture et la condition des architectes en France au moyen-âge. 2 Bde. Paris 1911/1929. Bd. 1, S. 166.

[44] Otto Lehmann-Brockhaus: Lateinische Schriftquellen zur Kunst in England, Wales und Schottland vom Jahre 901 bis zum Jahre 1307 (= Veröffentlichungen des Zentralinstituts für Kunstgeschichte in München 1). 4 Bde. München 1955–58, Bd. 2, S. 120, Nr. 2714.

[45] G. Bandmann: Der Wandel (wie Anm. 12), S. 131. – Der Satz vom Werk, das die Materie übertrifft, findet sich auch noch später, etwa an Cesare Borgias lederner Schwertscheide, um 1495 (s. Claude Bair: Cesare Borgia's sword scabbard. In: Victoria and Albert Museum Bulletin 2, 1966, S. 125–136. – Eine bessere Abb. in: Studies in the History of Art 22, 1989, S. 149).

„Portarum quisquis attollere quaeris honorem,
Aurum nec sumptus, operis mirare laborem,
Nobile claret opus, sed opus quod nobile claret,
Clarificet mentes, ut eant per lumina vera
Ad verum lumen, ubi Christus janua vera.
Quale sit intus in his determinat aurea porta:
Mens hebes ad verum per materialia surgit;
Et demensa prius hac visa luce resurgit.“[46]

(„Wer immer du seist, wenn du den Ruhm dieses Portals erhöhen willst, bewundere nicht das Gold und die Kosten, sondern die Mühe des Werkes. Edel leuchtet das Werk. Doch das Werk, das so edel leuchtet, möge die Gedanken erhellen, dass sie durch die wahren Lichter eingehen zum wahren Licht, wo Christus die wahre Türe ist. Welcherart es dahinter sei, deute dieses goldene Portal an: Der schwache Geist erhebt sich zum Wahren durch das Materielle und nachdem ihm dieses Gesicht zuteil wurde, steigt er zum Lichte empor.“)

Wenn man die zweite Zeile so übersetzt, was bisher allgemein üblich war, dann werden Gold und Kosten einerseits der „Mühe des Werkes“ andererseits gegenübergestellt, es wird also der Gegensatz zwischen materieller Kostbarkeit und kunstvoller Handwerksarbeit betont.

Unlängst wurde jedoch hierfür eine andere Übersetzung[47] vorgeschlagen: „Bewundere nicht die Kosten, sondern das Gold und die Mühe des Werkes“. Demnach würde Suger also den hohen Preis des Kunstwerkes sowohl durch den Symbolwert des verarbeiteten Goldes als auch durch die Mühsal seiner Herstellung rechtfertigen. Der Betrachter solle das Gold also nicht um seines hohen Preises willen, sondern wegen seiner metaphorischen Verweiskraft und seiner kunstvollen Verarbeitung bewundern. Solche Rechtfertigungen der Kostbarkeit finden sich häufig in den Schriften Sugers[48] und waren dem theologischen Denken des Mittelalters völlig vertraut. Dennoch erscheint mir dieser neue Übersetzungsvorschlag dem literarischen Stil Sugers zu widersprechen, denn Suger vermeidet die weite Auseinander-

---

[46] E. Panofsky: Abbot Suger (wie Anm. 42), S. 46–49. – Eine abweichende Deutung der Inschrift bei: Martin Büchsel: Die romanischen Portale im Geiste Clunys. In: Städel-Jahrbuch N. F. 11, 1987, S. 7–54, hier: S. 12–15.

[47] Konrad Hoffmann: Zur Entstehung des Königsportals in Saint-Denis. In: Zeitschrift für Kunstgeschichte 48, 1985, S. 29–38, bes. S. 36 und Anm. 49.

[48] Auf einen kostbaren Kelch ließ Suger schreiben: *„Dum libare Deo gemmis debemus et auro, / Hoc ego Suggerius offero vas Domino“* (E. Panofsky, a. a. O., S. 78); über die Fülle von Edelsteinen in seiner Abtei bemerkte er: „So dass – wegen meiner Begeisterung für die Schönheit des Gotteshauses – die Kostbarkeit der bunten Steine mich von meinen äußeren Pflichten abhielt und ehrenhafte Meditation mich verführte nachzudenken, dass man vom Materiellen zum Immateriellen geführt werden muss“ (nach: E. Panofsky, a. a. O., S. 62).

stellung zusammengehöriger Satzteile. Vom Ergebnis her ist der Unterschied auch nicht allzu gravierend: Suger will in jedem Fall darauf hinweisen, dass das Wichtigste am Gold nicht sein materieller Wert, sondern seine Symbolik sei.

Gold gilt seit Jahrtausenden als Inbegriff der Kostbarkeit, und gerade deshalb wurde der künstlerische oder geistige Wert von Kunstwerken oft in Relation zum Wert des verarbeiteten Goldes gesetzt. So beginnt die Stifterinschrift auf einem um 1150 geschaffenen Reliquienschrein[49] mit den Worten *„ars auro gemmisque prior, prior omnibus autor"* („Die Kunst steht höher als Gold und Edelsteine, noch höher aber steht der Stifter").

Bei Artefakten, die wir heute zum „Kunsthandwerk" rechnen, namentlich bei Goldschmiedearbeiten, wurde der Vergleich zwischen dem Wert des Goldes und dem der Kunst zwar gelegentlich gezogen, doch blieb das edle Material hier immerhin geduldet. Bei Werken der „hohen Kunst" hingegen wurde das Gold immer wieder als kunstfeindlich getadelt und abgelehnt.

So berichtet Plinius, der das Gold in seiner „Naturgeschichte" fast nur unter negativen Vorzeichen behandelt, von einer Alexanderstatue des Lysipp, die auf Neros Befehl vergoldet worden war. Später habe man das Gold wieder entfernt, „da die künstlerische Wirkung durch die Kostbarkeit verloren ging. Und man hält ein solches Stück für wertvoller, obgleich an den Stellen, wo das Gold gesessen, Narben, Eindrücke und Risse zurückblieben."[50]

In der mittelalterlichen Kunst spielte Gold eine ganz erhebliche Rolle, man denke nur an goldblechverkleidete Holzfiguren, goldene Reliquiare oder den Goldgrund der Tafelgemälde. Die Wertschätzung des Goldes dürfte hier mit seiner Symbolik ebenso wie mit der durch seinen Glanz hervorgerufenen und ihrerseits theologisch gedeuteten Lichtwirkung zusammenhängen. Erst der Humanist Leon Battista Alberti, für den Kunst nicht mehr in erster Linie ein Produkt oder Mittel religiöser Befindlichkeit war, lehnte das Gold für Kunstwerke grundsätzlich ab – sowohl in der Skulptur wie in der Malerei:

„Es gibt Maler, die in ihren Bildern viel Gold verwenden, weil sie meinen, das verleihe diesen Erhabenheit. Ich kann das nicht loben. Selbst

---

[49] London, British Museum, s. Ausst. Kat. *„Ornamenta Ecclesiae.* Kunst und Künstler der Romanik". Köln 1985, Bd. 1, S. 26, 130 und 158 (mit weiterer Lit.). – Jan Bialostocki verwendete das Zitat verkürzt als Titel seines Aufsatzes *Ars Auro Prior.* In: Mélanges de littérature comparée et de philologie offerts à Mieczyslaw Brahmer. Warschau 1967, S. 55–63 (wieder abgedruckt in: J. Bialostocki: The Message of Images. Studies in the History of Art. Wien 1988, S. 9–13). Unter dem Titel *Ars Auro Prior* erschien 1981 in Warschau auch die FS zu seinem 60. Geburtstag (vgl. Anm. 38).

[50] Plinius, NH 34, 63: *„Quam statuam inaurari iussit Nero princeps delectatus admodum illa; dein, cum pretio perisset gratia artis, detractum est aurum, pretiosiorque talis existimabatur etiam cicatricibus operis atque concisuris, in quibus aurum haeserat, remanentibus."*

*wenn man jene Dido nach der Beschreibung Vergils malte – mit ihrem
Köcher von Gold, ihrem goldenen und von Goldbändern zusammengehaltenen Haar, ihrem goldgegürteten Purpurkleid, dem Zaumzeug und all
dem Pferdegeschirr aus Gold –, selbst dann möchte ich kein Gold verwendet wissen, weil die Darstellung des Goldglanzes durch Farben dem
Künstler mehr Bewunderung und Lob einträgt.* "[51]

Über das Material von Skulpturen machte sich derselbe Alberti in seinem Traktat
De re aedificatoria Gedanken: Bronze und Marmor erscheinen ihm angemessen,
dagegen lehnt er Gold aus verschiedenen Gründen ab:

*„Man sagt, dass niemals seit Menschengedenken ein Kunstwerk aus Gold
elegant ausgesehen habe, gleichsam als ob es dieser Fürst unter den Metallen verschmähen würde, sich durch künstlerische Zutaten verschönern
zu lassen. Deshalb geht es nicht an, die Statuen der Götter, die wir so
wohlgestaltet als möglich zu machen trachten, aus Gold herzustellen. Dazu kommt, dass man leicht, von Habsucht getrieben, nicht nur den goldenen Bart entfernen, sondern gleich die ganzen Götter alle einschmelzen
wird, wenn sie aus Gold sind.* "[52]

---

[51] Leon Battista Alberti: De pictura, lib. II (Ed. Cecil Grayson, London 1972, S. 92). –
Diese Passage findet sich in deutscher Übersetzung bei: Walter Hermann Ryff *(Rivius)*:
Bawkunst oder Architectur aller fürnemmsten, nothwendigsten, angehörigen mathematischen und mechanischen Künsten [...]. Basel 1582, S. CXLI: „Weiter sind auch etliche
Maler, welche das Goldt gar zu überflüssig brauchen, vermeinen das Goldt mache das
gemehl scheinbar, und geb ihm ein herrliche zier, welche zier mehr zu schelten dann
zu loben. [...] Wurde er solchs Goldt mit farben zuwegen bringen, welches vil künstlicher und ein höheren verstandt anzeigt." – Vgl. hierzu auch: Victor H. Elbern: Zur
Bedeutung des Goldes in der Kunst des frühen Mittelalters. In: Sitzungsberichte der
kunstgeschichtlichen Gesellschaft zu Berlin 1960/61, S. 4 f. – Lois Heidmann Shelton:
Gold in Altarpieces of the Early Italian Renaissance: A Theological and Art Historical
Analysis of Its Meaning and of the Reasons for Its Disappearance. (Phil. Diss.) Yale
University 1987.

[52] L. B. Alberti: De re aedificatoria, lib. VII, cap. 17 (Ed. Giovanni Orlandi, Mailand
1966): *„Aiunt ex auro nusquam ex hominum memoria visum opus elegans, quasi metallorum princeps honestari fucato artificio dedignetur."* (Deutsche Übersetzung nach der
Edition Max Theuer, Wien, Leipzig 1912, S. 407 f.).

Nicht das Gold solle nach Alberti[53] das Kunstwerk aufwerten, sondern im Gegenteil: Alle edlen und unedlen Materialien würden durch die Wiedergabe in der Kunst oder durch die Verarbeitung zu Kunstwerken wertvoller. Denn, wie Aristoteles sagte: „Die Materie sehnt sich nach der Form, wie das Weibliche nach dem Männlichen und das Hässliche nach dem Schönen."[54] Noch Goethe notierte sich 1797 bei Betrachtung eines holländischen Stillebens mit goldenen Gefäßen:

> *„Man muß dieses Bild sehen, um zu begreifen, in welchem Sinne die Kunst über die Natur sey und was der Geist des Menschen den Gegenständen leiht, wenn er sie mit schöpferischen Augen betrachtet. Bey mir wenigstens ists keine Frage, wenn ich die goldnen Gefäße oder das Bild zu wählen hätte, daß ich das Bild wählen würde."*[55]

François Blondel gibt in seinem *Cours d'architecture*[56] zwar zu, dass Schönheit des Materials und Feinheit der Ausführung die Qualität der Proportionen betonen. Er warnt aber davor, schlechte Architektur durch kostbare Materialien oder kom-

---

[53] L. B. Alberti: De pictura (wie Anm. 51), S. 60: *„Nullam ferme dabis rem usque adeo pretiosam, quam picturae societas non longe cariorem multoque gratiosissimam efficiat. Ebur, gemmae et istiusmodi cara omnia pictoris manu fiunt pretiosiora. Aurum quoque ipsum picturae arte elaboratum longe plurimo auro penditur. Quin vel plumbum, metallorum vilissimum, si Phidiae auf Praxitelis manu in simulacrum aliquod deductum sit, argento rudi atque inelaborato esse pretiosius fortassis videbitur."* Offensichtlich benutzt Alberti das Wort *pictura* hier nicht im Sinne von „Malerei", sondern von „bildende Kunst". – *Rivius* (wie Anm. 51) übersetzte diese Passage 1582: „Helffanbein und alle Edel gestein, werden sie nit durch die höhe der farben und künstlich Malen höher und wehrter geachtet, gehalten und gezieret? Wird nit auch das Goldt, so künstlich gemalet, viel höher dann das rohe Goldt geachtet? Ich geschweig des Bleiß, so das aller geringst und unachtbarist Metall unter allen ist. Wo aber solchs künstlich gemahlt, oder als vom künstreichen Praxitele in ein herrlich Bild nach seiner hochberümbten Kunst gebracht war, wer wolt es (der einigen verstandt het) nit viel lieber dann ein grob ungearbeitet Sylber haben?" – In knapper Form findet sich dieser Gedanke bereits bei Plinius, NH 33, 4: „O verschwenderische Erfindungsgabe, auf wievielerlei Arten haben wir den Wert der Dinge vermehrt! Hinzu kam die Kunst der Malerei, und Gold und Silber haben wir durch getriebene Arbeit wertvoller gemacht." – Vgl. auch Goethes Bemerkung in „Kunst und Handwerk" (wohl 1797): „Eine Materie erhält durch die Arbeit eines echten Künstlers einen innerlichen, ewig bleibenden Werth, anstatt daß die Form, welche durch einen mechanischen Arbeiter selbst dem kostbarsten Metall gegeben wird, immer in sich bei der besten Arbeit etwas Unbedeutendes und Gleichgültiges hat, das nur so lang erfreuen kann, als es neu ist." (WA I, 47, S. 56 f.).

[54] Zit. nach: Maria Gazetti: Lascivia oder das Ende Arkadiens. In: Ausst. Kat. „Zauber der Medusa". Wien 1987, S. 72.

[55] J. W. von Goethe: Zur Erinnerung des Städelschen Cabinetts (Handschrift vom 19. August 1797) (WA I, 47, S. 349).

[56] François Blondel: Cours d'architecture, Cinquième partie, liv. V, chap. XVI. Zit. nach der 2. Aufl. Paris 1698, S. 772.

34

plizierte Ornamente aufzuwerten. Zur Veranschaulichung bedient er sich des folgenden Vergleichs:

„Zwar trägt die Kostbarkeit eines Stoffes oder einer Stickerei viel zur Schönheit eines Gewandes bei, das ein fähiger Schneider entsprechend den Maßen dessen, der es tragen soll, zugeschnitten hat. Aber wenn das Gewand schlecht gemacht ist, dann erregt die Kostbarkeit Abscheu und lässt den Fehler nur umso deutlicher zum Vorschein kommen."

Dies gelte im Übrigen nicht nur für die Architektur, sondern ganz allgemein für die Kunst:

„Ich könnte zu diesem Thema auch Beispiele aus der Malerei [...] herbeiziehen und zeigen, dass etwa eine schlecht entworfene Tapisserie uns niemals gefallen wird, auch wenn man sich noch so sehr bemüht, sie durch Gold oder Seide aufzuwerten. Wie auch ein noch so teurer oder fein gearbeiteter Rahmen uns niemals ein Gemälde schön finden lassen wird, wenn es nicht selbst schön ist. Wenn es aber arm an Erfindung, wirr in der Komposition, schlecht in der Zeichnung oder derb im Kolorit, kurz gesagt, nicht nach den Regeln der Malerei gemacht ist, so werden alle Verzierungen, die man äußerlich anbringt, die Schwächen nur noch offensichtlicher und den Künstler um so verächtlicher machen."

Blondel fasst zusammen, „dass die Schönheit, die den Maßen und Proportionen entspringt, keineswegs kostbarer Materialien oder zierlicher Arbeit bedarf, um Bewunderung zu erregen, ja dass eine Übertreibung des Materials und der Kunstfertigkeit die Schönheit zerstört und sozusagen entwertet"[57].

Dieser von der „idealistischen" Kunsttheorie postulierte Gegensatz oder Konflikt zwischen der Kostbarkeit des Werkstoffes und der Geistigkeit der Kunst fand von Anfang an auch Eingang in die Kunstgeschichtsschreibung. So formulierte Franz Kugler 1842 in seinem „Handbuch der Kunstgeschichte"[58], die frühchristlichen Künstler hätten zunächst die „dem reineren Kunstwerke vorzüglich angemessenen Stoffe, wie dieselben aus dem classischen Alterthum überliefert waren," beibehalten, womit er in erster Linie Marmor und Bronze gemeint haben dürfte. Bald aber hätten sie mit Vorliebe solche Materialien verarbeitet, „die an sich prächtig und auffallend sind, so daß für eine höhere Wirkung des Kunstwerkes schon der äußerliche Werth desselben mit in Anschlag gebracht wird". Hierin erblickte nun der „Idealist" Kugler eine Gefahr für die eigentliche Kunst, und aus diesem Grunde glaubte er z. B., das bei den byzantinischen Mosaiken verwendete Gold rechtfertigen zu müssen: einerseits mit dem praktischen Argument der Halt-

---

[57] Ebd., S. 773 f.
[58] Franz Kugler: Handbuch der Kunstgeschichte. Stuttgart 1842, S. 374 f.

barkeit, andererseits mit der symbolischen Bedeutung dieses Metalls. Bei der romanischen Kunst unterscheidet Kugler dann zwischen den als problematisch empfundenen Werken, „die vorzugsweise nur auf schimmernde Dekoration ausgehen", und Kunstwerken, bei denen „ernstere Kunststoffe [...], namentlich das edle Material der Bronze"[59], zur Anwendung kommen. Marmor und Bronze werden also von der allgemeinen Kunsttheorie und der frühen Kunstgeschichtsschreibung als „ernste", „edle" und „dem reineren Kunstwerk angemessene" Stoffe empfunden und den kostbaren, glänzenden Metallen Gold und Silber vorgezogen. Von „niedrigeren" Materialien – Gips, Ton, Wachs, Holz – ist in diesen Zusammenhängen bezeichnenderweise gar nicht die Rede.

Doch nicht nur die kostbaren Materialien, sondern der physische Stoff ganz allgemein galt der Kunsttheorie lange Zeit als Belastung für das Kunstwerk. Die Rangordnung der Künste wurde bisweilen geradezu nach deren „materieller Verhaftetheit" bemessen: Schon im *Paragone* des 16. Jahrhunderts, dem Wettstreit der Kunstgattungen, spielte, zumindest bei den Parteigängern der Malerei, die größere Nähe oder Ferne der jeweiligen Gattung zur Materie, zu Schmutz und Schweiß, eine erhebliche Rolle als Argument für den Rang der Gattungen. Sogar einer der unbestrittenen Vorteile der Skulptur gegenüber der Malerei, ihre größere Dauerhaftigkeit, trägt nach Leonardos Meinung nicht zur höheren Würde oder Ehre des Bildhauers bei, *„perché tal permanenza nasce dalla materia, e non dall'artefice"*[60].

Fast zwanghaft wird die Ablehnung der Materialität des Kunstwerks in der „idealistischen Ästhetik" des 19. Jahrhunderts, vor allem bei Hegel, der ja den Sinn der Weltgeschichte und damit auch Wesen und Ziel der Schönen Künste im Aufsteigen zum „absoluten Geist" sieht. Die drei von ihm postulierten Phasen der Kunstgeschichte seien durch den Wandel des Verhältnisses von physischem Stoff und Idee gekennzeichnet: Die früheste Periode der Kunst, die „symbolische", sei durch ein Übergewicht des Stofflichen über die Idee geprägt, die zweite, „klassische", erreiche den Ausgleich zwischen Stoff und Idee, und erst die dritte, die „romantische", bringe die Überwindung des Stoffes durch die Idee.

Hegel musste dementsprechend die Architektur als die niedrigste der Künste betrachten, weil sie durch das Material „in seiner unmittelbaren Äußerlichkeit als mechanische schwere Masse" bestimmt sei. In ihr könne sich deshalb „das Ideal als konkrete Geistigkeit" nicht realisieren. Die Skulptur als „organische Figuration der Materie" führe über die Architektur hinaus; noch weiter mindere die Malerei als „gefärbte Fläche und Linie" die Last der Stofflichkeit. Am höchsten aber stün-

---

[59] Ebd., S. 483.

[60] Paola Barocchi: Scritti d'arte del Cinquecento. Mailand, Neapel 1971, Bd. 1, S. 478 (ähnliche Argumente auch bei den anderen Autoren, ebd., S. 465–711).

den Musik und Poesie, bei denen „das äußere Material [...] ganz zur Wertlosigkeit herabgesetzt ist"[61].

Der Begriff „Stoff" bezieht sich indes bei Hegel, wie auch bei anderen Ästhetikern des 19. Jahrhunderts, nicht nur auf das physische Material von Werken der bildenden Kunst, sondern meint – besonders mit Bezug auf die Literatur – auch „Inhalt" oder „Thema". In diesem Sinne ist die oft zitierte Passage in Schillers 22. Brief „Über die ästhetische Erziehung des Menschen" zu verstehen, in der die Wörter „Inhalt" und „Stoff" synonym verwendet werden:

> *„In einem wahrhaft schönen Kunstwerk soll der Inhalt nichts, die Form aber alles thun; denn durch die Form allein wird auf das Ganze des Menschen, durch den Inhalt hingegen nur auf einzelne Kräfte gewirkt. Der Inhalt, wie erhaben und weitumfassend er auch sey, wirkt also jederzeit einschränkend auf den Geist, und nur von der Form ist wahre ästhetische Freyheit zu erwarten. Darinn also besteht das eigentliche Kunstgeheimniß des Meisters, daß er den Stoff durch die Form vertilgt; und je imposanter, anmaßender, verführerischer der Stoff an sich selbst ist, je eigenmächtiger derselbe mit seiner Wirkung sich vordrängt, oder je mehr der Betrachter geneigt ist, sich unmittelbar mit dem Stoff einzulassen, desto triumphirender ist die Kunst, welche jenen zurückzwingt und über diesen die Herrschaft behauptet. "[62]*

In ähnlicher Weise stellte auch Goethe die Musik höher als die anderen Künste, „weil sie keinen Stoff hat, der abgerechnet werden müßte. Sie ist ganz Form und Gehalt und erhöht und veredelt alles, was sie ausdrückt."[63] Auch hier ist „Stoff" vermutlich sowohl im Sinne von Materie (Musik ist körperlos) als auch im Sinne von Inhalt/Thema (Musik hat keine Handlung) gemeint – beide Bedeutungen des Wortes „Stoff" sind in der ästhetischen Wertung des „Idealismus" negativ besetzt und bleiben es bis ins 20. Jahrhundert. Noch Kandinsky wäre hier als später Zeuge zu nennen, wenn er in seiner Schrift „Über das Geistige in der Kunst" von 1912 das Geistige (= Abstrakte) dem Materiellen (= Gegenstand) gegenüberstellt.[64]

---

[61] Georg Wilhelm Friedrich Hegel: Einleitung in die Ästhetik. Hg. von Wolfhart Henckmann. München 1967, Zitate auf S. 115–121.

[62] Friedrich Schiller: Über die ästhetische Erziehung des Menschen, in einer Reihe von Briefen (1795). (Nationalausgabe Weimar, Bd. 20 [1962], S. 382).

[63] J. W. von Goethe: Maximen und Reflexionen aus Wilhelm Meisters Wanderjahren (WA I, 48, S. 192).

[64] Wassily Kandinsky: Über das Geistige in der Kunst. Zit. nach der 10. Aufl. Bern o. J. (ca. 1975). Dort heißt es auf S. 32 über die ungeistige Kunst: Sie „wird ausschließlich zu materiellen Zwecken gebraucht. Sie sucht ihren inhaltlichen Stoff in der harten Materie, da sie die feine nicht kennt." – Wie skeptisch Kandinsky auch der Materie im engeren Sinne gegenübersteht, belegt die Stelle (S. 27), wo er sich ablehnend über Denkmä-

Zusammenfassend lässt sich sagen, dass die „idealistische" Betrachtungsweise einerseits das Material – richtiger: die Materie – des Kunstwerks grundsätzlich ablehnt, wobei den kostbaren Materialien sozusagen die Rolle des „Sündenbocks" zugewiesen wird. Andererseits etabliert diese Theorie „edle", das heißt der Kunst angemessene Materialien, vor allem Bronze und Marmor, was zur Folge hat, dass Artefakte aus anderen Werkstoffen seit der Renaissance zunehmend riskieren, aus dem Reich der „hohen Kunst" verbannt zu werden – etwa in die eigens hierfür geschaffenen Reservate „Kunsthandwerk", „angewandte Kunst" oder „Volkskunst". Man könnte überspitzt sagen: Nach Meinung der „Idealisten" sollte das Material eines „wahren" Kunstwerks, wenn es sich schon nicht vermeiden lässt, nicht kostbarer als Bronze, aber auch nicht billiger als Marmor sein.

Berücksichtigung der Materialien

Die Begriffe „idealistisch" und „materialistisch" werden hier stets in Anführungszeichen gesetzt, um daran zu erinnern, dass auf den zugrundeliegenden philosophisch-ideologischen Antagonismus von „Idealismus" und „Materialismus" zwar angespielt, dass er aber nicht wirklich gemeint ist. Richtiger wäre es wohl, statt von einer „idealistischen" von einer „materie-feindlichen" Kunsttheorie zu sprechen und die „materialistische" Ästhetik als „werkstoff-orientierte" Ästhetik zu bezeichnen.

Trotz der fast unumschränkten Weitergeltung der geschilderten „idealistischen" (also materie-feindlichen) Auffassung lässt sich feststellen, dass zumindest die Architekturtheoretiker spätestens seit dem 17. Jahrhundert dem Material einen gewissen Eigenwert zubilligten und vom Künstler forderten, auf Charakter und Eigenschaften der Werkstoffe Rücksicht zu nehmen.

So widmet sich bereits Vincenzo Scamozzi in seinem Traktat *L'idea della architettura universale* von 1615 eingehend der Frage des Verhältnisses von Materie und Form: Von Natur aus sei die Materie zwar gänzlich formlos, die verschiedenen Stoffe besäßen jedoch Eigenschaften, welche bestimmte Formen zulassen, andere dagegen verbieten. Zwar werde der Stoff erst durch die künstlerische Form vervollkommnet, doch solle der Architekt die Materie auch nicht vergewaltigen (*„far come*

---

ler für verstorbene Künstler äußert: „Oft ist schon lange nichts mehr von seinem körperlichen Ich auf Erden geblieben, dann sucht man alle Mittel, dieses Körperliche aus Marmor, Eisen, Bronze, Stein in gigantesken Größen wiederzugeben. Als ob etwas läge an diesem Körperlichen bei solchen göttlichen Menschendienern und Märtyrern, die das Körperliche verachten und nur dem Geistigen dienen." Auch der Topos von der Musik als der „unmateriellsten Kunst" findet sich hier (S. 54) wieder.

violenza alla materia ")[65]. Es scheint sich hier um eine frühe Ausprägung dessen zu handeln, was später „Materialgerechtigkeit" genannt und eines der wichtigsten kunsttheoretischen Postulate des 19. und 20. Jahrhunderts werden sollte.

Einen einflussreichen Verteidiger fand diese „Materialgerechtigkeit" *avant la lettre* um die Mitte des 18. Jahrhunderts in dem venezianischen Architekturtheoretiker Carlo Lodoli und seiner Forderung nach „Funktionalität": Alles, was keine Funktion besitzt, dürfe nicht integraler Bestandteil der Architekur sein, wobei Lodoli unter „Funktion" in erster Linie die Übereinstimmung zwischen den Eigenschaften der Baumaterialien und dem Aussehen des Gebäudes versteht. Die Materialien bildeten für seine Argumentation den Ausgangspunkt: Der Ausdruck eines Gebäudes müsse durch die Natur der verwendeten Materialien bestimmt sein; verschiedene Materialien sollten verschiedene Formen bewirken; absurd sei es, mit einem Material ein anderes vorzutäuschen[66]. Aus diesem Grund lehnte Lodoli sogar den griechischen und römischen Tempel ab, weil bei ihm Holzkonstruktionen in Stein wiedergegeben seien.

1788 erschien im „Teutschen Merkur" Goethes Aufsatz „Material der bildenden Kunst", in dem ähnliche Überlegungen angestellt werden: Selbst „der größte und geübteste Künstler" müsse sich dem Gesetz der Materie unterwerfen:

> *„Er mag sich noch so sehr zum Herrn der Materie machen, in welcher er arbeitet, so kann er doch ihre Natur nicht verändern. [...] Und es wird derjenige Künstler in seiner Art immer der trefflichste sein, dessen Erfindungs- und Einbildungskraft sich gleichsam unmittelbar mit der Materie verbindet, in welcher er zu arbeiten hat. [...] Wie Menschen nur dann klug und glücklich genannt werden können, wenn sie in der Beschränkung ihrer Natur und Umstände mit der möglichsten Freiheit leben, so verdienen auch jene Künstler unsere große Verehrung, welche nicht mehr machen wollten, als die Materie ihnen erlaubte. "*[67]

Goethe glaubte sogar, dass bestimmte Materialien bestimmte Kunstformen bedingen und bedingen sollten, und nennt als ein, wie er findet, „sehr einfaches" (allerdings aus heutiger Sicht irriges) Beispiel hierfür die ägyptischen Obelisken, deren Form durch gewisse physikalische Eigenschaften des Granits vorgegeben gewesen sei[68].

In Fortführung solcher Gedanken gab es auch in der Kunstgeschichtsschreibung des frühen 19. Jahrhunderts Versuche, die Verschiedenheit der Kunststile aus

---

[65] Vincenzo Scamozzi: L'idea della architettura universale. Venedig 1615, II, VII (zit. nach: Hanno-Walter Kruft: Geschichte der Architekturtheorie. München 1985, S. 112).

[66] Nach H.-W. Kruft, a. a. O., S. 221–223.

[67] WA I, 47, S. 64 f.

[68] Ebd. – Vgl. hierzu auch S. 179.

den Eigenschaften der verwendeten Materialien zu erklären. So definierte etwa
Karl Friedrich von Rumohr 1827 in seinen „Italienischen Forschungen": Stil sei –
vor allem in der Bildhauerei –

> *„ein zur Gewohnheit gediehenes sich Fügen in die inneren Foderungen
> des Stoffes, [...] in welchem der Bildner seine Gestalten wirklich bildet.
> [...] Holz, Thon, Erz, Gestein, oder Ähnliches; die sichtliche Schwere und
> Unbehülflichkeit dieses Stoffes wird selbst von den anstelligsten Meistern
> nie so ganz überwunden, daß sie aufhörte, sich dem Gefühle aufzudrän-
> gen. Daher, und durchaus nicht, wie Winckelmann anzunehmen scheint,
> aus einem sittlichen Grunde, ist dem Bildner das Schwebende, Fahrende,
> Sausende, Fallende darzustellen versagt. "*[69]

Der Gedanke wurde später von Gottfried Semper aufgenommen, etwa wenn er
1869 in seinem Vortrag „Ueber Baustile" sagte: „So ist z. B. der griechische Mar-
mortempel im Stile verschieden von dem sonst nahezu identischen griechischen
Tempel aus Porosstein. So darf man von einem Holzstile, Backsteinstile, Quader-
stile u.s.w. sprechen. "[70] Auch die Archäologie neigte gelegentlich dazu, bei Skulpturen zwischen einem „Holz-, Bronze- oder Marmorstil" zu unterscheiden, was
bereits 1913 durch Emanuel Löwy zu Recht abgelehnt oder jedenfalls stark relati-
viert wurde.[71]

Der Widerspruch zwischen den beiden extremen Standpunkten – „Material
muss überwunden werden" *versus* „Material bildet die Grundlage von Kunst und
Stil" – war den Theoretikern des 19. Jahrhunderts durchaus bewusst, jedenfalls
lässt sich bei ihnen mehrfach ein Schwanken der Argumentation beobachten.

So behauptet Friedrich Weinbrenner 1819 in seinem „Architektonischen
Lehrbuch" einerseits, „daß die Schönheit einer Sache nur in ihrer Form bestehe
und daß deshalb Farben und Material nichts Wesentliches" hierzu beitrügen. Andererseits fordert er aber eine „harmonische Übereinstimmung der Formen mit
dem Material und der technischen Bearbeitung"[72].

Auch Sempers Auseinandersetzung mit dem Material ist von solchen Schwan-
kungen geprägt: Einerseits zählte er das Material – neben den handwerklich-tech-
nischen Möglichkeiten, dem Klima, religiösen und politischen Bedingungen – zu

---

[69] Karl Friedrich von Rumohr: Italienische Forschungen, Teil 1 (1827) (zit. nach Ed. Julius von Schlosser, Frankfurt am Main 1920, S. 60 und 62).

[70] In: Gottfried Semper: Kleine Schriften. Hg. von Hans und Manfred Semper. Berlin,
Stuttgart 1884, S. 403.

[71] Emanuel Löwy: Stein und Erz in der statuarischen Kunst. In: Kunstgeschichtliche Anzeigen (= Beiblatt der Mitteilungen des Instituts für österreichische Geschichtsforschung). Innsbruck 1913, S. 5–40.

[72] Friedrich Weinbrenner: Architektonisches Lehrbuch, Dritter Teil („Über die höhere
Baukunst"). Tübingen 1819, 5. Heft, 18. Kapitel („Über die Schönheit").

den wichtigsten Grundlagen und Faktoren der Kunst[73]. Andererseits hält er an der alten Nachahmungstheorie fest, nach der alle Architekturformen auf den ursprünglichen Holzbau zurückzuführen seien, dass also Elemente, die aus dem Holzbau zu erklären sind, etwa der Triglyphen-Metopen-Fries des dorischen Tempels, auch beim Steinbau beibehalten worden seien. Und gerade durch das Beibehalten bestimmter Formen trotz des Materialwandels („Stoffwechsel") erhielten diese den Charakter von Zitaten oder Metaphern, also eigene Aussagefähigkeit, und würden erst hierdurch zu eigentlichen Kunstformen. Einerseits schrieb er in seinem Polychromie-Traktat von 1834 über neue Baumaterialien:

> *„Das gründliche Studium der Naturwissenschaften führte zu den wichtigsten Entdeckungen. Backsteine, Holz, besonders Eisen, Metall und Zink ersetzen die Stelle der Quadersteine und des Marmors. Es wäre unpassend, noch ferner mit falschem Scheine sie nachzuahmen. Es spreche das Material für sich und trete auf, unverhüllt, in der Gestalt, in den Verhältnissen, die als die zweckmäßigsten für dasselbe durch Erfahrungen und Wissenschaften erprobt sind. Backstein erscheine als Backstein, Holz als Holz, Eisen als Eisen, ein jedes nach den ihm eigenen Gesetzen der Statik."*

Hier scheint die Forderung nach „Materialgerechtigkeit" bereits in aller Deutlichkeit erhoben zu sein. Aber andererseits fährt Semper an derselben Stelle fort:

> *„Das Holz, das Eisen und alles Metall bedarf der Überzüge, um es vor der verzehrenden Kraft der Luft zu schützen. Ganz natürlich, daß dies Bedürfnis auf eine Weise befriedigt wird, die zugleich zur Verschönerung beiträgt."*[74]

Ein weiteres Beispiel: Ganz „idealistisch" forderte Semper 1860: Der Stoff sei

> *„der Idee dienstbar, und keineswegs für das sinnliche Hervortreten der letztern in der Erscheinungswelt alleinig maßgebend. [...] Die Form, die zur Erscheinung gewordene Idee, darf dem Stoffe, aus dem sie gemacht*

---

[73] „Die Grundform, als einfachster Ausdruck der Idee, modifiziert sich besonders nach den Stoffen, die bei der Weiterbildung der Form in Anwendung kommen, sowie nach den Instrumenten, die dabei benutzt werden. Letztens gibt es noch eine Menge von außerhalb des Werkes liegenden Einflüssen, die als wichtige Faktoren bei seiner Gestaltung mitwirken, z. B. Ort, Klima, Zeit, Sitte, Eigentümlichkeit, Rang und Stellung desjenigen, für den das Werk bestimmt ist, und dergleichen mehr." (G. Semper: Wissenschaft, Industrie und Kunst. Vorschläge zur Anregung nationalen Kunstgefühls. Braunschweig 1852, S. 35). Ähnlich auch in Sempers Vortrag „Entwurf eines Systemes der vergleichenden Stillehre" von 1853. In: Ders.: Kleine Schriften (wie Anm. 70), vor allem S. 279 ff.

[74] G. Semper: Vorläufige Bemerkungen über bemalte Architektur und Plastik bei den Alten. Altona 1834. Zit. nach: Ders.: Kleine Schriften (wie Anm. 70), S. 219.

ist, nicht widersprechen, allein es ist nicht absolut nothwendig, daß der Stoff als solcher zu der Kunsterscheinung als Faktor hinzutrete. "[75]

Tatsächlich lässt Semper in seinen gebauten Architekturen die Materialien kaum unverkleidet zur Wirkung kommen, und zwar weniger aus den von ihm angeführten technischen oder klimatischen Gründen, sondern vor allem zur Erzielung größerer Monumentalität[76].

Aus diesen Überlegungen, nach denen die Eigenschaften des Materials die Form, den Stil oder allgemeiner gesagt „die Kunst" bedingen und beeinflussen, entwickelten sich im Lauf des 19. Jahrhunderts die „Materialästhetik", die Forderung nach „Materialgerechtigkeit"[77] und die Begeisterung für das „echte", das heißt vor allem das „unverkleidete", also weder bemalte noch kaschierte Material. Hierbei wurde sowohl an die „klassischen" wie auch an sogenannte „einfache" Materialien wie Sandstein, Ziegel oder Holz gedacht. Die unverkleidete Erscheinung der Materialien wurde häufig mit quasi-moralischen Maßstäben bewertet: Begriffe wie „ehrlich", „wahrhaftig", „anständig", „edel", „sachlich" oder „vaterländisch" stehen gegen „unehrlich", „oberflächlich" und „charakterlos". John Ruskin gab 1849 der zweiten seiner *Seven Lamps of Architecture* den Titel *The Lamp of Truth* und wandte sich in diesem Kapitel vehement gegen die Unwahrheit der Konstruktion und der Materialverwendung.

Für die häufig entrüstete Ablehnung von Gips[78], Stuck, Stuckmarmor und Verputz seit dem späten 18. Jahrhundert ließen sich zahllose Belege anführen: Goethe empfand den marmornen Apoll vom Belvedere „im Urbilde" als „gränzenlos erfreulich". Dagegen verschwinde aus dem Gipsabguss, und sei er noch so gelungen, „der höchste Hauch des lebendigen, jünglingsfreien, ewig jungen Wesens"[79]. Ganz ähnlich schwärmte Johann Friedrich Overbeck 1816 nach einem

---

[75] G. Semper: Der Stil in den technischen und tektonischen Künsten. Bd. 1, Frankfurt am Main 1860, Prolegomena S. XV.

[76] S. hierzu: Hellmut R. W. Kühne: Über die Beziehung Sempers zum Baumaterial. In: Gottfried Semper und die Mitte des 19. Jahrhunderts. Symposion vom 2. bis 6. Dezember 1974, veranstaltet durch das Institut für Geschichte und Theorie der Architektur an der Eidgenössischen Technischen Hochschule Zürich. Bern, Stuttgart 1976, S. 109–117. – 1981 fand, ebenfalls in Zürich, ein Kolloquium des „Comité International d'Histoire de l'Art" zum Thema „Beziehungen zwischen Stil, Technik und Material" statt.

[77] Von kunstwissenschaftlicher Seite fehlt zu diesem wichtigen Begriff noch weitgehend die Literatur. – Vgl. etwa: Klaus Döhner: In welchem Style sollen wir bauen? Architekturtheorie zwischen Klassizismus und Jugendstil (= Studien zur Kunst des 19. Jahrhunderts 36). München 1976, S. 121. – Vgl. aber oben Anm. 6.

[78] Etwa: Joachim Heusinger von Waldegg: Erinnerungen an Gips. Zur Geschichtlichkeit eines Werkstoffs. In: Kunst und Antiquitäten 1988, H. 2, S. 106–113.

[79] Italienische Reise, 25. Dezember 1786 (WA I, 30, S. 238). – Zum selben Thema unter dem 9. November 1786: „Und so hat mich Apoll von Belvedere aus der Wirklichkeit

42

Besuch der vatikanischen Antiken-Sammlungen: „Keine todte Gipse starren Dich mehr an, nein! der Marmor athmet Dir entgegen."[80]

Semper spottete 1834 über „die plumpe, altjüngferliche Armseligkeit der Stuccaturzeit"[81]. August Reichensperger kritisierte 1845, „heutzutage" verstehe man es, „durch Mörtel und Tünche aus Allem Alles zu machen", und der Gips zaubere „jede Mauer und jeden Balken in eine strahlende Wand oder Säule von Marmorstein oder Porphyr um"[82]. 1857 entrüstete sich ein Autor: „Die italienischen Stukkatoren [...] schufen in der Zeit der Renaissance und des Zopfes alle Arten italienischen und griechischen Marmors aus Gyps. Der Sinn für äffendes Blendwerk war damit schon geweckt, und [...] so mußte kommen, was wirklich kam: Marmor aus Holz, Stein aus Pflanzenstoff und Thierleim."[83]

Anlässlich der Einweihung der neuromanischen Hauptsynagoge zu München schrieb 1887 das „Münchener Tagblatt": „Die ganze Architektur ist durchweg aus bestem, echtem Materiale ausgeführt, ein Vorzug, der gerade in unserer Stadt, wo ja fast alle Façaden aus Cement und Gyps fabrizirt werden, von großem Werthe ist."[84]

Adalbert Stifter stellte 1857 in seinem „Nachsommer" einige Überlegungen zur Aussage und „Ehrlichkeit" von Materialien an:

> *„Um den Ernst und die Würde der Kirche darzustellen, ist der Stoff nicht gleichgültig, aus dem man sie verfertiget. Man wählte Stein als den Stoff, aus dem das Großartigste und Gewaltigste von dem, was sich erhebt, besteht, die Gebirge."* Auch aus Holz könne man Kirchen gegebenenfalls errichten, denn *„ein Baum übt nach dem Felsen die größte Macht. Daher ist eine Kirche in Würde und künstlerischem Ansehen auch noch von Holz*

---

hinaus gerückt. Denn wie von jenen Gebäuden die richtigsten Zeichnungen keinen Begriff geben, so ist es hier mit dem Original von Marmor gegen die Gypsabgüsse, deren ich doch sehr schöne früher gekannt habe" (ebd., S. 212). – Goethe erwarb einen Abguss der *Medusa Rondanini,* „aber der Zauber des Marmors ist nicht übrig geblieben. Das edle Halbdurchsichtige des gelblichen, der Fleischfarbe sich nähernden Steins ist verschwunden. Der Gyps sieht immer dagegen kreidenhaft und todt." (ebd., S. 238).

[80] Zit. nach: J. Heusinger von Waldegg, a. a. O., S. 107.

[81] G. Semper: Vorläufige Bemerkungen über bemalte Architektur (wie Anm. 74), S. 219.

[82] August Reichensperger: Die christlich-germanische Baukunst und ihr Verhältnis zur Gegenwart. Trier 1845, S. 18 f.

[83] Fr. Laib und Franz Joseph Schwarz: Studien über die Geschichte des christlichen Altars. Stuttgart 1858, S. 78, zit. nach: Ulrich Schießl: Rokokofassung und Materialillusion. Untersuchungen zur Polychromie sakraler Bildwerke im süddeutschen Rokoko (= Studien und Materialien zur kunsthistorischen Technologie 1). Mittenwald 1979, S. 51.

[84] Zit. nach: Sal Frost (Hg.): Hauptsynagoge München 1887–1938. Eine Gedenkschrift. München 1987, S. 14.

denkbar, sobald es nicht bemalt und nicht bestrichen ist. Eine eiserne Kirche oder gar eine von Silber könnte nicht anders als widrig wirken, sie würde nur wie roher Prunk aussehen, und von einer Kirche aus Papier, gesetzt man könnte den Wänden auf die Dauer Widerstand gegen Wetter und den Verzierungen durch Pressen oder dergleichen die schönsten Gestalten geben, wendet sich das Herz mit Widerwillen und Verachtung ab. Mit dem Stoff hängt die Gestaltung zusammen. "[85]

Obwohl Adolf Loos[86] 1898 vehement dafür eintrat, dass alle Materialien für den Künstler und Architekten gleich wertvoll sein sollten, erleichterte ihm offensichtlich die Anwendung besonders „edler" Materialien (beim „Haus am Michaelerplatz" unter anderen *Cipollino* aus Euböa, Marmor von Skyros und Carrara, Granit) den Verzicht auf das verabscheute Ornament: „Man bedenke, daß edles material und gute arbeit fehlende ornamentik nicht bloß aufwiegen, sondern daß sie ihr an köstlichkeit weit überlegen sind. [...] Vergangene zeiten kannten die wertschätzung des materials, wie wir sie fühlen, nicht. Da konnte man leicht – und ohne gewissensbisse – ornamentieren. Wir haben für die ornamentik früherer epochen herrliches eingetauscht. Das edle material ist gottes wunder."[87]

„Materialgerechtigkeit" und „Materialästhetik" sind Themen, die in dieser Arbeit nicht behandelt werden, obwohl sie sich mit der Frage nach der Ikonologie des Materials gelegentlich berühren oder sogar überschneiden.

Zusammenfassend bleibt festzuhalten: Während die „idealistische" (materiefeindliche) Kunsttheorie die Materie ganz allgemein grundsätzlich ablehnt, ohne von einzelnen Materialien überhaupt zu handeln, berücksichtigt die „materialistische" (werkstoff-orientierte) Betrachtungsweise die verschiedenen Materialien, fordert einen rücksichtsvollen Umgang mit ihnen und schreibt ihnen ästhetische, stilbildende oder moralische Qualitäten zu. Die beiden Betrachtungsweisen geben also nicht zwei verschiedene Antworten auf dieselbe Frage, sie stellen verschiedene Fragen in Bezug auf zwei verschiedene Phänomene (Materie und Material), die leicht miteinander zu verwechseln sind und die z. B. von Günter Bandmann in der Tat nicht deutlich genug unterschieden wurden.

---

[85] Adalbert Stifter: Der Nachsommer. 3. Bd., 2. Kap. („Das Vertrauen") (Ausg. München 1971, S. 547).

[86] Adolf Loos: Die Baumaterialien (1898). In: Ders.: Ins Leere gesprochen. Zürich 1921, S. 133–138.

[87] Adolf Loos: Sämtliche Schriften. Hg. von Franz Glück. Wien, München 1962, S. 356.

Semantik der Materialien

Eine dritte – nun aber nicht ästhetische, sondern semantische – Betrachtungsweise der Werkstoffe, und nur um sie soll es in dieser Arbeit gehen, bestand unabhängig von den beiden geschilderten „Theorien". Sie ist sogar wesentlich älter und bei Zugrundelegung eines gewissermaßen „anthropologischen Kunstbegriffes" von durchaus elementarer Bedeutung. Diese Betrachtungsweise schreibt jedem Material bestimmte Eigenschaften, Bedeutungen oder Kräfte zu, die durch die Materialien in der einen oder anderen Weise auf die Kunstwerke übertragen werden.

Der österreichische Volkskundler Leopold Schmidt hat 1958 in einer umfangreichen Studie[88] den Begriff der „Stoffheiligkeit" (als Gegenstück zur „Gestaltheiligkeit") eingeführt: Er sammelte zahllose Belege für die Verwendung von Blei in Objekten des religiösen oder magischen Gebrauchs, von der Vorgeschichte bis in die Gegenwart, und errichtete auf dieser breiten Materialbasis seine Hypothese: Der Grund für die häufige Verwendung des Bleis in den genannten Zusammenhängen liege nicht etwa in der leichten Beschaffbarkeit und der daraus folgenden Billigkeit oder den physikalischen Eigenschaften dieses Metalls (Schwere, Weichheit, niedriger Schmelzpunkt), sondern in einer auf frühgeschichtlichen kultischen Gebrauch zurückgehenden Wertschätzung, eben der „Heiligkeit" dieses Stoffes.

Trotz der Fülle von Belegen steht die Hypothese von der „Heiligkeit" des Bleis sozusagen auf „tönernen Füßen": Es ist Schmidt nicht gelungen, seine These wirklich zu belegen – das häufige Auftreten allein ist noch kein Argument. Es drängt sich sogar der Eindruck auf, Schmidt habe, um sein Ergebnis nicht zu gefährden, die zahlreichen Hinweise auf die Missachtung und Geringschätzung des Bleis[89], die seit alttestamentarischer Zeit in breiter Tradition festzustellen sind, übersehen oder verschwiegen.

Der aus meiner Sicht misslungene Versuch Leopold Schmidts beleuchtet exemplarisch eine der Hauptgefahren der Materialikonologie: Die Tatsache, *dass* ein Material verwendet wird – und sei es noch so massenhaft – besagt gar nichts über die damit verbundenen Konnotationen. Diese müssen mit Hilfe hinzutretender Quellen eruiert werden, wobei auch besonders auf Diskontinuitäten und Bedeutungsänderungen zu achten ist.

---

[88] Leopold Schmidt: Heiliges Blei in Amuletten, Votiven und anderen Gegenständen des Volksglaubens in Europa und im Orient (= Leobener Grüne Hefte 32). Wien 1958. – Zuvor war vom selben Autor bereits eine Untersuchung zu diesem Thema erschienen: Das Blei in seiner volkstümlichen Geltung. In: Mitteilungen des Chemischen Forschungsinstituts der Industrie Österreichs 2, 1948, S. 98–104.

[89] Hierzu S. 165.

Leopold Schmidts Überlegungen zur „Stoffheiligkeit" wurden auch von volkskundlicher Seite[90] kritisch aufgenommen, sie wirkten aber dennoch anregend auf die Diskussion: Als neutralere, weniger den religiös-kultischen Aspekt betonende Ersatzbegriffe wurden „Stoffwertigkeit"[91] und „Stoffbedeutsamkeit"[92] vorgeschlagen. Für eine kunsthistorische Ikonologie der Werkstoffe oder Materialsemantik erscheint mir der letztere Begriff am besten geeignet.

Ob und gegebenenfalls wie diese Überlegungen und Erkenntnisse des Faches Volkskunde auf Objekte der Kunstgeschichte übertragen werden können, hängt stark von dem zugrunde gelegten Kunstbegriff ab. Ich werde mich in dieser Arbeit nicht scheuen, gelegentlich einen stark „erweiterten Kunstbegriff" anzuwenden, wie er bei ikonologischen Untersuchungen ja seit Aby Warburg etabliert ist. Aber auch für Werke der „hohen Kunst", die unter diesem Aspekt allerdings stärker als üblich kulturgeschichtlich betrachtet werden müssen, lassen sich bei diesem Vorgehen genügend fruchtbare Erkenntnisse gewinnen.

Der Ausflug in die Nachbarwissenschaft Volkskunde sollte hier nur beispielhaft stehen. Auch die allgemeine Kulturgeschichte, die Philologien und Literaturwissenschaften können für die Ikonologie der Materialien anregend sein, etwa wenn sie die Materialien in sprichwörtlicher, redensartlicher oder literarischer Verwendung untersuchen. Christliche Theologen deuten seit fast 2 000 Jahren den Sinn der in der Heiligen Schrift genannten Stoffe. Für Alchemie, Volksmedizin, „Aberglauben" und Naturwissenschaften besitzen Materialien konkrete Bedeutungen. Die Tatsache, dass ein Material traditionell in einer bestimmten Gegend oder in einem bestimmten funktionalen Zusammenhang Verwendung findet, kann sich leicht zur Aussage „verfestigen". Auftraggeber wie Künstler, gelehrte wie ungebildete Rezipienten haben zu allen Zeiten über Materialien nachgedacht, Amulette getragen, Redensarten verwendet („Reden ist Silber ..."), zwischen kostbaren und billigen Stoffen unterschieden – nur in Bezug auf die sogenannte „hohe Kunst" hat ihnen die „idealistische Betrachtungsweise" empfohlen oder befohlen, alle diese Erfahrungen zu vergessen.

Die Gebildeten haben dieser theoretischen Forderung eher gehorcht als „das Volk". Materialrelevante Äußerungen finden sich deshalb häufig außerhalb des eigentlichen wissenschaftlichen Diskurses, etwa in bürgerlichen Zeitschriften,

---

[90] Rezensionen: Hanns Otto Münsterer in: Zeitschrift für Volkskunde 55, 1959, S. 134–136. – Wolfgang Brückner in: Hessische Blätter für Volkskunde 49/50, Beiheft 1959, S. 45–49.

[91] Wolfgang Brückner: *Cera – Cera Virgo – Cera Virginea*. Ein Beitrag zu „Wörtern und Sachen" und zur Theorie der „Stoffheiligkeit". In: Zeitschrift für Volkskunde 59, 1963, S. 233–253.

[92] Karl-Sigismund Kramer: Zum Verhältnis zwischen Mensch und Ding. Probleme der volkskundlichen Terminologie. In: Schweizerisches Archiv für Volkskunde 58, 1962, S. 91–101.

feierlichen Eröffnungsansprachen oder in der Trivialliteratur – oft auch nur so beiläufig, dass sie leicht übersehen werden können. Zudem hat die Kunstwissenschaft – wie später am Regensburger Salvator-Relief und am Großkomburger Radleuchter beispielhaft vorgeführt werden soll – eindrucksvolle Verdrängungsleistungen vollbracht.

Es sei an dieser Stelle nochmals (und letztmals) betont, dass es sich bei der Materialikonologie (oder -semantik) nicht um eine ästhetische, sondern um eine inhaltliche Betrachtungsweise handelt. Ob ein Artefakt schön oder ein „großes" Kunstwerk ist, darüber macht die Materialikonologie – wie die Ikonologie überhaupt – keine Aussagen.

Die Beschäftigung mit den Materialien trägt aber, auch wenn dies zunächst paradox klingen mag, ganz entscheidend zum Verständnis des „Geistes" der Kunstwerke bei. Denn deren Reduzierung auf rein ästhetische Phänomene wird den Kunstwerken weder historisch noch inhaltlich gerecht und erfordert eine gewaltsame Abspaltung wichtiger Elemente zugunsten einer vorgefassten philosophisch-ideologischen Meinung. Nur wenige Artefakte wurden allein zu dem Zweck geschaffen, beim Betrachter „interesseloses Wohlgefallen" im Sinne Kants zu erregen, also nur dem ästhetischen Genuss zu dienen. Kurz gesagt: Wer die Aussage eines Kunstwerks verstehen will, sollte auch die „Sprache seiner Materialien" verstehen.

Aussagemöglichkeiten von Materialien

Natürliche Materialeigenschaften

> *„Jedem einzelnen Material haftet von Natur aus eine bestimmte Qualität an, die einen zwar unscharfen, aber doch begrenzten Spielraum von Assoziationen eröffnet, die dann von Fall zu Fall in irgendeinem Zusammenhang aktualisiert werden können. "*[93]

Diese für die Materialikonologie wichtige These Günter Bandmanns ist im Grunde genommen zu eng gefasst, denn jedes Material besitzt eine Fülle von natürlichen Qualitäten, von denen allerdings in der Regel nur einzelne als besonders auffällig und kennzeichnend empfunden und hervorgehoben werden: Blei (das auch weich, leichtschmelzbar, billig und giftig ist) gilt fast nur als schwer, Glas (das auch zerbrechlich und elastisch ist) gilt vor allem als durchsichtig, Granit als hart, Bronze als korrosionsfrei und deshalb „ewig". Nur diese „hervorgehobenen natürlichen Eigenschaften" oder „Qualitäten" wurden normalerweise Anlass für Metaphern oder Redensarten. Daraus ist zu schließen, dass sie im allgemeinen Bewusstsein vorhanden waren. Es wäre erstaunlich, wenn dieses Bewusstsein ausgerechnet im Zusammenhang mit Werken der „hohen Kunst" ausgeschaltet worden wäre.

Von den vielen „natürlichen" Materialeigenschaften, die irgendwann zu Bedeutungsträgern bei Kunstwerken wurden, seien im Folgenden nur einige wenige beispielhaft herausgegriffen.

Dauerhaftigkeit

Angesichts der Erfahrung menschlicher Vergänglichkeit war die Dauerhaftigkeit ein wesentlicher Anspruch an Artefakte, vor allem solche der Memorialkunst und der Architektur. Schon Vitruv hatte *firmitas* (Festigkeit im statischen Sinne) zu einer der wichtigsten Kategorien erhoben, denen Architektur genügen müsse.

---

[93] G. Bandmann: Bemerkungen (wie Anm. 10), S. 81.

Aere perennius

Als eine der bekanntesten Metaphern für ehrwürdige Dauerhaftigkeit gilt sowohl in der Kunsttheorie wie im allgemeinen Bewusstsein das Material Bronze. Dies scheint jedoch nicht immer so gewesen zu sein:

In der Sprache des Alten Testaments steht Erz *(aes)* – auffälligerweise fast immer zusammen mit Eisen genannt – nur für Härte und Widerstandsfähigkeit, im schlechten wie im guten Sinne: Jahwe droht (Dtn 28, 23) den Ungläubigen, der Himmel über ihnen werde wie Erz, die Erde unter ihren Füßen wie Eisen (dasselbe mit vertauschten Metallen: Lev 26, 19); die Verstocktheit des Volkes Israel wird umschrieben: „Dein Nacken ein Eisenband und deine Stirn ehern" (Jes 48, 4); ein sicherer Türriegel wird (Deut 33, 25) als von Eisen und Erz geschildert. Selten wird Erz *(aes candens)* wegen seines Glanzes genannt (Ez 1, 7; Dan 10, 6). Dagegen dient es im Alten Testament nur dann als Sinnbild der Dauerhaftigkeit, wenn von dem römischen Brauch die Rede ist, wichtige Urkunden auf Bronzetafeln festzuhalten (1 Makk 8, 22; 14, 18; 14, 26; 14, 48). Erz als Sinnbild oder Metapher der Dauerhaftigkeit scheint dem Judentum demnach bis zur Römerzeit fremd gewesen zu sein.

Auf die ehernen Gesetzestafeln der Römer verweist auch Plinius, wenn er erläutert, warum Denkmäler zumeist aus Bronze bestehen: „Die Verwendung der Bronze zur beständigen Dauer der Denkmäler wurde schon früh von den bronzenen Tafeln übernommen, auf denen die Staatsgesetze eingraviert sind."[94] Monumente werden also aus Bronze gefertigt, um ähnlich dauerhaft zu sein wie die römischen Gesetze.

In diesem Sinne ist auch das berühmte Selbstlob des Horaz: *„Exegi monumentum aere perennius"* zu verstehen, das besagen soll, das Werk des Dichters sei ein dauerhafteres Denkmal als die Erzstandbilder, die man den Großen dieser Welt errichtet.[95]

---

[94] Plinius, NH 34, 99: *„Usus aeris ad perpetuitatem monimentorum iam pridem tralatus est tabulis aereis, in quibus publicae constitutiones inciduntur."* Bei Isidor heißt die entsprechende Stelle (Etymologiae, lib. XVI, 20, 1): *„Usus aeris [...] ad perpetuitatem monumentorum etiam publicae in eis constitutiones scriptae sunt."*

[95] Horaz, Ode III, 30. – Ähnlich, aber ohne auf die Dauerhaftigkeit des Erzes anzuspielen, bei Ovid, Metamorphosen XV, 870 f.: *„Iamque opus exegi, quod nec Iovis ira nec ignis / Nec poterit ferrum nec edax abolere vetustas."* – Christian Morgenstern parodiert in seinem „Studentenscherz" *Horatius travestitus*. Berlin 1897, S. 64: „Wenn die Bürger mir ein Monument stifteten, / Ob aus Gips oder Holz, Erz oder Marmelstein, / – Sommers sonnt es sich froh, Kinderwagenumringt, / Winters baut man ein Dach drüber aus Papp' und Stroh – / Kann man eins gegen zehn wetten: Der Zahn der Zeit / Nagt solange daran, bis es in Trümmer fällt. / Darum lob' ich mir das, was ich mit eigner Hand / In der Weltpoesie ewige Tafeln schrieb. / Nimmer werd ich vergehn: blühen, solang mich / Ein Magister durch's Thor eines Gymnasiums trägt / Und die Klasse mit mir würdigen Schritts betritt / Und voll tiefen Verstands mich seiner Prima preist! /

Durch große und zahlreiche Bronzewerke versuchte man seit der Spätantike, einer Stätte Ansehen, Ehrwürdigkeit und den Anspruch auf Ewigkeit zu verleihen: Konstans II., der im Jahre 663 als letzter byzantinischer Kaiser die Stadt Rom besuchte, soll nach Aussage des *Liber pontificalis* alle dortigen Bronzen *(„omnia quae erant in aere")* weggenommen und in die Kaiserstadt am Bosporus geschickt haben.[96] Es kam ihm dabei offenbar weniger auf die ikonographische Aussage der einzelnen Denkmäler, als auf ihr Material, eben die Bronze, an. Ganz so gründlich kann der Kaiser allerdings nicht vorgegangen sein, denn einige schon damals bekannte Bronzewerke sind offensichtlich in Rom verblieben und erfreuten sich dort – vielleicht gerade wegen des Verlustes der vielen anderen? – größter Verehrung:

Die Ausstattung des *Campus Lateranensis* mit antiken Bronzewerken wurde vermutlich durch Papst Hadrian I. (772–795) veranlasst: Die *Lupa,* das Reiterstandbild des „Konstantin" (Marc Aurel), der „Dornauszieher", ein Widder und die Bruchstücke des „Kolosses" (Konstantin) sollten dem im 8. Jahrhundert ausgebauten päpstlichen Regierungssitz Autorität und Ansehen verleihen.[97] Hinzu kam die ehrwürdige, auf einer mächtigen Bronzetafel festgehaltene *Lex regia de imperio Vespasiani* aus dem Jahre 69 n. Chr., die zusammen mit den anderen als kaiserlich empfundenen Bronzen dem Papsttum zu einer repräsentativen Staatssymbolik verhelfen sollte. Diese war notwendig geworden, um die Päpste – nach Gründung des Kirchenstaates (754) – als die legitimen Machthaber Roms, sozusagen die Nachfolger der antiken Kaiser, auszuweisen.

Diese Großbronzen dienten im Mittelalter als Gerichtszeichen. „Unter ihrem Namen und in ihrer unmittelbaren Nähe pflegte das päpstlich-kaiserliche Tribunal zu tagen, Urteile zu verkünden und Strafen zu vollziehen. Antike Statuen aus Marmor, die im mittelalterlichen Rom leicht zu beschaffen gewesen wären, schienen

---

Überall, wo der Mensch klassische Bildung pflegt, / Wird man fordern von ihm, daß er horazfest sei. / Habe mich darum auch redlich genug geplagt! / Reicht mir neidlos den Kranz, der meiner Kunst gebührt!"

[96] Liber pontificalis 78, 14 f. (Ed. Louis Duchesne, 3 Bde. Paris 1955–57, Bd. I, S. 343). – Vgl. Raniero Gnoli: *Marmora Romana.* Rom 1971, S. 43.

[97] Vgl. Wilhelm S. Heckscher: *Sixtus IIII aeneas insignes statuas Romano populo restituendas censuit.* s'Gravenhage 1955. – Adalbert Erler: *Lupa, Lex* und Reiterstandbild im mittelalterlichen Rom. Eine rechtsgeschichtliche Studie (= Sitzungsberichte der wissenschaftlichen Gesellschaft an der Johann Wolfgang Goethe-Universität, Frankfurt am Main, Bd. 10, H. 4). Wiesbaden 1972. – Tilmann Buddensieg: Die Statuenstiftung Sixtus' IV. im Jahre 1471. Von den heidnischen Götzenbildern am Lateran zu den Ruhmeszeichen des römischen Volkes auf dem Kapitol. In: Römisches Jahrbuch für Kunstgeschichte 20, 1983, S. 33–73. – Ingo Herklotz: Der *Campus Lateranensis* im Mittelalter. In: Römisches Jahrbuch für Kunstgeschichte 22, 1985, S. 1–42. – Cécile Dulière: *Lupa romana.* Recherches d'iconographie et essai d'interprétation. (= Etudes de philologie, d'archéologie et d'histoire anciennes, publiées par l'Institut historique belge de Rome 18). 2 Bde. Brüssel, Rom 1979.

für derart hohe Aufgaben nicht geeignet. Folglich sind marmorne Standbilder auf dem mittelalterlichen Lateranplatz nicht zur Aufstellung gelangt."[98] Im 15. und 16. Jahrhundert wurden die ehrwürdigen Bronzedenkmäler nach und nach auf das Kapitol überführt, wo sie sich zum größten Teil noch heute befinden.

Dass das Material Bronze in karolingischer Zeit auch ganz konkret als Symbol kirchlicher Macht verstanden wurde, ist z. B. dem Kompendium *De universo* des Hrabanus Maurus zu entnehmen, in dem sich, unter Verweis auf Hiob 28, 2, die Bemerkung findet, die Bronze könne auch die Stärke der Kirche in ihrer langmütigen Beharrlichkeit bedeuten[99].

Karl der Große bezeichnete seine Aachener Pfalz als „Lateran"[100] und bemühte sich, den neuen Herrschersitz ebenfalls mit Großbronzen auszustatten: Eine antike „Bärin", die damals wohl als Wolf[101] interpretiert wurde (Abb. 1), ein reitender Theoderich aus Ravenna[102] und ein (aber wohl doch erst ottonischer) Pinienzapfen, dessen Vorbild im Atrium der römischen Peterskirche stand (Abb. 2), sind überliefert oder erhalten. Die karolingische Pfalz zu Aachen besaß eine ganze Anhäufung symbolträchtiger „Materialreliquien", von denen an anderer Stelle zu reden sein wird: Neben den genannten Großbronzen sind mindestens die Porphyrsäulen aus Ravenna, ein stadtrömischer Marmorsarkophag und ein aus antiken Marmorspolien gefertigter Thron nachzuweisen (Abb. 8).

Doch nicht nur in Rom und Aachen dienten Großbronzen als Machtsymbole: Beim Bischofssitz zu Reims stand seit etwa 1055–67 ein Bronzehirsch[103], Heinrich der Löwe ließ 1166 vor seiner Burg Dankwarderode den „Braunschweiger Lö-

---

[98] N. Gramaccini (wie Anm. 16), S. 156.

[99] *„Item aes fortitudinem Ecclesiae in longanimitate patientiae significat"* (PL 111, 477).

[100] Das *Chronicon Moissacense* legt es durch seine Formulierung nahe, zwischen den Großbronzen zu Aachen und dem römischen Lateran einen Verweisungszusammenhang zu sehen: *„Fecit autem ibi et palatium, quod nominavit Lateranis; et collectis thesauris suis de regnis singulis in Aquis adduci praecepit."* – S. hierzu: Ludwig Falkenstein: Der *Lateran* der karolingischen Pfalz zu Aachen (= Kölner Historische Abhandlungen 13). Köln, Graz 1966. – Mario D'Onofrio: Roma e Aquisgrana (= Collana di studi di storia dell'arte 4). Rom 1983. – Norberto Gramaccini: Die karolingischen Großbronzen. Brüche und Kontinuitäten in der Werkstoffikonographie. In: Anzeiger des Germanischen Nationalmuseums und Bericht aus dem Forschungsinstitut für Realienkunde 1995, S. 130–140.

[101] Ernst Günther Grimme: Der Aachener Domschatz. In: Aachener Kunstblätter 42, 1972, S. 7. Die spätestens seit dem 14. Jahrhundert als *porta lupi* bezeichnete Bronzetür der Pfalzkapelle deutet darauf hin, dass es in Aachen einen „Wolf" gab, vermutlich die noch heute erhaltene antike Bärin.

[102] S. hierzu S. 161–166.

[103] Richard Hamann-Mac Lean: Der Hirsch im Hof des Episcopiums in Reims. In: Martin Gosebruch zu Ehren. FS anlässlich seines 65. Geburtstages am 20. Juni 1984. München 1984, S. 72–79.

52

Abb. 1: Aachen, Eingangshalle der Pfalzkapelle, bronzene Bärin, 2. Jh. n. Chr.

wen" (Abb. 3) aufstellen, der formal kaum einen Bezug zur antiken Skulptur aufweist, aber vermutlich dennoch – und gerade durch sein Material – auf die römische Kaiserzeit verweisen sollte.[104]

Norberto Gramaccini wies zu Recht darauf hin, dass auch die erstarkten italienischen Kommunen, im 13. Jahrhundert etwa Venedig, Orvieto oder Perugia, durch öffentlich aufgestellte Großbronzen ihrem Anspruch gegenüber Rom Ausdruck verleihen wollten, ja er vermutete, dass bei den meisten mittelalterlichen Großbronzen ein Bezug zur Antike und insbesondere zu *Roma Caput Mundi* vorauszusetzen sei.[105]

Vor dem Kaiserpalast in Byzanz erhob sich ein Gebäude, das, wohl nach einer Bronzetüre, *hé Chalké,* also „die Bronzene" genannt wurde, ein stattlicher Kuppel-

---

[104] Gerd Spies: Der Braunschweiger Löwe (= Braunschweiger Werkstücke 62). Braunschweig 1985. – Der Braunschweiger Burglöwe. Bericht über ein wissenschaftliches Symposion (= Schriftenreihe der Kommission für Niedersächsische Bau- und Kunstgeschichte bei der Braunschweigischen Wissenschaftlichen Gesellschaft 2). Göttingen 1985. Hier weist Volker Michael Strocka (S. 65–88) nach, dass es für die Gestaltung des Löwen keine unmittelbaren antiken Vorbilder gibt; Martin Gosebruch bezweifelt (S. 9–19) einen engen inhaltlich-ideologischen Zusammenhang zwischen dem Braunschweiger Löwen und der *lupa romana.*

[105] N. Gramaccini (wie Anm. 16), passim, bes. S. 162.

Abb. 2: Aachen, Eingangshalle der Pfalzkapelle, bronzener Pinienzapfen, spätottonisch

bau, der im Kaiserzeremoniell eine bedeutende Rolle spielte.[106] Der Ruhm dieses Gebäudes strahlte aus: Auch Theoderichs Palast in Ravenna[107] besaß eine *Calchi* oder *Calze,* und es wäre aufschlussreich, die bedeutende Tradition der großen Bronzeportale des Mittelalters einmal unter diesem Aspekt zu untersuchen.

Nicht nur die Großbronzen selbst, auch schon die Fähigkeit, diese zu gießen, galt offensichtlich als Beweis ehrwürdiger Tradition. Dass Karl der Große durch die von ihm in Auftrag gegebenen Bronzegüsse an die bewunderte Antike anknüpfte, wurde von seinen Zeitgenossen durchaus verstanden. Ein Beleg hierfür ist die Inschrift auf der Bronzetür des Mainzer Doms, in der es sinngemäß heißt: „Nachdem der große Kaiser Karl gestorben war, hat Erzbischof Willigis als erster wieder Türflügel aus Metall machen lassen."[108] Der unter Willigis (975–1011) erbaute

---

[106] Cyril Mango: The Brazen House. A Study of the Vestibule of the Imperial Palace of Constantinople. Kopenhagen 1959. – Salvador Miranda: Les palais des empereurs byzantins. Mexico City 1965, S. 37 ff. – Rodolphe Guilland: Etudes de topographie de Constantinople byzantine (= Berliner byzantinistische Arbeiten 37). 2 Bde. Berlin 1969, Bd. 1, S. 217 ff.

[107] Ejnar Dyggve: *Ravenatum Palatium Sacrum* – La basilica ipetrale per ceremonie. Studii sull'architettura dei palazzi della tarda antichità. Kopenhagen 1941, S. 41 f. und 45 ff.

[108] „*Postquam magnus Imperator Karolus / Suum esse iuri dedit naturae / Willigisus archiepiscopus ex metalli specie / valvas effecerat primus.*" Zit. nach: Rudolf Kautzsch und Ernst Neeb: Der Dom zu Mainz (= Die Kunstdenkmäler der Stadt und des Kreises Mainz 2). Darmstadt 1919, S. 58.

54

Abb. 3: Braunschweig, Bronzelöwe, 1166

Mainzer Dom spielte durch seinen Grundriss, die Westung und das Atrium auf Alt-St. Peter an, andere Elemente dagegen, wie die Treppentürme des Westwerks und die genannte Türe, sollten offensichtlich auf Aachen verweisen.[109] In unserem Zusammenhang ist bemerkenswert, dass der Guss der Aachener Bronzetüren fast 200 Jahre lang als nachantike Pionierleistung im Bewusstsein blieb und dass der Mainzer Erzbischof durch den Hinweis auf die Geschichte der Bronzebearbeitung sein Werk in einen von der klassischen Antike über Karl bis zur Gegenwart reichenden Zusammenhang stellen wollte und konnte.

Immer wieder hat man den Eindruck, dass die schriftliche oder inschriftliche Erwähnung des Werkstoffs Bronze weniger der Beschreibung als der Rühmung oder Deutung von Kunstwerken diente. Als Beispiel hierfür soll ein Kupferstich des Marcantonio Raimondi[110] stehen, der das Reiterstandbild des Marc Aurel noch auf dem Lateranplatz wiedergibt (Abb. 4). Der Stecher hat die Bilderklärung wie eine Inschrift auf den Sockel des Denkmals gesetzt: *SIC ROMAE AERE SCVLP. ANTE PORTAM ECCL. S. IOHANIS LATHER.* („So in Rom aus Erz gebildet vor der Kirche S. Giovanni in Laterano"). Vielleicht wollte der Stecher dem Problem

---

[109] Karl Heinz Esser: Der Mainzer Dom des Erzbischofs Willigis. In: Anton Ph. Brück (Hg.): Willigis und sein Dom. FS zur Jahrtausendfeier des Mainzer Domes 975–1975 (= Quellen und Abhandlungen zur mittelalterlichen Kirchengeschichte 24). Mainz 1975, S. 135–184.

[110] The Illustrated Bartsch, Bd. 27 (1978), S. 188, Nr. 515 (376).

Abb. 4: Marcantonio Raimondi, Reiterstandbild des Marc Aurel

der Benennung des Kaisers (Konstantin oder Marc Aurel) entgehen und beschränkte sich deshalb auf die Angabe des Materials und des Aufstellungsortes zur Kennzeichnung der berühmten und symbolhaltigen Statue.

Im römischen Konservatorenpalast steht eine Bronzebüste Michelangelos, deren Marmorsockel eine auffällig schlichte Inschrift trägt: *MICHAELIS ANGELI BONARROTII / CAPVT AENEVM*[111]. Als Hinweis auf das Material des Porträts wäre diese Inschrift nicht nur überflüssig, sondern auch vollkommen singulär. Vermutlich sollte durch die Bezeichnung als „ehernes Haupt" einerseits der Anspruch Michelangelos auf ewiges Gedächtnis, andererseits eine Charakterisierung seiner Persönlichkeit zum Ausdruck gebracht werden.

---

[111] Antonio Borioni: Collectanea Antiquitatum Romanarum, quas centum tabulas aeneis incisas. Rom 1736, Taf. 103. – Ernst Steinmann: Die Porträtdarstellungen des Michelangelo (= Römische Forschungen der Bibliotheca Hertziana 3). Leipzig 1913, S. 60 f. und Taf. 55.

Lapis significat Christum

Einzelne Steinarten, z. B. Porphyr, Granit oder Travertin, besaßen zu verschiedenen Zeiten verschiedene Bedeutungen, von denen an anderer Stelle zu sprechen sein wird. Eine sozusagen gemeinsame Symbolik hatte „Stein" schlechthin, das heißt Stein ohne genauere Bestimmung: Festigkeit und Unvergänglichkeit. Dies soll zunächst für den christlichen Bereich untersucht werden.

Das Neue Testament bezeichnet Christus mehrfach und auf verschiedene Weise[112] metaphorisch als Fels oder Stein: Nach dem Römerbrief sei er den Ungläubigen „ein Stein des Anstoßes und ein Fels des Ärgernisses", zwei Metaphern, die Paulus dem Propheten Jesaia (8, 14) entnommen hatte. Ebenso beziehen die Evangelien und der 1. Petrusbrief den im 118. Psalm erwähnten Stein, den die Bauleute verworfen haben und der dennoch zum Eckstein wurde, auf Christus.

In ähnlicher Weise, wie bei dem Wort „Holz" *(xylon, lignum)* seit frühchristlicher Zeit stets das Kreuz des Erlösers assoziiert wurde, lag auch bei „Stein" die Assoziation „Christus" nahe. So schreibt Hrabanus Maurus im Kapitel *De lapidibus vulgaribus* seiner Enzyklopädie *De universo: „Lapis vel petra multiplicem significationem habet"*, und fährt fort: *„Aliquando enim significat Christum propter firmitatem fidei atque soliditatem veritatis"*[113].

Es erhebt sich nun die Frage, ob ein mittelalterlicher Auftraggeber, Künstler oder Betrachter eines steinernen Christusbildes zwischen den allegorischen Bedeutungen des Materials Stein und den auf Christus bezogenen Steinmetaphern des Neuen Testaments einerseits und dem steinernen Kunstwerk andererseits überhaupt einen Zusammenhang sah. Zumindest bei einem bekannten Bildwerk scheint dies tatsächlich nachweisbar zu sein:

Das Salvator-Relief am Portal von St. Emmeram in Regensburg (Abb. 5), das aufgrund der Stifterinschrift in die Regierungszeit des Abtes Reginward (1048–1064) datiert wird, trägt auf dem Rahmen eine offensichtlich zeitgenössische, von der Kunstwissenschaft[114] aber weitgehend ignorierte Inschrift:

---

[112] Mt 21, 42; Mk 12, 10; Lk 20, 17; Apg 4, 11; Röm 9, 32 f.; 1 Kor 3, 10 ff.; Eph 2, 20; 1 Petr 2, 4 ff.

[113] PL 111, 462.

[114] Artur Weese: Die Bamberger Domskulpturen. Ein Beitrag zur Geschichte der deutschen Plastik des 13. Jahrhunderts. 2. Aufl. Straßburg 1914, S. 103–105 (erwähnt die Rahmeninschrift nicht). – Hans Karlinger: Die romanische Steinplastik in Altbayern und Salzburg 1050–1260. Augsburg 1924, S. 2–5 (zitiert die Inschrift). – Hermann Beenken: Romanische Skulptur in Deutschland. 11. und 12. Jahrhundert. Leipzig 1924, S. 26–29 (zitiert die Inschrift nicht). – Erwin Panofsky: Die deutsche Plastik des 11. bis 13. Jahrhunderts. München 1924, Bd. 1, S. 81 (erwähnt die Inschrift nicht). – Willibald Sauerländer: Ausst. Kat. „Bayern. Kunst und Kultur". München 1972, Nr. 63 (erwähnt die Inschrift). – Rainer Budde: Deutsche romanische Skulptur 1050–1250. München 1979, S. 25 (erwähnt die Inschrift nicht). – Hermann Fillitz: Das Mittelalter I (= Propyläen Kunstgeschichte 5). Berlin 1985, Abb. 120 und S. 167 f. (erwähnt die Inschrift

Abb. 5: Regensburg, Salvatorrelief, 1048–1064

CUM PETRA SIT DICTVS STABILI P[ro] NUMINE / XPC
ILLIVS / IN SAXO SATIS APTE CONSTAT IMAGO.
(„Weil Christus wegen seiner unerschütterlichen Göttlichkeit Fels genannt wird,
besteht dieses sein Bild ganz zu Recht aus Stein.“)

Die aus moderner Sicht eher banale, jedenfalls ikonographisch irrelevant er-
scheinende Tatsache, dass das Salvator-Relief aus Stein gefertigt wurde, schien
dem Verfasser der Inschrift bedeutsam genug, um sich hierüber – und nur hierüber – ausführlich zu äußern. Da die Regensburger Reliefs zu den frühesten christlichen Großskulpturen zählen, wurden sie vielleicht damals als theologisch heikle
Innovation empfunden. So könnte es sein, dass sich der Stifter mit seinem Verweis
auf die neutestamentliche Steinmetaphorik gegen den Vorwurf der Idolatrie zur

---

nicht). – Soweit ich sehe, behandelt nur *ein* neuerer Autor die Rahmeninschriften der
drei Regensburger Figuren angemessen ausführlich: Günter Lorenz: Das Doppel-
nischenportal von St. Emmeram in Regensburg. Studien zu den Anfängen des Kirchen-
portals im 8. bis 11. Jahrhundert (= Europäische Hochschulschriften, Reihe 28,
Bd. 39). Frankfurt am Main u. a. 1984, bes. S. 86 f., 100 f.

Wehr setzen wollte. Doch könnte die Inschrift auch Hinweise zur kirchenpolitischen Bedeutung des Regensburger Christusbildes geben:

Christus wird in der Inschrift nicht als *lapis,* sondern als *petra* bezeichnet. Es soll also weniger auf den „Eckstein" (*„lapis quem reprobaverunt aedificantes"*) oder den „Stein des Anstoßes" (*„lapis offensionis"*) verwiesen werden, sondern eher auf den „Fels des Ärgernisses" (*„petra scandali"*) oder auf jenen Felsen, aus dem Moses Wasser für sein dürstendes Volk schlug und der im 1. Korintherbrief so interpretiert wird: „Sie tranken aber aus einem geistigen Felsen *[„petra spiritualis"], [...]* der Felsen aber war Christus"[115]. Das aus dem Griechischen übernommene Wort *petra* bezeichnet im Neuen Testament vor allem die Beständigkeit und Unbeweglichkeit des gewachsenen Felsens. So lobt Christus in der Bergpredigt den klugen Mann, der sein Haus auf Fels und nicht auf Sand baut.

Das Relief sollte also möglicherweise auf die *stabilitas* der Kirche hinweisen, jener *Ecclesia,* die Christus auf *Petrus,* dem Fels, errichtet hatte.[116] Der Machtanspruch speziell der Regensburger Kirche wurde durch die Bilder ihrer beiden Patrone, der Heiligen Dionysius und Emmeram, zum Ausdruck gebracht, die rechts und links von Christus dem Fels – und natürlich auch vom Stifter der Reliefs – dargestellt sind: Mit Hilfe der damals neu aufgefundenen angeblichen Reliquien des hl. Dionysius sollte die Kirche St. Emmeram damals zu einem deutschen Gegenstück von Saint-Denis hochstilisiert werden.

Es ist zu vermuten, dass sich auch bei anderen steinernen Christusbildern solche Assoziationen einstellten, die aber nicht in so deutlicher Weise wie bei dem Regensburger Beispiel bis in unsere Zeit tradiert wurden.

Doch auch im profanen Bereich wurde das Material Stein immer wieder als Würdeformel verwendet, man denke an Steinfassaden, die durch viele Jahrhunderte ein Privileg für öffentliche Gebäude waren. Noch die Architekturtheoretiker des Dritten Reiches, um auch ein moderneres Beispiel zu bringen, sahen im „Stein" das unvergängliche Material schlechthin: Aus ihm mussten deshalb alle „Führerbauten" errichtet werden – wenigstens nach außen hin und zum Schein: Verkleidet durften Eisenbeton und Ziegel ihr dienendes Werk tun. Als „Stein gewordene Verkörperung eines Glaubens", als „in Stein verewigte seelische Größe" wurden die „Führerbauten" gepriesen, sie sollten „das Erlebnis der deutschen Weltanschauung in Stein schaubar" machen. Überhaupt müsse „völkische Architektur", nach einem Ausspruch Hitlers, „Wort aus Stein" sein, und in diesem Sinne empfand man bei den Monumentalbauten des Nürnberger Parteitagsgeländes, dass „das unmittelbare, lebendige Wort des Führers und das *Wort aus Stein"* kraftvoll zusammenwirkten.[117]

---

[115] 1 Kor 10, 4.

[116] Mt 16, 18.

[117] Alle Zitate nach „Das Bauen im Neuen Reich" (wie Anm. 20), S. 10, 14, 15, 24.

Als methodischer Hinweis soll hier festgehalten werden, dass auch unterschiedliche natürliche Eigenschaften – Korrosionsfreiheit bei der Bronze, Härte beim Stein – zu gleichen oder ähnlichen allegorischen Bedeutungen führen können. Schon deshalb ist bei Überlegungen zu solchen Bedeutungen nach Möglichkeit immer von Schriftquellen, nicht aber von den Materialien selbst und ihren angeblich „natürlichen" Eigenschaften auszugehen: Gold, das ja wesentlich unveränderlicher (korrosionsfreier) als Bronze ist, wurde niemals zum Zeichen der Dauerhaftigkeit. Hier überwog immer die „Eigenschaft", wertvoll zu sein, und deshalb ging die Symbolik des Goldes – positiv wie negativ – immer vom Wert dieses Materials aus, als Symbol der Unvergänglichkeit ist Gold meines Wissens nie verwendet worden.

Farbigkeit

Bei vielen Materialien, so etwa auch bei den meisten Edelsteinen, galt traditionell die Farbe als die charakteristische und sinnstiftende Eigenschaft. Hier berührt sich also die Ikonologie des Materials eng mit der Ikonologie und Symbolik der Farben, von der aber in dieser Arbeit nicht die Rede sein soll.[118]

So verdankt die rote Koralle[119], der in ganz Europa, vor allem aber rings um das Mittelmeer, übelabwehrende Kräfte zugeschrieben werden, ihre Bedeutsamkeit vor allem ihrer Farbe. Nach der griechischen Mythologie sind Korallen versteinerte Blutspritzer vom abgeschlagenen Haupt der Medusa. In den „Kunst- und Wunderkammern" spielten Korallenäste stets eine bedeutende Rolle. Neben der auffälligen Form war es besonders die rote Farbe, aus der diese Gegenstände ihre Bedeutung zogen.

Die Farbe von Materialien wurde in Kunstwerken immer wieder auch aus inhaltlichen Gründen eingesetzt: So berichtet Plinius von einer Statue des mythischen Königs Athamas von Orchómenos, der in einem Anfall von Wahnsinn seinen eigenen Sohn getötet hatte. Der Künstler habe der Bronze für dieses Standbild Eisen beigemischt, „damit der durch den Glanz des Erzes leuchtende Rost die

---

[118] Vgl. hierzu etwa: Fritz Haeberlein: Grundzüge einer nachantiken Farbenikonographie. In: Römisches Jahrbuch für Kunstgeschichte 3, 1939, S. 75–126. – Gottfried Haupt: Die Farbensymbolik in der sakralen Kunst des abendländischen Mittelalters. (Phil. Diss.) Dresden 1941.

[119] Liselotte Hansmann und Lenz Kriss-Rettenbeck: Amulett und Talisman. Erscheinungsform und Geschichte. München 1966, bes. S. 41 f. – Elfriede Grabner: Die Koralle in Volksmedizin und Volksglaube. In: Zeitschrift für Volkskunde 65, 1969, S. 183–195. – Antonio Daneu: L'arte trapanese del corallo. Palermo 1975. – Elisabeth Scheicher: Korallen in fürstlichen Kunstkammern des 16. Jahrhunderts. In: Weltkunst 52, 1982, S. 3447–3450. – Ausst. Kat. „L'arte del corallo in Sicilia". Palermo 1986.

Schamröte zum Ausdruck bringe"[120]. Diese Schilderung findet sich im Kapitel über das Eisen und soll belegen, dass dieses Material, das sonst keine wesentliche Rolle in der bildenden Kunst spiele, hier wegen seiner Fähigkeit, die Bronze rot zu färben, Verwendung gefunden habe.

Eisen ist als semantisch bedeutsames Material für Kunstwerke nicht ganz selten.[121] In der Regel gaben seine Eigenschaften „Härte" oder (relative) „Wertlosigkeit" den Ausschlag für diese Materialwahl. Der Fall der genannten Statue ist insofern interessant, als hier gerade die als negativste Eigenschaft des Eisens empfundene Rostbildung den Anlass für die Verwendung gab: Die Statue sollte rötlich sein, um Scham und Reue des Dargestellten auszudrücken.

Manche Marmorsorten wurden von den Bildhauern der römischen Kaiserzeit wegen ihrer Farbigkeit für bestimmte Themen ausgewählt: *rosso antico* für Statuen des dionysischen Kreises,[122] rotgefleckter *pavonazzetto* für Marsyas-Statuen,[123] gestreifter Kalksinter (orientalischer Alabaster) für Stoffdraperien bei Porträtbüsten,[124] schwarzer Marmor für Negerstatuetten[125] oder gelber numidischer Marmor für Löwen.[126]

Außer dem Wunsch nach farblichem Naturalismus waren in einzelnen Fällen möglicherweise auch noch weitere Gründe für die jeweilige Materialwahl ausschlaggebend. So wurde vermutet, bei den Löwenstatuen könnte der nordafrikanische *giallo antico* zugleich auch „an die dem *Imperium Romanum* einverleibte Heimat dieser Tiere, nämlich Numidien, erinnert haben, das im Altertum als klassisches Land der Raubtiere, insbesondere der Löwen galt"[127]. In diesem Falle wä-

---

[120] Plinius, NH 34, 140.

[121] Beispiele S. 85–91, 105.

[122] Zum Beispiel *Fauno rosso* aus der Villa Hadriana im Museo Capitolino oder Bacchusknabe in der Galleria Doria. R. Gnoli (wie Anm. 96), Abb. 269, 270. – Die Farbe Rot spielte bei den dionysischen Mysterien eine bedeutende Rolle, s. hierzu: R. M. Schneider (wie Anm. 334), S. 159 f.

[123] Beispiele bei R. M. Schneider, a. a. O., Anm. 1168 und 1172. – Ebd., S. 155 wird ein Epigramm aus der *Anthologia Latina* (162) zitiert: „Von luftigem Ast hängt Marsyas besiegt herab, und das natürliche Rot des Steines entspricht der durchs Hängen gespannten Brust". Gemeint ist, wie Schneider betont, nicht der gehäutete, sondern der zur Schindung erst aufgehängte Satyr.

[124] Abb. bei R. Gnoli (wie Anm. 96), Abb. 285, 288, 291.

[125] Beispiele und Lit. bei R. M. Schneider, a. a. O., Anm. 1180.

[126] Zum Beispiel in der *Sala degli Animali* der Vatikanischen Museen (R. Gnoli, wie Anm. 96, Abb. 186).

[127] R. M. Schneider, a. a. O., S. 156. – Martial spricht in einem Epigramm von einem Löwen aus *giallo antico* und erwähnt dabei die Herkunft des Marmors: „Vor dessen Gewalt selbst auch Löwen bebten, dem die Krone aus buntem Marmor gab das Numiderland. O welch Schmuck für den Hals, den zur Zierde umgab goldgelber Schatten der Mähne [...]" (Epigramme 8, 55, 6 ff.).

ren also zwei „Eigenschaften" des Materials als Bedeutungsträger aufgefasst worden: seine Farbe und seine Herkunft.

Der kostbarste Prunkstein der Römer, der aus Ägypten stammende Porphyr (vgl. unten S. 134–142), verdankte seine imperiale Bedeutung zunächst in erster Linie seiner an den Purpur erinnernden Farbe. Der aus einer Meeresschnecke gewonnene Purpur war seit den ägyptischen Ptolemäern ein herrscherliches Privileg und hat diesen hohen Rang in gewissem Sinne bis heute beibehalten.

Da die Farbe des Porphyrs die für seine Symbolik entscheidende „natürliche" Eigenschaft bildete, wurden – wenn echter Porphyr nicht zu haben war – immer wieder auch andere rote Steinarten für zeremonielle Zwecke verwendet. So sind die beiden *sedes porphyreticae* aus der Lateranbasilika, die bei den mittelalterlichen Zeremonien zur Papstwahl eine wichtige Rolle spielten, nicht aus Porphyr, sondern aus *rosso antico* (einem Marmor aus Südgriechenland), *„which in those centuries of the Middle Ages was often taken for porphyry and employed as a substitute"*[128].

Ebensowenig wie die imperiale Bedeutung der Farbe Purpur an einen bestimmten Rotton[129] gebunden ist, setzt die Symbolik des Porphyrs ein geologisch bestimmbares Gestein voraus. So dürfte auch – obwohl hierfür bisher keine schriftlichen Belege beizubringen waren – der Rotmarmor, der vom 14. bis 16. Jahrhundert im süddeutsch-österreichischen Raum für Grabskulpturen so häufig verwendet wurde, auf Porphyr angespielt haben.[130] Der beliebteste Rotmarmor in dem genannten Gebiet war der aus Adnet bei Salzburg[131], der in mehreren, deutlich unterscheidbaren Sorten abgebaut wurde. Für die Frage der „natürlichen" Eigenschaften sind vor allem zwei dieser Sorten von Belang:

Der sogenannte „Rotscheck" besteht aus dunkelrotbraunen Knollen, deren Zwischenräume mit grellweißem Kalkspat ausgefüllt sind. Dadurch erhält er eine bizarre Zeichnung, die lange Zeit offenkundig als unschön empfunden wurde. Denn obwohl das Vorkommen dieses gefleckten Marmors in Adnet ganz oben aufliegt, wurde der „Rotscheck" fast 300 Jahre lang als Abraum entfernt. Erst nach 1400 finden sich Verwendungsbeispiele in der Architektur. Eine Abart des

---

[128] J. Deér (wie Anm. 367), S. 144 (heute in den Vatikanischen Museen und im Louvre). – Auch die Stufen, die zum Altar der Kirche Sta. Prassede in Rom hinaufführen, sind aus *rosso antico* und wurden häufig als Porphyrstufen beschrieben (J. Deér, a. a. O., S. 138 f.).

[129] F. Haeberlein (wie Anm. 118), S. 79.

[130] Vincent Mayr: Studien zur Sepulkralplastik in Rotmarmor im bayerisch-österreichischen Raum 1360–1460. (Phil. Diss.) Bamberg 1972, stellt keine Überlegungen zur Bedeutung der verschiedenen Rotmarmorarten oder des Rotmarmors überhaupt an.

[131] Adnet bei Hallein, südlich von Salzburg. Der dort abgebaute Marmor wird oft fälschlich als „Untersberger Marmor" bezeichnet, was gelegentlich sogar Folgen für die inhaltliche Deutung gehabt hat.

Abb. 6: Nicolaus Gerhaert, Grabstein Kaiser Friedrichs III. im Wiener Stephansdom, 1468

„Rotschecks" ist der sogenannte „Mandlscheck". Er enthält keine oder fast keine weißen Adern, besteht aber aus ganz verschiedenfarbigen Geröllen, die ihn auffällig bunt und unruhig machen.[132]

Diese beiden stark fleckigen Marmorsorten lösen die optische Bildwirkung der aus ihnen geschaffenen Reliefs fast bis zur Unkenntlichkeit auf und verhindern geradezu die Betrachtung der Bildhauerarbeiten. Trotzdem waren sie im genannten Zeitraum höchst geschätzt, es sei nur an das seit 1468 von Nicolaus Gerhaert geschaffene Grabdenkmal Kaiser Friedrichs III. im Wiener Stephansdom (Abb. 6) erinnert. In den Beschreibungen vieler Kunsthistoriker wird bedauert, dass die Einzelheiten der Plastik, etwa der Gesichtsausdruck des Kaisers, durch die grellen Flecken des „Mandlschecks" verschluckt werden, und mehrfach wurde die Ver-

---

[132] Alois Kieslinger: Geist im Stein – Zur Geschichte einer spätgotischen Gesteinsmode. In: Alte und moderne Kunst 7, 1962, H. 58/59, S. 15–20, Zit. S. 17 f.

Abb. 7: Veit Stoß, Grabstein König Kasimirs IV. in der Krakauer Kathedrale, 1492

mutung ausgesprochen, dem Bildhauer sei diese „ungeeignete" Marmorsorte in Ermangelung besseren Materials aufgenötigt worden.[133]

Das ist aber auszuschließen, denn auch für die Kaiserin Eleonora wurde der Grabstein – ebenfalls von Nicolaus Gerhaert – aus „Mandlscheck" angefertigt, und Veit Stoß verwendete für das 1492 vollendete Grabdenkmal des polnischen Königs Kasimir IV. Jagiello in der Kathedrale auf dem Krakauer Wawel[134] (Abb. 7) einen riesigen Block des Adneter „Rotscheck", für die Reliefs an der Tumba wiederum

---

[133] Otto Wertheimer: Nicolaus Gerhaert, seine Kunst und seine Wirkung. Berlin 1929, S. 50 spricht von dem „Kampf Gerhaerts mit dem ihm aufgenötigten Material". – Lilli Fischel: Nicolaus Gerhaert und die Bildhauer der deutschen Spätgotik. München 1944, S. 100: „Die ungünstigsten Bedingungen waren ihm hier auferlegt. Das Material, der landesübliche rotweiß gefleckte Marmor, der die Formen ganz empfindlich stört, war schwerlich von ihm frei gewählt."

[134] Maria Skubiszewska: Program ikonograficzny nagrobka Kazimierza Jagiellonczyka w katedrze wawelskiej. In: Studia do Dziejow Wawelu 4, 1978, S. 117–214. – Piotr Skubiszewski: Veit Stoß und Polen. Vortrag gehalten am 13. Januar 1983 im Germanischen Nationalmuseum in Nürnberg. Hg. von Gerhard Bott. Nürnberg 1983.

64

„Mandlscheck". Da gleichzeitig zahllose Denkmäler in einheitlich rotem Marmor gearbeitet wurden, kann nicht von einer Zwangslage, gerade diesen gefleckten Stein zu verwenden, die Rede sein. Im Gegenteil: Der hohe Rang der Künstler wie ihrer Auftraggeber und der aufwendige Transport der Blöcke von Salzburg bis nach Wien und Krakau legen nahe, dass diese Marmorsorten damals besonders geschätzt waren und ganz bewusst ausgewählt wurden. Das Krakauer Monument sollte vermutlich gerade durch seine Materialien auf das Wiener Kaisergrab anspielen bzw. mit ihm konkurrieren. Beide Bildhauer haben mit den Arbeiten für die aufwendigen Gräber noch zu Lebzeiten der darin zu bestattenden Herrscher begonnen, so dass zu vermuten ist, dass diese die Materialwahl selbst getroffen oder zumindest genehmigt haben.

Alois Kieslinger war der Überzeugung, hinter der Vorliebe für diese sonderbar gemusterten Marmorsorten müsse mehr stecken „als eine gelegentliche skurrile Laune, die man mit dem Schlagwort eines spätgotischen Manierismus abtun könnte"[135]. Vielmehr glaube er, dieses Material sei gerade wegen seines sogenannten „Nachteils" ausgewählt worden, wegen seiner Fähigkeit, die Reliefformen der Grabdenkmäler ins Unklare, Irrationale und Transzendente aufzulösen. Der Widerspruch zwischen dem Realismus des Reliefs und der Irrationalität seiner optischen Erscheinung sei „Ausdruck einer ganz bestimmten seelischen Haltung mittelalterlicher Prägung", nämlich der Auffassung, die vordergründig greifbare und vergängliche Realität der Dinge sei nur „Erscheinungsform oder Symbol für eine dahinterstehende viel wichtigere Wesenheit"[136]. Die hochgestellten Persönlichkeiten – neben den erwähnten auch viele Geistliche und Adlige – hätten durch die Verwendung dieser „bildauflösenden" Marmorsorten dem Vorwurf entgegentreten wollen, den äußeren Schein, die vergängliche, mit dem Makel irdischer Zufälligkeit behaftete körperliche Hülle, zu sehr in den Vordergrund zu stellen.

Eine spätere Deutung rotweißen Marmors mag hier noch erwähnt werden: Das Grabmal des 1642 verstorbenen päpstlichen Justizbeamten Clemente Merlini in S. Maria Maggiore geht möglicherweise auf einen Entwurf Francesco Borrominis zurück. Dies behauptet jedenfalls sein Freund Fioravante Martinelli, der außerdem berichtet, warum das Grab aus rotem, weißgeädertem Marmor gefertigt worden sei: Das Rot deute auf die Stärke in der juristischen Tätigkeit des Verstorbenen hin, während das Weiß die Reinheit seines Charakters andeuten solle.[137]

---

[135] A. Kieslinger, a. a. O., S. 16. – Kieslingers Hypothese ist nach meinem Kenntnisstand nicht durch schriftliche Quellen zu belegen, sie erscheint aber interessant genug, um hier wenigstens referiert zu werden.

[136] Ebd., S. 19.

[137] Anthony Blunt: Borromini. Cambridge/Mass. 1979, S. 154.

Durchsichtigkeit

Die Durchsichtigkeit bestimmter Materialien, vor allem des Bergkristalls und des Glases, wurde häufig als Metapher für Klarheit oder Reinheit aufgefasst. So weist nach Haimo von Auxerre (gest. um 855) das „gläserne Meer" vor dem Thron Gottes (Apk 4, 6) auf die Taufe hin, denn das Glas bedeute die Reinheit des Glaubens, die in der Taufe bewiesen werde[138].

Dagegen fasste in der zweiten Hälfte des 12. Jahrhunderts Alanus de Insulis das Glas als Hinweis auf die Klarheit des menschlichen Denkens auf: Wenn Hiob (28, 17) in seinem „Lob der Weisheit" von Gold und Glas spreche, so sei damit gemeint, dass die Weisheit Gottes (Gold) nicht mit der Weisheit und dem Denken des Menschen (Glas) vergleichbar sei. Glas könne aber auch, so der Autor weiter, für die Reinheit des Herzens stehen, weil man bei einem Glasgefäß immer sehen kann, was sich darin befindet[139].

Die Durchsichtigkeit und Lichtdurchlässigkeit des Glases hat immer wieder zu seiner Verwendung Anlass gegeben. Neben den unbestreitbaren praktischen Vorteilen waren hier oft auch inhaltliche Gründe ausschlaggebend. Bandmann hat sich hierüber in seinem Aufsatz über die „Ikonologie des Materials" ausführlich geäußert[140] und als Beispiele sowohl die gotischen „Lichtwände" als auch die Glasideologie bei Bruno Taut seit 1919 angeführt. „Beton und Glas" galten seit dieser Zeit als – je nach dem Standpunkt des Urteilenden positive oder negative – Metapher für modernes Bauen und modernes Lebensgefühl.

Medizinisch-magische Materialeigenschaften

Vielen, vermutlich fast allen Materialien wurden zu gewissen Zeiten magische oder medizinische Eigenschaften zugeschrieben, die man nicht allzu scharf nach heutigen Kriterien voneinander trennen sollte. Manche Stoffe wurden als Medikamente eingenommen, andere als Amulette getragen, wieder andere verbrannt,

---

[138] Expositio in Apocalipsin: *„Vitro autem comparatur quod perspicuum est metallum, propter puritatem fidei, quae in baptismo demonstratur"* (PL 117, 1008).

[139] Distinctiones dictionum theologicalium (PL 210, 1008): *„Vitrum [...] dicitur perspicacitas ingenii, unde in Iob dicitur: ‚Non adaequabitur ei aurum vel vitrum', id est sapientiae Dei non potest comparari sapientia humana vel perspicacitas ingenii. Dicitur cordis puritas. Nam si ex caeteris metallis conficitur vas aliquid, quidquid intrinsecus ponitur, exterius minime videtur; in vitro autem quidquid interius ponitur totum perspicitur, et ideo per vitrum cordis puritas designatur; unde Joannes [Apk 21, 18]: ‚Ipsa vero civitas aurum mundum simile vitro mundo'. Dicitur puritas fidei quam sancti tenentes manifestans etiam ore, et sic potest exponi: ‚Ipsa vero civitas aurum mundum simile vitro mundo'. "*

[140] G. Bandmann: Bemerkungen (wie Anm. 10), S. 81–85.

vergraben oder als *Apotrópaia* im Haus aufbewahrt; Gefäße aus Serpentin[141] zerspringen angeblich, wenn sie mit Gift in Berührung kommen, Amethyste[142] verhindern Trunkenheit, Kreuze mit Malachiteinlagen[143] erleichtern die Geburt – die Aufzählung ließe sich beliebig fortsetzen.

Viele Gegenstände in den geistlichen und weltlichen Schatz-, Kunst- und Wunderkammern wurden vornehmlich oder ausschließlich wegen der magischen Eigenschaften ihrer Materialien gesammelt. Besonders augenfällig ist dies bei gewissen eher unscheinbaren oder gar unansehnlichen organischen Stoffen, weil hier das ästhetische Vergnügen im engeren Sinne vollkommen wegfällt.

Organische Materialien

Die sogenannten Bezoarsteine[144] – kugelförmige Ablagerungen aus den Mägen von Ziegen, Gemsen, Steinböcken oder Lamas – gehören, meist in kostbaren Fassungen präsentiert, zum Standardinventar der Schatzkammern. Den Bezoaren[145] wurden, wie anderen „tierischen Steinen" auch (Krötenstein, Schwalbenstein, Adlerstein usw.), die verschiedensten Kräfte, etwa gegen böse Geister, Epilepsie, Pest

---

[141] So schreibt „Der aufrichtige Jubelier" 1729 über den sächsischen Serpentin, es würden „allerhand Geschirr, als Krüge, Schaalen, Becher, Schüsseln, Flaschen, Bixen, Schrecksteine und mehr anders davon gemacht, und durch gantz Teutsch- und andere Lande verführt, dabey die Verkauffer einen gantzen Catalogum von der Krafft und Würckung mit in den Kauff geben. Die vornehmste darunter bestehet darinn, daß er kein Gifft leyde, und so bald was gifftiges darein oder daran komme, zerspringe, daher es denjenigen, welche sich vor dem Tod fürchten, ein bewährtes Mittel ist, daß sie gutes Muths daraus trincken mögen." Zit. nach: Hansmann-Kriss-Rettenbeck (wie Anm. 119), S. 33.

[142] Das besagt schon sein Name! „Der aufrichtige Jubelier" von 1729 schreibt hierzu: „Er wird mehrentheils nur in Ringen eingefast getragen, und insgemein gegen die Trunckenheit und Schwermuth gut gehalten: ob ihm auch diese Tugend hinwiederum von vielen strittig gemacht wird, so kan er doch nicht ohne besondere Eigenschafften, ob sie uns gleich unbekandt seyn, weil er sowohl im Ambt-Schildgen Aarons die 9. als unter den Grund-Steinen des neuen Jerusalems die 12. Stelle zugeeignet bekommen." Zit. nach: Hansmann-Kriss-Rettenbeck (wie Anm. 119), S. 30.

[143] Abb. Hansmann-Kriss-Rettenbeck (wie Anm. 119), S. 44.

[144] In der Schatzkammer der Münchner Residenz ist eine Reihe von Bezoaren erhalten, die in Deutschland zwischen 1570 und der 2. Hälfte des 17. Jahrhunderts gefasst wurden (Hansmann-Kriss-Rettenbeck (wie Anm. 119), Abb. 273, 274, 276, 277, 278, 643. Bezoare aus dem Wiener Kunsthistorischen Museum ebd., Abb. 828, 829.

[145] Über den Bezoar gibt es reichlich ältere Literatur, von der nur genannt sei: Caspar Bauhinus: De lapidis bezaaris ortu et natura. Basel 1625. – Laurentius Catelanus: Ein neuer Tractat und Bericht vom Bezoarstein. Frankfurt am Main 1627. – Hermann Fühner: Bezoarsteine. In: Janus 1901, S. 317–356. – Rudolf Kriss: Gemse und Steinbock im Amulettglauben der Alpenländer. In: Volk und Heimat. FS für Viktor von Geramb. Graz, Salzburg, Wien 1949, S. 251–255.

oder Fieber, zugeschrieben, und nur dieser Kräfte wegen fanden die rein ästhetisch betrachtet eher unerfreulichen Gegenstände den Weg in die vorwissenschaftlichen Sammlungen.

Rhinozeroshorn, das sich bis heute weltweit als Aphrodisiacum so großer Beliebtheit erfreut, dass viele Nashornarten vom Aussterben bedroht sind, wurde ebenfalls nicht um seiner Schönheit willen, sondern wegen der ihm zugeschriebenen Wirkungen[146] zu Kunstwerken verarbeitet. In der Dresdener Kunstkammer sind Gefäße aus Rhinozeroshorn seit dem Ende des 16. Jahrhunderts belegt.[147] Die Schatzkammer der Münchner Residenz besitzt mehrere reich geschnitzte Trinkgefäße aus der Zeit um 1660/80, teilweise in aufwendigen vergoldeten Silberfassungen.[148] Die Schnitzereien wurden meistens in Süddeutschland geschaffen, und zumindest einige von ihnen spielen auf die Herkunft des exotischen Materials an: Rhinozerosjagd, Kannibalen bei der Mahlzeit, Putten, die mit Rhinozeros und Ziegenbock spielen.

Ähnlich unspektakulär, nicht einmal exotisch, ist das Material Steinbockhorn, das vor allem in der Salzburger Gegend seit etwa 1700 gern für Dosen, Becher, Krüge und andere Gegenstände des Kunsthandwerks verwendet wurde.[149] Auch hier scheinen vor allem die dem Material zugeschriebenen Kräfte ausschlaggebend gewesen zu sein. So teilt Zedlers „Großes Universal-Lexicon" von 1744 mit: „Ein Löffel, Näpflein, oder Trinckgeschirr, so aus dergleichen Horne gemacht, ist unvergleichlich gesund wider den Gift und die fallende Sucht, vornehmlich der Jugend, welcher man dergleichen Armbändergen macht, wodurch sie vor dem Schrecken und Unruhe im Schlafe bewahret, und davon nicht mehr angefochten wird."

Diese „medizinischen" Eigenschaften und die Vorliebe der Fürstenhöfe Europas für außergewöhnliche Materialien gaben den Anlass, aus Steinbockhorn Gegenstände des gehobenen Gebrauchs – Trinkgefäße, Tafelaufsätze, Leuchter, Dosen und Pulverhörner – zu fertigen. Häufig wurden Gegenstände aus Steinbockhorn in edlen Metallen montiert und mit kleinen geschnitzten Szenen versehen. Diese Schnitzereien, die fast ausschließlich in der Salzburger Gegend geschaffen

---

[146] Zedlers „Großes Universal-Lexicon", Bd. 23 (1740), Sp. 780: „So werden auch Becher und Schalen aus diesen Hörnern gedrehet [...], darinne lassen einige den Wein stehen, den sie trincken wollen, und suchen sich damit vor allem Giffte zu bewahren und das Geblüte zu reinigen, wozu doch der Glaube das beste thun muß."

[147] Erna von Watzdorf: Johann Melchior Dinglinger. Der Goldschmied des deutschen Barock. 2 Bde. Berlin 1962, Bd. 1, S. 183 ff.

[148] Katalog der Schatzkammer der Residenz München. 3. Aufl. München 1970, S. 350–352.

[149] Karl Ausserer: Der Alpensteinbock. Geschichte, Verbreitung, Brauch- und Heiltum. 2. Aufl. Wien 1947. – Nora Watteck: Geschnitztes Steinbockhorn – ein vergessener Zweig des Salzburger Kunsthandwerks. In: Alte und moderne Kunst 7, 1962, H. 58/59, S. 27–31. – Johannes Neuhardt: Geschnitztes Steinbockhorn – Kostbarkeiten aus Salzburg. In: Schönere Heimat 79, 1990, S. 121 f.

wurden, stellen meistens Gebirgslandschaften dar, in denen stets mindestens ein Steinbock zu erkennen ist, um auch noch bildlich auf die Herkunft des besonderen Materials hinzuweisen. Es wurde vermutet, dass chinesische Rhinozeroshorn-Gefäße die Anregung zur Herstellung dieser Arbeiten aus Steinbockhorn gaben.

Diese Beispiele mögen genügen, um den magischen Aspekt von Kunstgegenständen aus organischen Materialien anzudeuten. Hier wären noch so wichtige Werkstoffe wie Narwalhorn („Einhorn"), Büffelhorn („Greifenklaue"), Schildpatt, Perlmutt und andere zu behandeln, für die systematisch gesehen aber mehr oder weniger dasselbe gilt. Auch an die im frühen 19. Jahrhundert so beliebten Arbeiten aus Menschenhaar[150] sei in diesem Zusammenhang wenigstens kurz erinnert.

Mineralien

Unter dem Begriff „Edelsteine"[151] sollen im Folgenden alle als Schmuck, Amulett oder für magische Zwecke verwendeten Mineralien zusammengefasst werden. Sie galten seit frühester Zeit als bedeutungshaltig: Schon die Babylonier erforschten die Beziehungen zwischen dem astrologischen Kosmos und den verschiedenen Edelsteinen, die Griechen integrierten die Steine ihren kosmologischen Vorstellungen.

Die älteste erhaltene Abhandlung über Edelsteine schrieb um 310 v. Chr. der Aristoteles-Schüler Theophrast, der die Steine naturwissenschaftlich, vor allem in medizinischer und pharmakologischer Hinsicht, untersuchte.[152] Durch die Vermittlung der „Arzneikunde" des Dioskurides (1. Jahrhundert n. Chr.), der etwa 200 Steine behandelt, wurden diese und andere antike Erkenntnisse weitertra-

---

[150] Artikel „Haar" im „Handwörterbuch des Deutschen Aberglaubens". – Aliette de Maillé: Les bijoux en cheveux. In: Gazette des Beaux-Arts 61, 1963, S. 181–189. – Eva Stille: Bilder und Schmuck aus menschlichem Haar. In: Volkskunst 1, 1978, S. 225–233. – Irmgard Endres-Mayser und Nina Gockerell: Aus Menschenhaaren gefertigter Schmuck. In: Waffen- und Kostümkunde 22, 1980, S. 45–56, 130–152; 23, 1981, S. 39–54. – André Chanlot: Les ouvrages en cheveux. Leurs secrets. Paris 1986. – Ausst. Kat. „Auf's Ohr geschaut – Ohrringe aus Stadt und Land vom Klassizismus bis zur neuen Jugendkultur" (= Schriften des Museums für Deutsche Volkskunde Berlin 16). Berlin 1989, S. 54 f.

[151] Hierzu immer noch: Joan Evans: Magical Jewels of the Middle Ages and the Renaissance, Particularly in England. Oxford 1922. – Lynn Thorndike: A History of Magic and Experimental Science During the First XIII Centuries of Our Era. 2 Bde. New York 1923. – Paul Studer und Joan Evans: Anglo-norman Lapidaries. Paris 1924 (Reprint Genf 1976). – John M. Riddle: Lithotherapy in the Middle Ages – Lapidaries Considered as Medical Texts. In: Pharmacy in History 12, 1970, S. 39–50. – Ch. Meier (wie Anm. 4), vor allem S. 361–460. – Helmuth Bethe: Artikel „Edelsteine". In: RDK, Bd. 4 (1958), Sp. 714–742.

[152] Theophrastus: De lapidibus. Hg. und übersetzt von D. E. Eichholz. Oxford 1965.

diert.[153] Die Steine sollen nach Dioskurides entweder zu Pulver zerrieben und eingenommen oder als *phylaktéria* (Schutzmittel) am Körper getragen werden. Hieran lässt sich erkennen, wie schwer medizinische und magische Anwendungen zu unterscheiden sind.

Eine Zusammenfassung des gesamten antiken – auch des orientalischen – Stein-Wissens findet sich im 37. Buch der „Naturgeschichte" des Plinius, der sich übrigens bemüht, nachweisbare Wirkungen von „abergläubischen" Vorstellungen, die er ablehnt, zu unterscheiden. Er ordnet die bekannteren und wertvolleren Steine nach ihren Farben, die restlichen alphabetisch.

Das 16. Buch der *Etymologiae* des Isidor von Sevilla (frühes 7. Jahrhundert n. Chr.) handelt von den Steinen, die nun konsequent nach ihren Farben aufgelistet werden. Isidors Angaben sind viel knapper als die seiner Hauptquelle Plinius, er bietet aber dafür, dem Ziel seines Buches entsprechend, zu allen Steinnamen etymologische Erklärungen – oder was er dafür hält. Durch die *Etymologiae* blieben viele antike Traditionen – oftmals wörtlich – dem christlichen Mittelalter des Westens bekannt.

Eines der einflussreichsten Steinbücher wurde schließlich das Gedicht *De lapidibus* des Marbodius, Bischof von Rennes in den Jahren 1067–1081, das in über 100 Handschriften und mehreren Sprachen überliefert ist.[154] Marbodius benutzte verschiedene, teils heute nicht mehr bekannte Quellen, stützte sich aber wiederum besonders stark auf Plinius und Isidor. Dieser Autor erwähnt nun erstmals zahlreiche magische Eigenschaften der Steine, für die als Hauptquelle das sogenannte *Lapidarium* des Damigeron, eine hellenistische Schrift aus Alexandria, gilt. Bemerkenswert ist, dass der gebildete Bischof weder die Bibel noch die Kirchenväter zitiert. Durch Marbodius verbreiteten sich die Vorstellungen von den magischen Kräften der Edelsteine mehr als durch alle anderen Lapidarien.

Offenbar weitgehend unabhängig von dieser hier nur ganz knapp zusammengefassten medizinisch-magischen Steintradition wurden seit frühchristlicher Zeit die in der Bibel genannten Edelsteine, vor allem die zwölf in Aarons Brustschild (Ex 28, 15–30; 39, 8–21) und die in der Apokalypse erwähnten, allegorisch gedeutet. Für diese Deutungen wurden die medizinisch-magischen Aspekte der antiken Tradition weitgehend abgelehnt und deshalb kaum berücksichtigt.

Andeutungsweise findet sich eine solche allegorische Auslegung der Edelsteine bereits bei Augustinus[155], aber eine entwickelte Steinallegorese tritt uns erst seit den karolingischen Bibelexegeten entgegen, bei Beda Venerabilis, Hrabanus Mau-

---

[153] Des Pedanius Dioskurides aus Anazarbos Arzneimittellehre in fünf Büchern. Übersetzt und mit Erklärungen versehen von Johann Berendes. Stuttgart 1902.

[154] Marbods Steingedicht und seine anderen Schriften zu den Edelsteinen in: PL 171, 1735–1780.

[155] Hierzu das Zitat auf S. 93.

70

rus, Walahfrid Strabo, später bei Richard und Hugo von St. Viktor[156]. Um dem Vorwurf der Magie zu entgehen, führen die mittelalterlichen Autoren die Kräfte der Steine auf das unmittelbare Wirken Gottes zurück. Als Beispiel hierfür mag Thomas von Cantimpré (13. Jahrhundert) stehen, der in seinem *Liber de natura rerum* Folgendes ausführt:

„Es ist aber die große Frage, woher und auf welche Weise in den Steinen Kräfte liegen, denn ihre großen Kräfte und medizinischen Wirkungen sind ja offensichtlich. Woher sie diese aber haben sollen, wenn nicht von Gott, bleibt dem Menschen unerforschlich. [...] Außer den gesundheitlichen Wirkungen findet man aber noch viele und große Wunder in den Edelsteinen, so beim Diamanten und beim Magneten, die bezüglich des Eisens geradezu verfeindet erscheinen, oder beim Diamanten, der den Meerstern zeigt und beim Ostolanus, der den Menschen unsichtbar macht, beim Karfunkel, der ohne Licht die nächtliche Dunkelheit vertreibt, und bei vielen anderen, die im folgenden Buch behandelt werden. Der Grund für diese Wunder aber ist der Wille des allmächtigen Gottes, der durch die menschlichen Dinge wunderbar verkündet wird. [...] Man liest aber, daß der Araberkönig Evax an Kaiser Nero die Namen, Farben, Kräfte und Unterschiede der Steine geschrieben hat, und diese Schrift wurde später in Versen niedergeschrieben.[157] Den Inhalt dieser Verse geben wir in einfacher Sprache wieder, indem wir auch die Meinungen anderer Autoren hinzufügen. An das Ende des Buches aber setzen wir einige Ansichten der Alten, die man nach unserer Meinung nicht ganz glauben, aber auch nicht ganz ablehnen kann. Insofern folgen wir dem ruhmreichen Augustinus.“[158]

Trotz zahlreicher Untersuchungen zur Bedeutung der Edelsteine in Magie, Astrologie und vorwissenschaftlicher Medizin ist es meines Wissens bisher nicht überzeugend gelungen, Edelsteine an mittelalterlichen Kunstwerken bzw. Kunstwerke, die mit Edelsteinen geschmückt sind, etwa Buchdeckel oder „Gemmenkreuze", unter diesem Aspekt detaillierter zu deuten. Am gründlichsten wurde noch die Steinsymbolik der deutschen Reichskrone[159] untersucht. Hier scheinen aber, wenn überhaupt, eher bibelexegetische als magische und ähnliche Überlegungen für die Steinauswahl maßgeblich gewesen zu sein.

---

[156] Hierzu: Ch. Meier (wie Anm. 4).

[157] Hiermit ist auf das Steingedicht des Marbod von Rennes angespielt.

[158] Thomas Cantimpratensis: Liber de natura rerum. (Ed. Helmut Boese. Berlin, New York 1973, S. 355 f.).

[159] Zuletzt: Reinhart Staats: Theologie der Reichskrone. Ottonische *Renovatio Imperii* im Spiegel einer Insignie (= Monographien zur Geschichte des Mittelalters 13). Stuttgart 1976 (mit der älteren Lit.).

Auch Abt Suger schrieb über das große in seiner Kirche verehrte Kreuz des hl. Eligius lediglich: Jeder, der sich mit Edelsteinen auskenne, zeige sich darüber erstaunt, dass an dem Kreuz alle bei Ezechiel 28, 13 genannten Steine – außer dem Karfunkel – zu finden seien. Bisher ist ungeklärt, warum sich der ehrgeizige Abt hier auf Ezechiel und nicht auf die viel bekanntere Beschreibung der Brustplatte Aarons im Buch Exodus bezieht. Vielleicht gaben die Zahlen den Ausschlag: Ezechiel hat nur neun, die Brustplatte aber zwölf Steine. Sollte Suger bemerkt haben, dass sein Kreuz höchstens acht verschiedene Edelsteinarten enthielt? Oder konnte er mit den drei zusätzlichen Steinnamen der Brustplatte *(ligurius, achates, amethystus)* nichts anfangen? Oder kam ihm aus theologischen Gründen die Neunzahl der Steine bei Ezechiel, die bisweilen auf die neun Engelchöre[160] bezogen wurde, gelegener, weil die wichtigste Schrift über die Engelchöre als das Hauptwerk des Kirchenpatrons von Saint-Denis, des hl. Dionysius Areopagita, galt?

Wert und Unwert der Materialien

Kostbarkeit

Entgegen der Grundüberzeugung aller „idealistischen" Theorien bleibt natürlich eine der wesentlichsten „Eigenschaften" vieler Werkstoffe ihr materieller Wert, also der für sie zu bezahlende Preis. Anders als in der Theorie spielte die materielle Kostbarkeit von Kunstwerken in der Praxis – positiv wie negativ – eine eminente Rolle, sonst hätten sich Auftraggeber, Stifter und Kunden die großen Ausgaben ja sparen können, und mancher Raub, manche Zerstörung von Kunstwerken wäre unterblieben. Der materielle Wert ist aber eben nicht – wie von den „Idealisten" immer wieder behauptet und von den Kunsthistorikern gern geglaubt – ein vollkommen aussagefreies, semantisch irrelevantes Phänomen. Vielmehr leistet er seit Jahrtausenden einen entscheidenden Beitrag zur Aussage von Kunstwerken: Götter- und Herrscherbilder, Kultgeräte und Insignien, Votivgaben und Stiftungen wurden durch ihre materielle Kostbarkeit oft erst definiert und als wirksam bzw. aussagekräftig empfunden. Nur eine zutiefst dem „Idealismus" verhaftete, einseitig auf Stil- und Formanalyse fixierte Kunstwissenschaft konnte darüber hinwegsehen und die Frage des Materialwerts für peripher und der Betrachtung unwürdig erklären.

Das frühere Mittelalter, namentlich die vorottonische Zeit, scheint zwischen dem „Kunstwerk" (in aller Regel einem religiösen Objekt) und seinem kostbaren Material keinerlei Konflikt gesehen zu haben. So teilt auf einem der bedeutendsten Denkmäler der Maasländischen Kunst, dem Remaklus-Retabel von Stavelot, eine

---

[160] Gregor der Große, Moralia 32, 23, 48 (PL 76, 665).

Inschrift genau mit, wieviel Gold und Silber für das Werk benötigt worden war[161], und solche Inschriften finden sich öfter. Schriftquellen, in denen Kunstwerke erwähnt werden – etwa Schatzverzeichnisse, Nachlassinventare, Rechnungsbücher, Pilgerführer oder Heiligenviten – charakterisieren die Artefakte fast immer mit Hilfe ihrer kostbaren Materialien. Als Beispiel hierfür mag ein karolingisches Inventar des Altarraums der Abteikirche von St. Riquier-Centula dienen:

> *„Altaria III [...] ex marmore, auro et argento, et gemmis ac lapidibus diversis fabrefacta. Super illa tria altaria habentur tria ciboria ex argento et auro parata, in quibus tres dependent coronae, singulae per singula ex auro gemmisque paratae, cum aureis cruciculis aliisque diversis ornamentis. [...] Lectoria tria ex marmore, argento et auro fabricata. Capsae reliquiarum aureae et argenteae vel eburneae paratae sunt XXX, cruces majores V et minores VIII, poma altarium XXI, e quibus tria sunt aurea, reliqua argentea. [...] Candelabra ferrea ex argento et auro parata, majora XV, minora VII, coronae argenteae VII et cupreae deauratae VII, lampades argenteae VI“.*[162]

Wenn man den Schriftquellen glauben möchte, entsteht der Eindruck, dass bis etwa zum Jahr 1200 Skulpturen aus Edelmetall quantitativ weit überwogen, doch ist zu bedenken, dass dieser Eindruck durch Art und Funktion der Quellen vermutlich verzerrt wird. Harald Keller bezeichnete die frühen Edelmetallarbeiten einmal als Votivgaben, „bei denen der Kunstwert hinter dem materiellen Wert und Gewicht sehr zurücktrat. Durch die Kostbarkeit des Werkstoffes und seine Menge sollten Gott, seine Mutter und seine Heiligen günstig gestimmt werden.“[163] Auffällig ist, dass die Goldschmiede des Mittelalters in den höchsten Gesellschaftskreisen[164] zu finden waren, während sie seit der Renaissance immer mehr zu Handwerkern, später zu „Kunsthandwerkern“ degradiert wurden.

Dass die materielle Kostbarkeit selbst bei Gemälden bis in das spätere Mittelalter eine ganz bedeutende Rolle spielte, geht aus den Statuten der Sieneser Malerzunft von 1355 und aus vielen Verträgen zwischen Auftraggebern und Künstlern hervor, in denen genau geregelt ist, dass teures Ultramarin nicht durch Azurit, Gold nicht durch Silberlegierungen oder gar durch „gemaltes Gold“ im Sinne Albertis ersetzt werden dürfen. Im Gegenteil: „Für einen Auftraggeber des Trecento

---

[161] Ausst. Kat. „Rhein und Maas. Kunst und Kultur 800–1400“. Köln 1973, Bd. 2, S. 97.

[162] Hariulf: Chronique de l'Abbaye de St. Riquier, lib. II, cap. X (zit. nach: Victor H. Elbern: Liturgisches Gerät in edlen Materialien zur Zeit Karls des Großen. In: Karl der Große. Lebenswerk und Nachleben. Düsseldorf 1965, Bd. III, S. 115–167, hier S. 118 f.). Das Inventar ist wesentlich ausführlicher als hier zitiert.

[163] H. Keller: Zur Entstehung der sakralen Vollskulptur (wie Anm. 41), S. 24.

[164] Peter Cornelius Claussen: Goldschmiede des Mittelalters. In: Zeitschrift des Deutschen Vereins für Kunstwissenschaft 32, 1978, S. 46–86.

war [...] die Verwendung einer noch so geeigneten Lasur, durch die derselbe intensive Ton des Ultramarins mit Hilfe des Azurits getroffen werden konnte, nicht ein Zeichen technischer Fertigkeit, sondern einfach Geschäftsbetrug. Die Zugehörigkeit der Maler zur Zunft der Ärzte und Gewürzhändler unterstreicht die Vorrangstellung der verwendeten Materialien und läßt dabei eine Einschätzung ihrer Kunst als eine Art einfallsreicher Farbenmischerei erkennen."[165] Auch noch Cennino Cennini schätzte gegen 1400 ganz vorbehaltslos Gold und Ultramarin: „Durch diese Farbe und das Gold, welches alle Arbeiten unserer Kunst verschönert, erhält alles auf der Mauer oder auf dem Tafelbilde einen eigenen Glanz."[166]

Erst die Renaissance entwickelt hier eine neue Einstellung: Alberti lehnt, wie oben geschildert, Gold für Kunstwerke grundsätzlich ab, und Leonardo tadelt die Überbewertung von Ultramarin und Gold, indem er fordert, der Künstler müsse Gold und Blau der Schönheit unterordnen.[167] Man könnte hier also von einer zunehmenden Ablehnung materieller Kostbarkeit im Zusammenhang mit der sich emanzipierenden „hohen Kunst" sprechen.

Die Renaissance-Theoretiker übernahmen bei dieser Ablehnung antike Traditionen, von denen zum Teil schon die Rede war.[168] In der Antike wurde vor allem privater Material-Luxus abgelehnt. Während Tempel und öffentliche Gebäude im klassischen Griechenland aus kostbaren Marmorarten errichtet wurden, wohnten auch die wohlhabendsten oder einflussreichsten Bürger in mehr oder weniger schlichten Häusern aus luftgetrockneten Lehmziegeln.

In Rom fand in den beiden Jahrhunderten um die Zeitenwende eine heftige Auseinandersetzung über den Marmorluxus statt: Etwa um das Jahr 100 v. Chr. hatten reiche Römer begonnen, in ihren Privathäusern die Wände mit Marmorinkrustationen zu verkleiden und für Böden, Säulen und Türrahmen exotische Marmorsorten zu verwenden. Gegen diesen Ausstattungsluxus erhob sich alsbald die heftige Kritik der Traditionalisten: Der Konsul Lucius Crassus (95 v. Chr.) wurde wegen der Säulen aus Hymettos-Marmor, mit denen er das Atrium seines Hauses am Palatin verziert hatte, als *Venus Palatina*[169] verhöhnt, und noch um 78 v. Chr. wurde Marcus Lepidus scharf getadelt, weil er die Türschwellen seines Hauses aus Blöcken von numidischem Marmor anfertigen ließ.[170]

---

[165] Alessandro Conti: Die Entwicklung des Künstlers. In: Giovanni Previtali und Federico Zeri (Hgg.): Italienische Kunst. Eine neue Sicht auf ihre Geschichte. 2 Bde. Berlin 1987, Bd. 1, S. 93–231, hier S. 112.

[166] Cennino Cennini: Il libro dell'arte, cap. 62 (*„Della natura e modo a fare dell'azzurro oltra marina"*).

[167] A. Conti, a. a. O., S. 116.

[168] S. 28 ff.

[169] Plinius, NH 36, 7.

[170] Ebd., 36, 8.

Die Kritik am privaten Marmorluxus wurde unterschiedlich begründet: Seneca verglich die Römer seiner Zeit mit Kindern, die alles Bunte am Strand aufheben, und tadelte den Widerspruch zwischen den prachtvollen Verkleidungen und dem schlichten Material dahinter[171] – ein früher Vertreter der „Materialehrlichkeit"! Mit ganz anderen Argumenten kam auch Plinius zum selben Ergebnis:

> *„Wir aber zerschlagen die Berge und schleifen sie fort, zu keinem anderen Zwecke als zur Befriedigung unserer Lust; sie, die überquert zu haben, schon ein Wunder gewesen ist. Unseren Vorfahren erschien es als fast abenteuerliche Phantasterei, daß Hannibal und später die Kimbrer die Alpen überstiegen hatten. Jetzt zerschlagen wir dieselben in tausend Arten von Marmorblöcken. [...] Was den Völkern als Grenzscheide bestimmt war, reißen wir nieder. "[172]*

Durch diese – übrigens vollkommen wirkungslose – Kritik sollte keine ästhetische, sondern eine moralische Wertung ausgedrückt werden: Den für zeittypisch gehaltenen Lastern *luxuria, cupiditas* und *libido,* im engeren Sinne *sumptus* und *opulentia,* wurde die altrömische Schlichtheit gegenübergestellt.[173] Kritisiert wurde hierbei in der Regel nur der private Bauluxus, öffentliche Prunkentfaltung galt als legitimer Ausdruck der Autorität und Repräsentation des Staates und wurde fast ausnahmslos gebilligt. Hier war Kostbarkeit der Materialien sogar besonders erwünscht, ja sie wurde geradezu als notwendig angesehen.

Wertlosigkeit

Auch das Gegenstück zur Kostbarkeit, die (relative) Wertlosigkeit oder Alltäglichkeit von Materialien, wurde gelegentlich mit der Aussage von „Kunstwerken" in Zusammenhang gebracht – meistens negativ: Die Beobachtung, dass auch die Bilder der Götter nur aus ganz „normaler" Materie geschaffen wurden, reizte immer wieder zum Spott: Schon der Prophet Jesaia (44, 9–20) verwendet das Argument gegen die hölzernen Götzenbilder der Heiden, die aus einem Material gefertigt seien, das man ebensogut zum Heizen und Kochen verwenden könne. Derselbe Gedanke findet sich dann auch bei Horaz:

---

[171] Seneca, Epistulae 19–20, 8–9 (zit. nach: Giovanni Becatti: Arte e gusto negli scrittori latini. Florenz 1951, S. 151 f.).

[172] Plinius, NH 36, 1 f.

[173] Heinrich Drerup: Zum Ausstattungsluxus in der römischen Architektur. Ein formgeschichtlicher Versuch (= *Orbis Antiquus* 12). Münster/Westf. 1957 (2. Aufl. 1981), S. 6 und passim.

„Einst war ich ein Feigenbaum, ein wenig nützliches Holz, als ein Zimmermann, unschlüssig, ob aus mir ein Schemel oder ein Priapus zu machen sei, zum Gott mich lieber machen wollte. Drum bin ich nun ein Gott. "[174]

In Lukians oben schon erwähntem Dialog *Jupiter tragödus*[175] werden die Gold-Elfenbein-Kultbilder der Griechen verspottet: Zwar seien sie von außen kostbar anzusehen, „von innen hingegen sind sie lauter Holz und mit ganzen Herden von Mäusen, die sich bei ihnen einquartiert haben, bevölkert".

Doch konnte Schlichtheit des Materials auch als positiv, als der Kunst oder einer bestimmten Aussage von Kunstwerken angemessen betrachtet werden: Plinius zog Bronzeporträts den silbernen vor, die Zisterzienser wählten einfachen grauen Sandstein für ihre Kirchen und verzichteten gelegentlich sogar überhaupt auf einen Steinfußboden, die Kunsttheoretiker der italienischen Renaissance zogen gemaltes dem echten Gold vor, die Damen in Preußen trugen um 1810 plötzlich eisernen Schmuck, und viele Vertreter der modernen Kunst verwenden einfache, kunsthistorisch unbelastete Materialien.

Um zu erklären, dass bisweilen ein gewöhnliches Material, wenn man es nur kunstgerecht behandelt, eine bessere Wirkung erzielt, als ein edles, das sinnlos aufgehäuft wird, bringt Alberti in seinem Architekturtraktat ein kurioses Beispiel:

„Die Stadtmauer von Athen wurde, wie Thukydides schreibt, in größter Eile aufgeführt und dazu sogar Grabstatuen verwendet; wer wollte sie deshalb schön nennen, weil sie voll von verstümmelten Statuen steckt? Dagegen muss man die Mauern der Landhäuser unserer Vorfahren betrachten, die aus ungleichen, kleinen Steinen und allem möglichen zusammengetragenen Material aufgeführt sind, die, sobald sie ordentlich ausgeführt sind, mit ihren abwechselnden weißen und schwarzen Streifen so geschmackvoll aussehen, dass man sich Besseres kaum wünschen möchte. "[176]

---

[174] Horaz, Satiren I, 8: *„Olim truncus eram ficulus, inutile lignum, / cum faber, incertus scamnum facetne Priapum, / maluit esse deum. Deus inde ego. "* – Ähnlich, allerdings nicht in Bezug auf ein billiges Material, sondern auf Marmor, heißt es bei La Fontaine, Fables IX, VI: *„Un bloc de marbre était si beau, / Qu'un statuaire en fit l'emplette. / Qu'en fera, dit-il, mon ciseau? / Sera-t-il dieu, table ou couvette?"*

[175] Vgl. S. 29.

[176] L. B. Alberti: De re aedificatoria, lib. VI, cap. 5 (Ed. Max Theuer, Wien, Leipzig 1912, S. 307).

Materialhierarchien

Durch tradierte oder *ad hoc* gebildete Wert-Hierarchien können zwei oder mehrere Materialien zueinander in Beziehung gesetzt werden und dadurch konkretere Bedeutungen erhalten, als man sie ihnen allein üblicherweise zuordnet. Werden nur zwei Werkstoffe korreliert, so spreche ich von einem „Materialvergleich", bei mehreren Werkstoffen von einer „Materialreihe".

Materialreihen
Hierarchische Materialreihen haben eine sehr alte Tradition. Schon im Alten Testament werden die Metalle Gold, Silber und Erz fast immer im Sinne einer Hierarchie[177] erwähnt, aber auch andere Materialien können miteinbezogen werden, etwa in der Beschreibung des Himmlischen Jerusalem bei Jesaia (60, 17): „Statt des Erzes bringe ich Gold, statt des Eisens Silber, statt des Holzes Erz und statt der Steine Eisen." Es wird also für jedes Material ein wertvolleres eingesetzt und hierdurch zwei Materialreihen kombiniert, ein rhetorisches Stilmittel zur Umschreibung der Kostbarkeit der Himmelsstadt.

Eine der bekanntesten Materialhierarchien des Alten Testaments und zugleich ein bemerkenswertes Beispiel für die Materialsemantik eines – allerdings nur imaginierten – Kunstwerkes bietet das Traumgesicht Nebukadnezars von der großen Statue (Dan 2, 1): „Das Haupt dieses Standbildes war aus reinem Gold; Brust und Arme waren aus Silber, Leib und Hüften aus Erz. Die Beine waren aus Eisen, die Füße teils aus Eisen, teils aus Ton." Ein herunterfallender Felsbrocken „traf das Standbild auf die Füße aus Eisen und Ton und zermalmte sie. Da wurden das Eisen und der Ton, das Erz, das Silber und das Gold mit einem Male zu Staub." Der Prophet Daniel[178] deutet diese Traumfigur als eine Vision der aufeinanderfolgenden großen Reiche – vermutlich meinte er die Babylonier, Perser, Griechen und Römer. Es wird also eine Weltalter-Einteilung anhand von Metallen abnehmenden Wertes vorgenommen, wie sie auch bei Hesiod, Ovid und anderen antiken Autoren überliefert ist.[179]

---

[177] Etwa Num 31, 22.

[178] Gerhard Maier: Der Prophet Daniel. Wuppertal 1982, S. 117–134. – K. H. Singer (wie Anm. 3), S. 97–100.

[179] Hesiod, Werke und Tage, 106 ff. (Gold, Silber, Erz, Eisen). – Ovid, Metamorphosen I, 89 ff. (wie Hesiod). – Aratus, Phainómena, 105 ff. (Gold, Silber, Erz).

Die Hierarchie der Metalle hat sich bis heute als populärer Topos gehalten (Sportmedaillen, Hochzeitsjubiläen), es gab aber auch andere Materialhierarchien, z. B. der Edelsteine[180], der Holzarten[181] oder der Marmorsorten.

Da Kaiser Justinian den Altar der Hagia Sophia kostbarer als alle anderen Ausstattungsgegenstände machen wollte, rief er nach Aussage byzantinischer Quellen Kunstverständige zusammen, denen er sein Anliegen vorbrachte. „Sie aber sagten ihm: Wir werden in den Schmelzofen werfen Gold, Silber, allerlei Steine und Perlen und Perlenmuscheln, Erz, Elektron, Blei, Zinn, Eisen, Glas und alle anderen metallischen Stoffe; und indem sie jedes in Mörsern zerrieben und verbanden, schütteten sie es in den Schmelzofen. Und nachdem es glühend geworden, nahmen es die Künstler aus dem Feuer und gossen es in die Form. Und der aus allem möglichen gemischte Guss wurde der heilige Tisch."[182] Dieser eher legendenhafte Bericht will durch die hierarchische Aufzählung der Stoffe vom Gold bis zum Glas und durch ihre sachlich ganz sinnlose Vermischung zum Ausdruck bringen, dass der Altar kostbarer als alle die verwendeten wertvollen Materialien gewesen sei.

Eine besondere Form der Materialhierarchie findet sich im dritten Buch von Filaretes *Trattato di architettura,* das von den Baumaterialien handelt: Man könne die Steine, wie die menschliche Gesellschaft, in drei soziale Gruppen einteilen, nämlich in *gentili uomini, populari* und *contadini.* Denn auch bei den Steinen gebe es drei Arten: *Pietre fine, pietre non tanto fine e pietre non fine*[183]. Zu der Gruppe der *pietre fine,* also der *gentili uomini,* gehören die Edelsteine, wobei Filarete innerhalb dieser sozialen Schicht noch die *signori* (Rubin, Saphir, Smaragd) und den Papst (Diamant) hervorhebt. Man war damals technisch noch nicht in der Lage, Diamanten zu schleifen, kannte also den Brillanten im heutigen Sinne noch nicht. Dieses Mineral war damals noch nicht wegen seines feurigen Glanzes, sondern wegen seiner unübertroffenen Härte sprichwörtlich. Deshalb sei der Diamant dem Papst zu vergleichen, *„che non debbe essere in aparenza di grande vista, ma come il diamante, che ogni altra pietra offende, quando bisogna, e in esso si specchia l'uomo, quando in esso bene riguarda, così lui debbe essere duro e debbe*

---

[180] So etwa, wenn Gregor der Große jeden der neun Engelchöre mit einem Edelstein parallel setzt (Homiliae in Evangelia, XXXIV, 7 = PL 76, 1250; vgl. auch PL 76, 665).

[181] So finden sich Überlegungen über die Holzarten des Kreuzes Christi z. B. in der *Historia scholastica* des Petrus Comestor: *„Dicuntur autem in cruce Domini fuisse quatuor ligna diversa, et forte in totidem diversis generibus: lignum erectum, transversum, tabula superposita, truncus quidam, cui infixa erat crux, qui in rupe defossus fuit. Invenitur enim lignum Dominicae crucis et palmae et cupressi, et ut quidam tradunt, olivae et cedri"* (PL 198, 1630). Ganz ähnlich steht es wenig später in der *Legenda Aurea* des Jacobus de Voragine (Ed. Richard Benz, Heidelberg 1925, S. 351).

[182] Jean Paul Richter: Quellen der byzantinischen Kunstgeschichte. Wien 1897, S. 41 u. ö.

[183] Filarete: Trattato di architettura (Ed. Anna Maria Finoli und Liliana Grassi, Mailand 1972, S. 74–76, dort auch die folgenden Zitate).

offendere gli altri signori quando facesse di bisogno, e così specchiarsi in lui in virtù, come si fa nel diamante."

Für die Einteilung der anderen Steinarten gibt Filarete weniger ausführliche Begründungen: Zu den *pietre non tanto fine,* die in der menschlichen Gesellschaft den *populari* entsprechen, zählt er die diversen Porphyrsorten, Serpentin und Alabaster; als *pietre non fine,* also als *contadini,* wertet er jene Steine, die vorwiegend in der Architektur Verwendung finden, namentlich die Marmore. In dieser „Unterschicht" wird wieder genauer differenziert: Nur aus den *pietre non fine* lasse sich Kalk herstellen, und da man ohne Kalk keine Mauern bauen könne, so seien diese Materialien wie die Landbevölkerung, ohne die auch kein Staatswesen existiere. Außer diesen Materialien gebe es schließlich noch solche, die *più rustiche,* aber dennoch nützlich seien – so wie die Hirten und jene Menschen, die in den Wäldern leben. Hierzu zählt Filarete vor allem den Tuff und ähnliche Steinarten, die weder zum Kalkbrennen geeignet noch schön anzusehen, aber dennoch nützlich sind, wenn kein anderes Material zur Verfügung steht.

Der Vergleich Filaretes wurde hier so ausführlich geschildert, um zu zeigen, wie bei Bedarf neue Materialhierarchien gebildet werden können, indem bereits bestehende Hierarchien (in diesem Fall die mittelalterliche Ständegesellschaft) metaphorisch auf die Baumaterialien übertragen werden.

Ebenfalls der Metapher der menschlichen Gesellschaft bediente sich der englische Geologe John Scafe, dessen didaktische Schrift *King Coal's levee, or Geological etiquette* in Deutschland durch Goethes wohlwollend-freundliche Besprechung[184] von 1829 bekannt wurde: König Kohle und seine Gemahlin Pyrit empfangen den ganzen Hofstaat der englischen Gesteinsarten, angefangen vom Herzog Granit, über den Marquis Schiefer (nicht in den besten Gesundheitsumständen), die Gräfin Porphyr (die ihre Prachtgarderobe in Ägypten gelassen hat), den Viscount Syenit (der dem Herzog Granit sehr ähnlich sieht), usw. Sir Lorenz Urkalk entschuldigt seine Mutter, Lady Marmor, weil sie zu weit entfernt wohne, „worauf König Coal seine Gemahlin belehrt, was das für eine schöne Dame gewesen, ja wohl noch sei, zwar in England nicht einheimisch, doch in allen großen Häusern wohl aufgenommen; er rühmte ihre hohe Politur und versicherte, an welchen Hof sie käme, würde sie sich wohl zu Hause fühlen, ja es sei jetzt eine Intrigue am Werk, sie so hoch als möglich zu erheben, denn man höre wiederholt, Canova bezeige ihr große Aufmerksamkeit". Auch hier erscheinen schließlich Vertreter der sozialen Unterschicht, wie der „hartherzige Bube Flint", Hans Mergel und

---

[184] J. W. von Goethe: King Coal (WA II, 10, S. 46–50). Das Buch wurde in den Jahren 1819/20 viermal aufgelegt. Goethe besaß die 3. Aufl. mit dem Titel *King Coal's levee, or Geological etiquette, with explanatory notes; and the Council of the metals. To which is added Baron Basalt's tour.* London 1819 (Vgl. Hans Ruppert: Goethes Bibliothek. Katalog. Weimar 1958, S. 216, Nr. 1519).

Abb. 8: Aachen, Inneres der Pfalzkapelle, um 800

Jacob Thon. Bezweckt wird durch diese geistreiche Posse eine Belehrung der Leser über Alter, Eigenschaften und Systematik der Gesteine und über ihre wirtschaftliche Bedeutung für die Gegenwart.

Hierarchien können wohl auch durch die Verwendung verschiedener Materialien an den einzelnen Teilen eines Gebäudes gebildet werden. So glaubte Bandmann 1969, beim Innenraum der Aachener Pfalzkapelle (Abb. 8) eine Materialhierarchie zu erkennen: Die Abfolge Haustein im Erdgeschoß, Marmor und Bronze im Obergeschoß und Goldmosaik in der Kuppel entspreche der Hierarchie von Gläubigen, Herrscher bzw. Klerus und himmlischer Zone.[185] Obwohl es hierfür keine schriftlichen Belege zu geben scheint, dürfte diese Hierarchie grundsätzlich richtig gesehen sein. Lediglich die zentrale und konkrete Bedeutung des Porphyrs ist Bandmann an dieser Stelle entgangen.

---

[185] G. Bandmann: Bemerkungen (wie Anm. 10), S. 78.

Materialvergleiche

Während hierarchische Materialreihen für die Interpretation von Kunstwerken nur relativ selten von Belang sind, lässt sich häufig feststellen, dass zwei Materialien im Hinblick auf ihren Wert und ihre meistens von diesem abhängige Würde miteinander verglichen werden und dadurch konkretere Bedeutungen erhalten. Es seien nur einige der öfter vorkommenden Materialvergleiche erwähnt.

Marmor und Ziegel

Marmor konnte in verschiedener Weise mit Ziegel (bzw. Ton) verglichen werden. Entweder positiv: Augustus rühmte sich, Rom, das er als Stadt aus Backsteinen vorgefunden hatte, der Nachwelt als Marmorstadt zu hinterlassen[186] – ein Topos, der von mittelalterlichen Autoren gern übernommen wurde.[187] Oder negativ: Plinius, der in seiner „Naturgeschichte" keine Gelegenheit ausließ, über den als Symptom des Verfalls empfundenen Materialprunk seiner Zeitgenossen zu klagen, empörte sich darüber, dass die großen Blöcke importierten Marmors „vorbei an den tönernen Giebelfiguren der Götter" in die Privathäuser der Reichen gebracht wurden.[188]

An anderer Stelle verteidigte er die altertümlichen Tonfiguren auch gegen Statuen aus Edelmetallen: „Wir wollen uns nicht jener schämen, die solche Götter verehrt haben. Selbst für Götterbilder verarbeitete man damals kein Gold oder Silber. Noch jetzt findet man in Rom vielerorts solche Bildwerke, und in den Landstätten gibt es zahlreiche Tempelgiebel, die durch die erhabene Arbeit und Kunst und durch ihre Dauerhaftigkeit bewundernswert sind, heiliger als Gold, sicherlich unschuldiger."[189]

Diese positive Wertung der tönernen Götterbilder war keine Erfindung des Plinius: Bereits Cato hatte – 195 v. Chr. – geklagt: „Schon allzu viele höre ich loben und bewundern die Werke von Korinth und Athen und lachen über die tönernen Götterstatuen an den Tempeln der Römer."[190]

---

[186] Sueton, Vita Augusti 28: *„urbem [...] excoluit adeo, ut iure sit gloriatus marmoream se relinquere quam latericiam accepisset."*

[187] Gauzlinus, 1005–1029 Abt von Saint-Benoît-sur-Loire, zitierte den Ziegel-Marmor-Vergleich, als er seine eigene Bautätigkeit rekapitulierte. – Odilo, 994–1049 Abt von Cluny, spielte auf die Sueton-Stelle an, wenn er sich im Scherz rühmte, ein hölzernes Kloster vorgefunden und ein marmornes zurückgelassen zu haben. Hierzu: V. Mortet (wie Anm. 43), Bd. 1, S. 38 und 128.

[188] Plinius, NH 36, 6: *„Tacuere tantas moles in privatam domum trahi praeter fictilia deorum fastigia!"*

[189] Plinius, NH 35, 158.

[190] Livius, Ab urbe condita libri 34, 4: *„Iam nimis multos audio Corinthi et Athenarum ornamenta laudantis mirantisque et antefixa fictilia deorum Romanorum ridentis."*

In augusteischer Zeit musste Vitruv die preiswerten Ziegel geradezu gegen den Marmor verteidigen: In Griechenland würden vielerorts – z. B. in Athen, Paros oder Halikarnassos – öffentliche Bauten und auch die Häuser der Reichen aus ungebrannten Ziegeln errichtet und dieses Baumaterial sei, richtig verarbeitet, äußerst dauerhaft.[191]

Die Ablehnung des modernen Luxus und die Sehnsucht nach republikanischer *virtus* war in den beiden Jahrhunderten um die Zeitenwende ein fester Topos und bediente sich metaphorisch gern des Vergleichs zwischen Marmor und Ton oder allgemein zwischen kostbaren und preiswerten Materialien.

Marmor und Sandstein

Bei deutschen Autoren des 18. und 19. Jahrhunderts findet sich gelegentlich der Vergleich zwischen Marmor und Sandstein. Dabei galt Sandstein als das schlichtere, nicht unbedingt jedoch schlechtere Material. Gelegentlich ist eine Tendenz feststellbar, Sandstein als „deutsches" Material dem als mediterran empfundenen Marmor vorzuziehen.

So versprach Goethe in jugendlich-ungestümer Begeisterung, dem angeblichen Erbauer des Straßburger Münsters, Erwin von Steinbach, ein Denkmal weihen zu wollen, „von Marmor oder Sandsteinen, wie ich's vermöchte", um gleich darauf auszurufen: „Was braucht's dir Denkmal! Du hast dir das herrlichste errichtet!"[192] Gemeint ist wohl, dass es sich bei dem Münster um ein (nordisches) Sandsteindenkmal handle, das durch seine Kunst jeden (welschen) Marmorprunk übertreffe.

Ausgehend von der Tradition, dass eine bedeutende Skulptur aus Bronze oder Marmor zu sein habe, glaubte man im 19. Jahrhundert, mittelalterliche Sandsteinskulpturen entschuldigen zu müssen. So heißt es 1841 über die Naumburger Stifterfiguren: „Ihr Material, Sandstein, bedingte eine Behandlung, welche den Leistungen in Marmor nicht gleichkommen konnte, aber dennoch [...] durchgängig die Hand eines talentvollen Meisters verrät."[193] Hier deutet sich ganz beiläufig wieder die oben schon behandelte Vorstellung von den stilprägenden Kräften der verschiedenen Materialien an.

---

[191] Vitruv, De architectura libri decem, II, VIII, 49 (Ed. Curt Fensterbusch, Darmstadt 1964, S. 109 und 113). Dieselben Bemerkungen finden sich auch bei Plinius, NH 35, 170 ff.

[192] J. W. von Goethe: Von deutscher Baukunst (WA I, 37, S. 139).

[193] Ludwig Puttrich, in: Carl Peter Lepsius: Der Dom zu Naumburg. Leipzig 1841/43, S. 56 (zit. nach Willibald Sauerländer: Die Naumburger Stifterfiguren. Rückblick und Fragen. In: Ausst. Kat. „Die Zeit der Staufer", Bd. 5, Stuttgart 1979, S. 169–245, Zit. S. 173).

Abb. 9: Berlin-Charlottenburg, Friedrich Schinkel, Mausoleum der
Königin Luise, 1811

Sandstein und Granit

Das von Karl Friedrich Schinkel entworfene Mausoleum[194] für die 1810 verstorbene Königin Luise im Park des Schlosses Charlottenburg (Abb. 9) hat als Fassade
einen viersäuligen dorischen Portikus auf hohem Podest, zu dem acht Stufen hinaufführen. Der Vorbau war ursprünglich aus Sandstein errichtet worden, doch
schon 1826 beauftragte der König eine Steinmetzfirma, die Sandsteinsäulen durch
Granitmonolithe zu ersetzen.

Alsbald konnte ein Block rötlichen Granits gefunden und erworben werden, der
so groß war, dass er für alle vier Säulen ausreichte. Vermutlich wurde der Granit
weniger wegen seiner größeren Haltbarkeit, sondern vor allem als damals neuerdings geschätztes „vaterländisches", das heißt märkisches Material dem schlichte-
ren Sandstein vorgezogen. Die Tatsache, dass Auffindung, Herkunftsort und Größe
des Steinblockes so genau überliefert wurden, sowie der Stolz, dieses harte Gestein

---

[194] Margarete Kühn: Schloß Charlottenburg. 2. Aufl. Berlin 1970, S. 166–181, 242 (mit
älterer Lit. und Quellen).

bearbeiten zu können, erinnern an die gerade damals angefertigte und aufgestellte Granitschale vor dem Berliner Museum (Abb. 19), von der an anderer Stelle zu sprechen sein wird.[195] Seit etwa 1820 wurde Granit im rohstoffarmen Preußen als patriotisches Material empfunden, was vorher nicht der Fall war.

Bronze und Wachs

Während die Bronze (Erz) in der Kunsttheorie zum „edlen" Material schlechthin erhoben wurde und als Synonym für Unvergänglichkeit und Ehrwürdigkeit galt, scheint das Wachs geradezu die Rolle des Antagonisten gespielt zu haben.[196]

Plinius verteidigt in seiner schon bekannten Begeisterung für das „Einfache" und zugleich „Ehrwürdige" die wächsernen Ahnenbilder der Römer gegen Porträts aus edleren Materialien: „Anders war es bei unseren Ahnen in den Vorhallen zu sehen: Keine Werke fremder Künstler, und nicht Bronze oder Marmor; die aus Wachs modellierten Gesichter waren in einzelnen Schränken verteilt, um Bilder zu haben, welche die Leichenbegängnisse adliger Geschlechter begleiteten, und bei jedem Verstorbenen war stets die ganze Schar der Familie zugegen, so groß sie auch jemals gewesen."[197]

Da bei der Herstellung von Bronzegüssen dem Wachs einen maßgeblichen Anteil hat, wurden die beiden Materialien gelegentlich auch unter diesem technologischen Aspekt miteinander in Beziehung gesetzt. Auf einem Türzieher des Trierer Doms aus der zweiten Hälfte des 13. Jahrhunderts steht folgende Inschrift: *QUOD FORE CERA DEDIT TULIT IGNIS ET ES TIBI REDDIT*[198] („Was werden sollte, gab das Wachs, das Feuer nahm es fort, das Erz gab es dir zurück"). Zwar soll dieser Vers in erster Linie die Technik des Wachsausschmelzverfahrens dichterisch umschreiben, die Pointe und damit die Begründung für die inschriftliche Fixierung am gegossenen Objekt liegt aber gerade im Gegensatz von Wachs und Erz: Obwohl der Gegenstand zuerst nur aus dem vergänglichen und wertlosen Stoff Wachs gebildet war, der so leicht durch Hitze vergeht, so blieb doch – durch die Kunst des Bronzegießers – an seiner Stelle das dauerhafte und edle Erz.

Erst vor diesem Hintergrund ist auch die Formulierung der Künstlersignatur am Bronzegrabmal des 1302 verstorbenen Bischofs Wolfhart von Rot im Augsburger Dom (Abb. 10) richtig zu würdigen. Das korrekte Latein dem Reim opfernd, besagt die Inschrift, dass für das Wachsmodell und den Metallguss

---

[195] Hierzu S. 187 f.

[196] Zur Bedeutung des Wachses – gerade unter dem Aspekt der Materialikonologie – s. W. Kemp: Material (wie Anm. 13), S. 30 f.

[197] Plinius, NH 35, 6.

[198] An der Domtüre heute durch Abguss ersetzt, Original im Trierer Domschatz. Inschrift zit. nach: Franz J. König (Hg.): Der Trierer Dom (= Jahrbuch 1978/79 des Rheinischen Vereins für Denkmalpflege und Landschaftsschutz), S. 245. – Vgl. auch: Ausst. Kat. „Rhein und Maas. Kunst und Kultur 800–1400". Köln 1972, Nr. H4 (mit Lit.).

84

Abb. 10: Augsburg, Dom, Grabplatte des Bischofs Wolfhart von Rot, 1302

zwei Meister verantwortlich waren: *OTTO ME CERA / FECIT CVNRATQVE PER ERA*.[199]

Gold und Eisen
Gold und Eisen bildeten oftmals die Extrempunkte hierarchischer Metallreihen, etwa bei der Einteilung der Weltalter. Da vom Gold bereits mehrfach die Rede war, soll im Folgenden der Schwerpunkt auf die Semantik des Eisens[200] gelegt werden.

---

[199] Volker Liedke: Die Augsburger Sepulkralskulptur der Spätgotik. Teil I: Zum Leben und Werk des Meisters Ulrich Wolfhartshauser (= Studien zur Sepulkralskulptur der Gotik und Renaissance in Deutschland und Österreich 2). München 1979, S. 12.

[200] Zum Eisen in der Kunst s. Otto Johannsen: Geschichte des Eisens. 2. Aufl. Düsseldorf 1925. – Ausst. Kat. „Made of iron". University of St. Thomas, Houston/Texas 1966. – „Eisenarchitektur. Die Rolle des Eisens in der historischen Architektur der zweiten Hälfte des 19. Jahrhunderts". Hg. vom Deutschen Nationalkomitee von ICOMOS. Hannover 1982. – Ingo Bartsch: Nur Rost ...? Das Problem des oxydierenden Stahls in der Kunst. Münster 1986.

Bei der Bewertung des Eisens war schon Plinius schwankend: Es sei zugleich „das beste und das schlimmste Werkzeug im Leben", denn einerseits bediene sich der Mensch seiner in der Landwirtschaft, beim Hausbau und bei vielen anderen nützlichen Tätigkeiten, andererseits wirke das Eisen bei Raub, Mord und Krieg mit. Doch dürfe man den Vorwurf nicht dem Eisen machen, das ganz unschuldig sei. „Die gütige Natur selbst setzte dem Eisen Schranken, indem sie es zur Strafe dem Rost unterwarf, so dass dank der Vorsehung auf der Welt nichts sterblicher ist als das, was den Sterblichen am gefährlichsten ist."[201]

Bei der Gegenüberstellung von Gold und Eisen können sowohl der materielle Wert wie auch die Korrosionseigenschaften der beiden Metalle als *tertium comparationis* herangezogen werden.

Plinius beklagte heftig, dass die Menschen angefangen hätten, goldene Fingerringe zu tragen. Früher habe es, wie er über viele Seiten hin zu beweisen versucht, nur Ringe aus Eisen gegeben.[202] Als Augustus gestorben war, wurde der Vorschlag gemacht, zum Zeichen der Trauer am Tag seiner Beerdigung die goldenen Ringe abzulegen und stattdessen eiserne zu tragen.[203] In einem Dialog Lukians[204] versucht der weise Solon, dem reichen Kroisos zu erklären, warum das Eisen nützlicher und damit wertvoller sei als Gold.

Obwohl Kunstwerke aus Eisen in der Antike anscheinend keine große Rolle spielten, betont Plinius,[205] dass es die alte Kunst nicht unterlassen habe, dem Eisen auch einen friedlicheren Wert zu geben: In Rhodos habe der Bildhauer Alkon eine Heraklesstatue aus Eisen geschaffen, „veranlasst durch die geduldige Ausdauer des Gottes bei seinen Arbeiten", und im Tempel des Mars Ultor zu Rom könne man Becher aus Eisen als Weihgaben sehen.[206] Es wird nicht *expressis verbis* gesagt, liegt aber nahe, dass der Autor mit seinen Beispielen andeuten wollte, das Material Eisen sei für diese Kunstwerke gewählt worden, um zu ihrer Aussage beizutragen: bei der Statue des Herakles als Hinweis auf dessen Ausdauer, bei den Weihgeschenken wegen der Affinität des Kriegsgottes zum Eisen der Waffen.

Die *interpretatio christiana* sah – angeregt durch den Sprachgebrauch der Bibel – das Eisen vornehmlich als Sinnbild der Härte: Es kann nach Hrabanus Maurus[207] Not und Leid (Ps 104, 18), aber auch Scharfsinn des Geistes (Spr 27,

---

[201] Plinius, NH 34, 138–141. Vgl. auch ebd., 33, 1.

[202] Plinius, NH 33, 8–41.

[203] Sueton, Vita Augusti, 100.

[204] „Charon oder die Weltbeschauer".

[205] Plinius, NH 34, 140.

[206] Ebd., 141.

[207] De Universo, lib. XVII, cap. 18 (PL 111, 480).

17) und Stärke (Deut 8, 9) bedeuten. Andere Allegorisierungen des Eisens, die aber ebenfalls auf seine Härte Bezug nehmen, finden sich bei Alanus de Insulis.[208]

Geoffrey Chaucer wiederum spielte kurz vor 1400 auf das unterschiedliche Korrosionsverhalten von Gold und Eisen an: In den *Canterbury Tales* bedient er sich zur Veranschaulichung seiner Forderung, Priester müssten besonders gute Menschen sein, um den Laien als Vorbild dienen zu können, folgender Metapher:

> *„Wenn Gold verrostet, was tut Eisen dann?*
> *Denn ist ein Priester schlecht, dem wir vertrauen,*
> *Wie soll man da auf schlichte Laien bauen!"*[209]

Seit der Renaissance diente Eisen zwar zur Herstellung von Rüstungen, Waffen, Kaminplatten und den verschiedensten Gebrauchsgegenständen, kaum jedoch für Kunstwerke im engeren Sinne. Die aufwendigen Arbeiten aus geschnittenem Eisen, die im 16. und 17. Jahrhundert in Süddeutschland und Sachsen beliebt waren, bilden eher die Ausnahme.

1784 hatte das Hüttenwerk Lauchhammer (Niederlausitz) begonnen, vollrunde Eisenplastiken zu gießen, seit 1794 wurde der Eisenkunstguss[210] – Gemmen, Schmuck, Figuren – in Gleiwitz (Schlesien), seit 1804 in der Königlichen Gießerei zu Berlin gepflegt. Doch lässt sich die preußische „Eisen-Mode" zu Beginn des 19. Jahrhunderts nicht allein mit dem Hinweis auf die fortgeschrittene Gusstechnik oder das Interesse an neuen Materialien erklären.

Die Jahre der französischen Expansion unter Napoleon wurden in Preußen oft als „eiserne Zeit" bezeichnet.[211] Auch in den patriotischen Gedichten Ernst Moritz Arndts war „Eisen" in den Jahren um 1810 ein Schlüsselwort: Im „Lob des Eisens" von 1806 besang er männliche Opferbereitschaft, Tyrannenmord und

---

[208] Distinctiones dictionum theologicalium (PL 210, 789).

[209] Geoffrey Chaucer: The Canterbury Tales, I. Fragment, Vers 500 ff. (Zit. nach der deutschen Übersetzung von Martin Lehnert. Frankfurt am Main 1987, S. 55).

[210] Hermann Schmitz: Berliner Eisenkunstguß. München 1917. – Erwin Hintze: Gleiwitzer Eisenkunstguß. Breslau 1928. – Eva Schmidt: Zur Geschichte des Gleiwitzer Eisenkunstgusses. In: Anschauung und Deutung, FS Willy Kurth zum 80. Geburtstag (= Studien zur Architektur- und Kunstwissenschaft 2). Berlin 1964, S. 203–216. – Studien zum künstlerischen Eisenguß. FS für Albrecht Kippenberger zum 19. Dezember 1970. Marburg 1970. – Eva Schmidt: Der Eisenkunstguß. Dresden 1976. – Brigitte Stamm: Blicke auf Berliner Eisen (= Aus Berliner Schlössern. Kleine Schriften 6). Berlin 1979. – Eva Schmidt: Der preußische Eisenkunstguß. Technik, Geschichte, Werke, Künstler. Berlin 1981. – Ruth Stummann-Bowert: Eisenkunstguß. Wetzlar 1984.

[211] So z. B. in der Urkunde über die Stiftung des Eisernen Kreuzes vom 10. März 1813 (Ernst Müsebeck: Gold gab ich für Eisen. Deutschlands Schmach und Erhebung in zeitgenössischen Dokumenten, Briefen, Tagebüchern aus den Jahren 1806–1815. Berlin u. a. 1913, S. 209–211).

Sieg.[212] Das Eisen wurde dem Gold gegenübergestellt und zur gängigen Metapher für die Befreiung vom Napoleonischen Joch und die nationale Erneuerung.

Im März 1813 stiftete König Friedrich Wilhelm III. das von Schinkel[213] entworfene „Eiserne Kreuz" als Orden für Verdienste um das Vaterland im Kampf gegen Frankreich. Es war dies die erste preußische Auszeichnung, die ohne Ansehen des Standes jedermann für seine Tapferkeit verliehen werden konnte. „In seiner Einfachheit und Wertlosigkeit sollte das Eiserne Kreuz an die schwere und eiserne Zeit erinnern, welche es ins Leben rief."[214]

Feiner Damenschmuck aus Eisen[215] – hergestellt vor allem in Gleiwitz und Berlin – hatte sich schon seit etwa 1800 in Preußen wachsender Beliebtheit erfreut, wegen seiner Schlichtheit und dunklen Farbe zunächst vor allem als Trauerschmuck. Seit 1810 trugen viele Frauen eiserne Anhänger oder Broschen mit einem Bildnis der so jung verstorbenen Königin Luise.[216]

Erst in den Befreiungskriegen aber avancierte das „Berliner Eisen" zum „patriotischen Schmuck" schlechthin: Nachdem „die Frauen im preußischen Staate" am 23. März 1813 dazu aufgerufen worden waren, für die „Rettung des Vaterlandes" zu spenden, sollen über 160 000 goldene Schmuckstücke abgeliefert worden sein. Als Ersatz erhielten die Spenderinnen eiserne Broschen oder Ringe mit der Aufschrift „Gold gab ich für Eisen"[217], die als Zeichen patriotischer

---

[212] Ernst Moritz Arndt: Lob des Eisens. In: Ders.: Geist der Zeit. 2. Teil. 2. Aufl. London 1813. S. 84–86. – Vgl. vor allem auch sein bis weit ins 20. Jahrhundert gesungenes „Vaterlandslied" von 1812, das mit den Worten beginnt: „Der Gott, der Eisen wachsen ließ, / Der wollte keine Knechte", und in dem es später heißt: „Wir wollen heute Mann für Mann / Mit Blut das Eisen röten, / Mit Henkerblut, Franzosenblut, / O süßer Tag der Rache!"

[213] Paul Ortwin Rave: Karl Friedrich Schinkel. Lebenswerk. Berlin III. Berlin 1962, S. 259 f. Am 13. März 1813 wurde Schinkel aufgefordert, das Kreuz nach einer Skizze des Königs zu entwerfen. Im April wurden die ersten Kreuze verliehen.

[214] Meyers Konversations-Lexikon, 1890, Bd. 5, S. 483.

[215] Eva Schmidt: Der preußische Eisenkunstguß (wie Anm. 210), S. 187–194. – Willmuth Arenhövel: Eisen statt Gold. Preußischer Eisenkunstguß aus dem Schloß Charlottenburg, dem Berlin-Museum und anderen Sammlungen. Berlin 1982. – Brigitte Marquardt: Schmuck. Klassizismus und Biedermeier, 1750–1850. München 1983. – Ausst. Kat. „Eisen, Gold und bunte Steine. Bürgerlicher Schmuck zur Zeit des Klassizismus und des Biedermeier: Deutschland, Österreich, Schweiz". Berlin 1984. – Ausst. Kat. „Auf's Ohr geschaut – Ohrringe aus Stadt und Land vom Klassizismus bis zur neuen Jugendkultur" (= Schriften des Museums für Deutsche Volkskunde Berlin 16). Berlin 1989, bes. S. 46–49.

[216] Ausst. Kat. „Eisen, Gold und bunte Steine" (wie Anm. 215), S. 10 und Nr. 73, 74.

[217] Ebd., Nr. 75, 76. – E. Müsebeck (wie Anm. 211), S. 216–224. – Die Ausgabe von eisernem Ersatzschmuck wurde 1914/16 wiederholt, der entsprechende Reim hieß damals: „Gold gab ich zur Wehr, Eisen nahm ich zur Ehr". Im Ersten Weltkrieg erhielt man auch für abgeliefertes Kupfergerät eisernen Ersatz, auf dem zu lesen stand: „Der

Gesinnung getragen wurden. In der Folge wurde auch sonstiger „vaterländischer" Eisenschmuck beliebt, teils mit Devisen wie „Unvergesslich 1813", Bildnissen großer Feldherrn oder Namen bedeutender Siege, teils mit antikischen Motiven. Es ist überliefert, dass manche Eisenringe auf der Innenseite vergoldet waren, um auf der Haut der Trägerinnen nicht zu rosten.[218]

Der Berliner Modellmeister Wilhelm August Stilarsky[219] entwickelte 1813 ein vereinfachtes Hohlgussverfahren, mit dessen Hilfe Figuren und Büsten preiswerter als zuvor vervielfältigt werden konnten. In der Folgezeit bedienten sich auch namhafte Bildhauer, wie Christian Daniel Rauch und Gottfried Schadow, gern des Eisengusses; der König schmückte sein Neues Palais in Potsdam mit Figuren aus „Berliner Eisen", der Adel und das Bürgertum folgten seinem Vorbild. Das schlichte Schwarz, der niedrige Preis und der „nationale" Charakter des Materials machten den Eisenkunstguss für die nächsten zwanzig Jahre zu einem zentralen Kunstzweig in Preußen.

Auch bei den vielen unausgeführt gebliebenen Entwürfen für ein Denkmal zur Erinnerung an die Völkerschlacht bei Leipzig spielte das bis dahin kaum denkmalwürdige Eisen eine wichtige Rolle: Ernst Moritz Arndt schlug 1814 vor, an der Stätte der Schlacht einen Erdhügel von 200 Fuß Höhe zu errichten.

„Auf ihn werden Feldsteine gewälzt, und über diesen wird ein kolossales aus Eisen gegossenes und mit mancherlei Anspielungen und Zeichen geziertes Kreuz errichtet, das Zeichen des Heils und der Herrscher des neuen Erdballs. Das Kreuz trägt eine große vergoldete Kugel, die weit in die Ferne leuchtet. Das Land rings um den Hügel [...] wird für geheiligtes Land erklärt, mit Wall und Graben eingefaßt und mit Eichen bepflanzt. Dieser Hügel, dieses Kreuz und diese Bäume wären zugleich ein ächt germanisches und ein ächt christliches Denkmal, wohin unsere Urenkel noch wallfahrten gehen würden. "[220]

---

deutschen Hausfrau Opfersinn gab Kupfer für das Eisen hin". – Rosi Huhn und Peter Rautmann: *Gold gab ich für Eisen.* Materialaspekte zur documenta 7. In: Kritische Berichte 10, 1982, 4, S. 21–36. – Ausst. Kat. „*Gold gab ich für Eisen.* Der schlesische Eisenkunstguß im 19. Jahrhundert". Magdeburg 1992.

[218] Eva Schmidt: Der preußische Eisenkunstguß (wie Anm. 210), S. 189.

[219] Adolph Carol Jebens: Vom deutschen Eisenkunstguß. In: Hellweg 4, 1924, S. 480–485, bes. S. 483.

[220] Über ein Denkmal bei Leipzig, in: Ernst Moritz Arndt's Schriften für und an seine lieben Deutschen. Bd. 2. Leipzig 1845, S. 209 f. – Vgl. auch: Meinhold Lurz: *Lieblich ertönt der Gesang des Sieges.* Projekte und Denkmäler der Völkerschlacht bei Leipzig aus den Jahren von 1814 bis 1894. In: Kritische Berichte 16, 1988, 3, S. 17–32; ebd., 17, 1989, 1, S. 22–38.

Ein anderer Vorschlag stammte von Adolph Freiherrn von Seckendorff: Er wollte auf dem sogenannten Monarchenhügel über einem Fundament aus Feldsteinen einen Würfel aufstellen, der von einem eisernen viergiebeligen Dach überdeckt wird. In der Mitte sollte das Dach eine eiserne Kugel tragen, geschmückt mit einem goldenen Reifen und der Inschrift „Frohe Aussicht für die Nachwelt"[221].

Das größte aller eisernen Denkmäler zur Erinnerung an die Freiheitskriege ist das 1818–21 nach Entwürfen von Karl Friedrich Schinkel auf dem Berliner Kreuzberg errichtete.[222] Im dritten Heft seiner „Sammlung architektonischer Entwürfe" (1823) erwähnt Schinkel, es sei ein Wunsch des Königs gewesen, dass „auf den Schlachtfeldern Denkmale von Eisenguß, im Stil des Mittelalters, errichtet würden". Ein besonders großes Monument aus demselben Material und in analogem Stil sollte bei der Residenzstadt an die Ereignisse jener denkwürdigen Jahre erinnern.

Die politische Bedeutung des Materials wurde auch allgemein verstanden: Noch 1833 heißt es in einem Berlinführer zum Kreuzbergdenkmal: „und so entstand auch der Gedanke, dies aus eben dem Metalle zu errichten, mit welchem der Feind bezwungen und die Freiheit Preussens errungen worden war."[223] Auch in spöttischen Äußerungen wurde auf das Material des Denkmals Bezug genommen, so war vom „Eisen-Ausrufzeichen" oder von „der deutschen Freiheit eisernem Nachtmützenzipfel" die Rede.[224]

In der Folgezeit setzten sich Denkmäler aus Gußeisen auch in anderen Teilen des Deutschen Reichs durch: 1823 wurde in Braunschweig ein über 20 Meter hoher gusseiserner Obelisk zur Erinnerung an die beiden beliebten, in den Freiheitskriegen gefallenen Herzöge Karl Wilhelm Ferdinand und Friedrich Wilhelm errichtet.

---

[221] Adolph Freiherr von Seckendorff: Die Resultate meines Planes, der Völkerschlacht bey Leipzig ein Denkmal zu setzen. Mit Kupferstichen. In zwei Lieferungen erschienen Leipzig 1814/15. In: Ders.: Sämtliche Schriften, Bd. 1 (Leipzig 1816).

[222] Paul Ortwin Rave: Karl Friedrich Schinkel. Lebenswerk. Berlin III. Berlin 1962, S. 270–296 (hiernach auch das folgende Schinkel-Zitat). – Eva Schmidt: Der preußische Eisenguß (wie Anm. 210), S. 126–133. – Ausst. Kat. „Karl Friedrich Schinkel, Architektur – Malerei – Kunstgewerbe". Berlin (West) 1981, S. 124 (Gusseisen als „vaterländisches Material" gedeutet). – Michael Nungesser: Das Denkmal auf dem Kreuzberg von Karl Friedrich Schinkel. Berlin 1987.

[223] Samuel Heinrich Spiker: Berlin und seine Umgebungen im neunzehnten Jahrhundert. Berlin 1833, S. 57 (zit. nach: M. Nungesser, a. a. O., S. 134).

[224] M. Nungesser, a. a. O., S. 138, Gedicht von Adolf Glaßbrenner, 1847: „Drum hinauf zum Grabeshügel / einer fremden Tyranei / mit dem Eisen-Ausrufzeichen / hinterm schönen Worte: Frei! [...] Und nach fünf Minuten plötzlich / stand ich schon auf seinem Gipfel / dicht bei unsrer deutschen Freiheit / eisernem Nachtmützenzipfel."

Der Entwurf stammt von Peter Joseph Krahe. Dem genannten Friedrich Wilhelm wurde 1845 noch ein weiterer eiserner Obelisk in Braunschweig gewidmet.[225]

Im Königreich Bayern begann sich der Eisenkunstguss erst um 1820 durchzusetzen. Vorreiter war hier das Hüttenwerk Bodenwöhr, zu dessen ersten Produkten bezeichnenderweise Porträtbüsten des bayerischen Königspaares gehörten.[226]

1824 wurde in Neumarkt in der Oberpfalz eine gusseiserne Büste des Königs Maximilian I. Joseph, geschaffen von dem Münchner Hofbildhauer Joseph Heinrich Kirchmayer, enthüllt.[227] Es ist nicht unwahrscheinlich, dass für dieses Denkmal bewusst „ein für die Oberpfalz charakteristisches Metall verwendet wurde"[228], aber wesentlicher war doch wohl die vorausgegangene „semantische Aufwertung" in Preußen, durch die das Eisen überhaupt erst „denkmalwürdig" geworden war.

1837 wurde in Traunstein[229] ein eiserner Obelisk zum Gedächtnis der Toten des napoleonischen Russlandfeldzugs errichtet.

Um die Mitte des 19. Jahrhunderts verlor das Eisen langsam seine „vaterländische" Bedeutung wieder. Es wurden zwar weiterhin zahllose Gegenstände aus Eisenguss gefertigt, diese galten aber nun eher als typische Produkte des „Industriezeitalters" und wurden vom gehobenen Bürgertum als „billige Massenware" abgelehnt. Das Eisen war wieder *materia non grata* für die „hohe Kunst" geworden: Nun wurden die Denkmäler wieder aus Bronze gefertigt. Nicht einmal die Monumente für Bismarck, den „eisernen Kanzler", sollten aus Eisen sein, sondern aus blockhaft verarbeitetem Stein, oftmals Granit. Und auch der bürgerliche Schmuck war nun nach Möglichkeit wieder aus Gold.[230]

---

[225] Götz Mavius: Denkmäler in der Stadt Braunschweig im 19. Jahrhundert (= Stadtarchiv und Stadtbibliothek Braunschweig. Kleine Schriften 7). Braunschweig 1981, S. 4 f.

[226] Wilhelm Blab: Bodenwöhr. Geschichte und kulturelle Entwicklung eines bayerischen Berg- und Hüttenortes. Bodenwöhr 1960, S. 208.

[227] Friedrich Kobler: Denkmäler aus Eisen. Bemerkungen zum Denkmal auf König Max I. Joseph in Neumarkt in der Oberpfalz. In: Die Oberpfalz, ein europäisches Eisenzentrum (= Schriftenreihe des Bergbau- und Industriemuseums Ostbayern 12/1). Theuern 1987, S. 517–524.

[228] Ebd., S. 517.

[229] Anton Kasenbacher: Traunstein. Grabenstätt 1980, S. 166 f. (mit Abb.).

[230] Vgl. hierzu etwa die Ausführungen, die 1924 A. C. Jebens (wie Anm. 219), S. 480 über das Eisen machte: „Wir haben mit dem verflossenen Krieg eine Zeit hinter uns, die von späteren Generationen vielleicht, genau wie von uns die der Freiheitskriege, als eine eiserne betrachtet werden wird. Der Gedanke an Eisen beherrschte die Völker, als sie in dem Ringen um ihre Zukunft immer riesigere Mengen an Kampfmitteln bereitstellen mußten. Dieser Gedanke führte in der rings umstellten deutschen Festung zu stets weiter um sich greifendem Ersatz aller möglichen Gelbmetalle durch das uns reichlicher zur Verfügung stehende Eisen. [...] Die breite Masse erinnerte sich erst jetzt wieder, daß vor 100 Jahren schon der Eisenbildguß in Deutschland eine Blütezeit erlebt hatte." – Ähnlich Kurt Luthmer: Künstlerischer Eisenschnitt aus dem Kasseler Landesmuseum.

Materialien in der Bibelallegorese

Als Quelle für die mittelalterlichen Vorstellungen von der Semantik einzelner Materialien wurden bisher nur die Angaben der großen Enzyklopädien zu einzelnen Materialien oder Texte, die sich auf einzelne Kunstwerke beziehen, herangezogen. Eine besonders ergiebige Möglichkeit bietet hierfür aber die theologische Bibelauslegung, speziell die Bibelallegorese, die bei jedem Wort der Heiligen Schrift hinter dem *sensus litteralis* noch einen tieferen *sensus spiritualis,* ja sogar mehrere „Schriftsinne" annahm.[231]

Dadurch bietet die exegetische Literatur zuverlässige Hinweise zur Bedeutung der Materialien für das Mittelalter. Eine wichtige hier wenigstens kurz zu erwähnende „Regel" der Bibelallegorese besagt, dass jeder Sinnträger – abhängig vom Zusammenhang und vom Ziel der Auslegung – *ad bonam partem* oder *ad malam partem* gedeutet werden kann. Es liegt also einigermaßen im Belieben des Interpreten, ob er positive oder negative Eigenschaften, lateinisch *proprietates,* heranzieht, um zu seiner Deutung zu kommen. So kann – um eines der bekanntesten Beispiele anzuführen – der Löwe einerseits Christus bedeuten, weil er durch sein (angebliches) Schlafen mit offenen Augen auf Christus verweist, der als Mensch gestorben ist, als Gott aber lebt. Der Löwe kann aber auch für den Teufel stehen, da dieser nach der Aussage des 1. Petrusbriefes (5, 8) „brüllend umhergeht und sucht, wen er verschlinge".

Nicht nur die geschriebenen Worte der Bibel, sondern, wie Richard von St. Viktor[232] im 12. Jahrhundert betonte, auch die durch sie bezeichneten Gegenstände sind bedeutungshaltig, das heißt, sie sprechen von Gott und können allegorisch interpretiert werden. Dies trifft auch auf die in der Bibel erwähnten, von Menschenhand hergestellten Dinge zu, vor allem für jene, die auf göttliche Anweisung hin geschaffen wurden, wie die Arche Noah[233], das Stiftszelt, die Eherne Schlange, der Thron Salomonis usw. Gerade diese von Gott „in Auftrag gegebe-

---

In: „Gold – Silber – Eisen". Hg. vom Hessischen Landesmuseum Kassel. Kassel 1929, S. 62: „Daß wir, im Zeitalter des Eisens Lebende von diesem Metall weniger wissen sollten als unsre Vorfahren, will zunächst wenig einleuchten."

[231] Eine knappe und klare Darstellung hierzu bietet Friedrich Ohly: Vom geistigen Sinn des Wortes im Mittelalter. In: Zeitschrift für deutsches Altertum und deutsche Literatur 89, 1958/59, S. 1–23.

[232] Excerptionum allegoricarum libri XXIV, II, 3 (PL 177, 205).

[233] Das Holz der Arche, durch das Noah und die Seinen gerettet wurden, wird von der Bibelexegese meist mit dem erlösenden Kreuzesholz, die Arche selbst mit der Kirche verglichen, so schon bei Augustinus, De Civitate Dei, XV, 26. – Hartmut Boblitz: Die Allegorese der Arche Noahs in der frühen Bibelauslegung. In: Frühmittelalterliche Studien 6, 1972, S. 159–170. – Joachim Ehlers: *Arca significat ecclesiam.* Ein theologisches Weltmodell aus der ersten Hälfte des 12. Jahrhunderts. In: Ebd., S. 171–187.

nen Kunstwerke" sah man in Bezug auf ihre Maße, Formen, Funktionen und eben auch auf ihre Materialien als durch und durch sinnhaltig an.

Schon der Kirchenvater Augustinus forderte, der Exeget müsse sich, um die in der Bibel genannten Gegenstände richtig deuten zu können, eine möglichst genaue Kenntnis ihrer Ding-Natur verschaffen:

> *„Denn die Unkenntnis der Sachen macht bildliche Ausdrücke dunkel, so wenn wir die natürliche Beschaffenheit der Tiere, Steine, Pflanzen oder anderer Dinge nicht kennen, die häufig in der Heiligen Schrift als Gleichnisse erwähnt werden. [...] Die Kenntnis des Karfunkels etwa, der im Dunklen leuchtet, erhellt auch manche dunkle Stelle in den Büchern, wo er als Gleichnis erwähnt wird. Und die Unkenntnis des Berylls oder des Diamanten verschließt oftmals die Pforten zum Verständnis. "*[234]

Augustinus empfahl den Bibelexegeten zwar einerseits durchaus, eigenständig die Naturphänomene zu beobachten, er verlangte aber andererseits, dass diese Naturbeobachtungen nicht der schriftlichen Tradition, also dem Wortlaut der Bibel und den Äußerungen der Kirchenväter, widersprechen durften. Heidnische Autoren wie Aristoteles oder Plinius konnten und sollten unter dem gleichen Vorbehalt durchaus konsultiert werden.

Lignum setim

Als ein erstes Beispiel für eine „bibelallegorische Materialanalyse" mag hier das Grundmaterial der Bundeslade (Ex 25, 10; 37, 1) stehen, das in den neueren deutschen Bibelübersetzungen meist als „Akazienholz" bezeichnet wird. Der hebräische Text nennt das Holz an dieser und vielen anderen Stellen[235] *setim*, ein Wort, das die Übersetzer vor unlösbare Probleme stellte. Noch im 8. Jahrhundert befass-

---

[234] Augustinus: De doctrina christiana, II, 59 f.: *„Rerum autem ignorantia facit obscuras figuratas locutiones, cum ignoramus vel animantium vel lapidum vel herbarum naturas aliarumve rerum quae plerumque in scripturis similitudinis alicuius gratia ponuntur. [...] Nam et carbunculi notitia, quod lucet in tenebris, multa inluminat etiam obscura librorum, ubicumque propter similitudinem ponitur; et ignorantia berylli vel adamantis claudit plerumque intelligentiae fores"* (CSEL 80, 50 f.).

[235] Aus demselben Material waren auch der Schaubrottisch, der Brandopferaltar und die Bohlen des Stiftszeltes (Ex 25–27). Auch die Arche Noah dachte man sich verschiedentlich aus *lignum setim*, so z. B. Thomas Cantimpratensis: Liber de natura rerum, lib. X, 43 (Ed. Helmut Boese, Berlin, New York 1973, S. 326). – Vgl. Fulcran Vigouroux: Dictionnaire de la Bible, Bd. 1 (1912), s. v. *Acacia*. – Zum allegorischen Gebrauch biblischer Holzarten s. Friedrich Ohly: Hölzer, die nicht brennen. In: Zeitschrift für deutsches Altertum und deutsche Literatur 100, 1971, H. 1/2, S. 63–72.

te sich Beda Venerabilis mit dieser Holzart, ihren Eigenschaften und der Frage der
Übersetzung:

> *„Das* lignum setim [...] *ist von Natur aus unvergänglich, sehr glänzend
> und sehr leicht. Es ist dem Akazienholz* [alba spina] *ähnlich, das aber in
> ganz anderen Gegenden gefunden wird. Daher deutete auch Hieronymus
> nicht nur in seinem Lexikon der hebräischen Wörter, sondern auch in an-
> deren Werken das* lignum setim *als Akazienholz. Diese Holzart lässt sich
> kaum anderswo als in der arabischen Wüste finden, eben dort, wo die
> Stiftshütte erbaut wurde. Deshalb wussten sich die griechischen und latei-
> nischen Übersetzer nicht anders zu helfen, als das hebräische Wort stehen
> zu lassen, weil sie hierüber nichts in Erfahrung bringen konnten. Da sie
> aber über seine Eigenschaften doch etwas aussagen wollten, umschrieben
> sie das Wort auch mit* xylon asepton *bzw.* lignum imputrabilium, *also un-
> vergängliches Holz. "*[236]

Die dem *lignum setim* zugeschriebenen Qualitäten „glänzend", „leicht" und „un-
vergänglich" dienen Beda dann als Grundlage seiner typologischen Auslegung:
„Die Bundeslade bedeutet die Fleischwerdung unseres Herrn und Erlösers, [...]
daher wurde zu Recht befohlen, sie aus *lignum setim* zu fertigen, denn dieses Holz
ist [...] unverrottbar, so wie der Leib unseres Herrn aus Gliedern besteht, die aller
Lasterflecken entbehren."[237] Diese christliche Interpretation findet sich ähnlich
auch im Exodus-Kommentar des Hrabanus Maurus[238] und in vielen anderen exegetischen Schriften. Dieses Beispiel mag zeigen, wie sich mit Hilfe der *proprietates*-Deutung selbst ein fast unbekanntes Material allegorisch deuten lässt, wenn es
nur einen Namen hat und dieser in der Bibel erwähnt wird.

Die romanischen Radleuchter

In seinem Traktat *Gemma animae* über die allegorische Bedeutung der Liturgie,
des Kirchengebäudes und der Kirchengeräte schreibt Honorius Augustodunensis
auch über die großen romanischen Radleuchter, wie sie heute noch in Hildesheim,
Großkomburg und Aachen erhalten sind.[239] Diese Leuchterkronen zeigen die Gestalt von Stadtmauern, um die Gläubigen an das Himmlische Jerusalem zu erinnern. Honorius interpretiert aber auch die verwendeten Metalle Gold, Silber, Erz
und Eisen, und zwar bietet er dem Leser mehrere Deutungsmöglichkeiten an: Zu-

---

[236] De tabernaculo et vasis eius ac vestibus sacerdotum (PL 91, 436 f.).

[237] Ebd., 401.

[238] Commentaria in Exodum, lib. III (PL 108, 167).

[239] PL 172, 588. Fast dieselben Deutungen finden sich um 1200 im *Mitrale* des Sicardus,
lib. I, cap. 13 (PL 213, 51).

nächst eine eher allgemeine: „Das Gold bezeichnet die durch Weisheit Leuchtenden, das Silber die durch ihre Beredsamkeit Glänzenden, das Erz die durch himmlische Belehrung süß Klingenden und das Eisen die ihre Leidenschaften Beherrschenden."[240]

Danach folgt aber eine ganz andere Deutung dieser Metalle: „Das Gold sind die Märtyrer, das Silber die Jungfrauen, das Erz die Enthaltsamen und das Eisen die der Ehe Dienenden."[241]

Zuletzt erklärt der Autor, warum er die Metalle überhaupt geeignet sind, als Metapher für die gottgefälligen Menschen zu dienen: „Die im Feuer geschmolzenen Metalle dienen zum Schmuck des Leuchters, die in der Esse der Trübsal Geprüften werden zur Zierde des Himmlischen Jerusalem ausgewählt."[242] Honorius will mit seinen Metall-Interpretationen sagen: Nur wer im irdischen Jammertal gelitten hat und, wie die Metalle im Feuer, von der Schlacke der Sünde gereinigt wurde, nur wer die durch die Metalle symbolisierten Eigenschaften besitzt, kann in das Himmlische Jerusalem gelangen, also erlöst werden.

Für den Kunsthistoriker erheben sich angesichts eines solchen Textes verschiedene Fragen: Sind diese allegorischen Deutungen eine individuelle Leistung des Autors? Waren sie für zeitgenössische Leser oder Hörer nachvollziehbar? Könnte der Hersteller oder Auftraggeber eines Radleuchters durch solche Überlegungen bei der Materialwahl beeinflusst oder gar geleitet worden sein? Was können diese allegorischen Deutungen zum besseren Verständnis von Kunstwerken beitragen?

Die Aussagen zu den vier Metallen sind nicht so willkürlich, wie sie auf den modernen Leser vielleicht wirken mögen: Der Vergleich des Goldes mit Weisheit und des Silbers mit Beredsamkeit, der sich bis heute in der Redensart „Reden ist Silber, Schweigen ist Gold" erhalten hat, war dem Mittelalter ganz selbstverständlich: Er findet sich in der Bibel,[243] den Bibelkommentaren der Kirchenväter[244] und den großen Enzyklopädien.[245]

---

[240] „*Aurum sunt sapientia fulgentes; argentum, eloquio nitentes; aes, in doctrina coelesti dulciter sonantes; ferrum, vitia domantes.*"

[241] „*Aurum enim sunt martyres; argentum, virgines; aes, continentes; ferrum, conjugiis servientes.*"

[242] „*Metalla in igne excocta ad ornatum coronae sumuntur, et electi in camino tribulationis probati ad coelestis Hierusalem decorem eliguntur.*"

[243] Gold als Zeichen der Weisheit etwa in Spr 25, 12; Sir 6, 30; 21, 21. – Weisheit wertvoller als Gold (und Silber) etwa in Spr 3, 14; 8, 19; 16;16; Ijob 28, 15–19; Weish 7, 9. – Silber als Bild für gerechte Worte etwa in Ps 12, 7; Spr 10, 20; 25, 11.

[244] Zum Beispiel Hieronymus zu Ezechiel 7, 19: „Gold nahmen sie für Verstand und Weisheit, Silber für Sprache und Beredsamkeit" (CCSL 75, 298). – Zu den Metallen Gold, Silber und Erz in der Bibelallegorese s. Hans-Jörg Spitz: Die Metaphorik des geistigen Schriftsinns. Ein Beitrag zur allegorischen Bibelauslegung des ersten christlichen Jahrtausends (= Münstersche Mittelalterschriften 12). München 1972, S. 191–200.

[245] Zum Beispiel Hrabanus Maurus: De universo 17, 12 f. (PL 111, 475 f.).

Der Zusammenhang zwischen Erz und Klang war schon durch den 1. Korintherbrief (13, 1: *aes sonans*) allgemein bekannt, er wurde aber auch durch die Enzyklopädisten im allgemeinen Bewusstsein gehalten: Isidor von Sevilla schreibt: *„Inter omnia metalla aes vocalissimum est“*; im biblischen Wörterbuch des Alanus de Insulis aus dem 12. Jahrhundert heißt es: „Das Erz freilich gibt, wenn es geschlagen wird, größeren Klang als die anderen Metalle.“[246]

Der Metallhierarchie Gold – Silber – Erz entspricht also sozusagen eine intellektuelle: Gedanke (= Weisheit) – Beredsamkeit (= sinnvolle Rede) – Klang (= einfaches Wort), wie sie z. B. auch Hieronymus in der Einleitung zu seinem Matthäus-Kommentar verwendet: „Gold lesen wir häufig für den Sinn, Silber für die Rede, Erz für die Stimme.“[247]

Auch die Erkenntnis, dass Eisen etwas mit dem Herrschen oder Beherrschen zu tun hat, war dem Mittelalter selbstverständlich: Isidor leitet seine Kapitel über die Metalle mit folgendem Satz ein: *„Septem sunt autem genera metallorum, aurum, argentum, aes, electrum, stagnum, plumbum et, quod domat omnia, ferrum.“* Dieselbe Formulierung findet sich wörtlich im 9. Jahrhundert bei Hrabanus Maurus, wie im 13. Jahrhundert bei Vinzenz von Beauvais[248], um nur diese zu nennen.

Der Gewinnungs- bzw. Läuterungsprozess der Metalle diente bereits dem Alten Testament als Metapher für die Prüfung des Menschen durch Gott und das leidvolle Streben zu ihm[249].

Zusammenfassend lässt sich sagen, dass im Mittelalter zu jedem Material verschiedene Bedeutungen allgemein bekannt oder leicht zu eruieren waren und dadurch Künstlern und Auftraggebern zu Gebote standen. Dass zwischen solchen theoretischen Allegorisierungen und den mittelalterlichen Kunstwerken enge Zusammenhänge bestehen konnten und in vielen Fällen wohl auch bestanden, zeigt das folgende Beispiel:

Der im zweiten Viertel des 12. Jahrhunderts, also etwa gleichzeitig mit der *Gemma animae* des Honorius Augustodunensis entstandene Großkomburger Radleuchter trägt eine ausführliche lateinische Inschrift in leonischen Hexametern. Sie beginnt mit der Bitte des Stifters für sein Seelenheil und fährt dann fort:

> *„Arte metallorum visus dum pascitur horum*
> *Querere mens curet quid opus sibi tale figuret*
> *Turribus et muris fundatae non ruituris*
> *Mysticat ecclesiae structuram circulus iste*

---

[246] Isidor von Sevilla: Etymologiarum sive originum libri XX, lib. XVI, 20. – Alanus de Insulis: Distinctiones dictionum theologicalium (PL 210, 789).

[247] CCSL 77, 67.

[248] Hrabanus Maurus, a. a. O., 17, 11. – Vinzenz von Beauvais: Speculum maius, Tom. I, lib. 7, cap. 3.

[249] Sach 13, 9; Mal 3, 3; Ez 22, 20; Spr 17, 3; Ps 66, 10.

Argento ferro confectus et aere sub auro
Monstrat apostolicum turris bis sena senatum
Per totidem metas sua pandit imago prophetas
Qui pacis vere fundamina prima dedere
Urbe salutari plebs digna coedificari
Ordine fraterno collucet et igne superno
Signat opus fidei nitor aureus illitus aeri
Innuit argentum verbi cumulare talentum
Duricies ferri commendat vim patiendi
Ignis ad ardorem servare videtur amorem
Cardine supremae tendentis in alta catenae
Spes designatur qua virtus quaeque levatur
Et patris et fratris petit hoc quicunque theatrum
Se fabricae tali meriturus confabricari. "[250]

(„Während das Auge sich weidet an der Kunst dieser Metallarbeiten, sorge der Geist zu ergründen, was solches Werk ihm bedeuten will. Dieser Kreis, aus Silber, Eisen und vergoldetem Erz geschaffen, symbolisiert den Bau der Kirche, die auf unvergängliche Türme und Mauern gegründet ist. Die zweimal sechs Türme zeigen den Senat der Apostel; durch ebensoviel Säulen kündet das Bildwerk von den Propheten, welche in Wahrheit die ersten Grundmauern des Friedens legten. Das Volk, das würdig ist, in die Heilsstadt eingebaut zu werden, erstrahlt in brüderlicher Ordnung und höchstem Feuerglanz. Der Glanz des vergoldeten Erzes bezeichnet das Werk des Glaubens; das Silber ermahnt, den Wert des Wortes zu erhöhen; die Härte des Eisens empfiehlt die Tugend der Geduld; das Feuer soll die Liebe glühend erhalten. Durch die Achse der in die Höhe strebenden oberen Kette wird die Hoffnung bezeichnet, durch welche jede Tugend erhoben wird. Wer nun dieses Schaustück [...] besucht, der soll sich würdig erweisen, in einem solchen Bau eingebaut zu werden.")

---

[250] Die Inschrift mit aufgelösten Abkürzungen zit. nach: Freerk Valentien: Untersuchungen zur Kunst des 12. Jahrhunderts im Kloster Komburg. (Phil. Diss.) Stuttgart 1965, S. 93 f.

Die kunsthistorische Literatur zum Großkomburger Leuchter[251] hat diese lange, metaphernreiche Inschrift fast nur zum Zwecke der Datierung herangezogen, ihr also entnommen, dass Abt Hertwig von Großkomburg (ca. 1104–1140) der Stifter des Leuchters war. Auch der Hinweis, dass die Gestalt des Leuchters auf das Himmlische Jerusalem anspielt, wurde dankbar aufgegriffen. Dagegen fanden die Bemerkungen zu den Metallen und ihren Bedeutungen so gut wie kein Interesse, galten offenbar als kunsthistorisch irrelevant.[252]

Gerade die Metall-Allegorisierungen aber verleihen dem Leuchter die konkrete theologische Aussage: Er soll nicht nur irgendwie an das Himmlische Jerusalem erinnern, sondern er fordert den gläubigen Betrachter – ganz ähnlich wie die Portalinschrift von Saint-Denis – auf, durch das Nachdenken über die Materialien etwas für sein eigenes Seelenheil zu lernen: Nur der, dessen Glaube leuchtet wie Gold, dessen Rede rein ist wie Silber, dessen Geduld ausdauernd wie Eisen und dessen Liebe zu Gott glühend ist wie die brennenden Kerzen, nur der ist würdig, „in die Heilsstadt eingebaut zu werden". Hiermit wird erneut auf den 1. Petrusbrief angespielt, in dem es heißt: „Tretet heran zu ihm, dem lebendigen Stein, der zwar von den Menschen verworfen worden, bei Gott aber auserlesen kostbar ist, und lasst euch selbst als lebendige Steine aufbauen als geistiges Haus."[253]

---

[251] Franz Bock: Der Kronleuchter Kaisers Friedrich Barbarossa im Karolingischen Münster zu Aachen und die formverwandten Lichterkronen zu Hildesheim und Comburg. Leipzig 1864, S. 48–55. – Adolf Hermann: Zum Komburger Kronleuchter und Antependium. In: Zeitschrift des Deutschen Vereins für Kunstwissenschaft 3, 1936, S. 174–195. – F. Valentien, a. a. O., S. 93–96. – Georg Sigmund Graf Adelmann: Zur Instandsetzung von Antependium und Kronleuchter der Großkomburg. Mit Restaurierungsberichten. In: Württembergisch Franken 65, 1972, S. 42–58. – Ausst. Kat. „Suevia Sacra". Augsburg 1973, S. 140 f. (Nr. 122). – Ausst. Kat. „Die Zeit der Staufer". Stuttgart 1977, Bd. 1, S. 464–466 (Nr. 592). – Ausst. Kat. „Die Comburg. Vom Mittelalter bis ins 20. Jahrhundert" (= Kataloge des Hällisch-Fränkischen Museums, Schwäbisch Hall 3). Sigmaringen 1989, S. 116–118.

[252] Zur Kenntnis genommen wurden die Angaben der Inschrift zu den Metallen lediglich bei der letzten großen Restaurierung, als man verloren gegangene Silberteile wieder in Silber ergänzte, weil die Inschrift dieses Metall ausdrücklich erwähne (s. G. S. G. Adelmann, a. a. O., S. 54 ff.).

[253] 1 Petr 2, 4–6. – Hierzu: Josef C. Plumpe: *Vivum saxum, vivi lapides.* The Concept of „Living Stone" in Classical and Christian Antiquity. In: Traditio 1, 1943, S. 1 ff. – Von kunsthistorischer Seite: Karl Möseneder: *Lapides vivi.* Über die Kreuzkapelle der Burg Karlstein. In: Wiener Jahrbuch für Kunstgeschichte 34, 1981, S. 39–69, bes. S. 54 ff. – Eine Künstlerinschrift aus dem späten 12. Jahrhundert am Basler Münster lautet: *„Aula celesti lapides vivi titulantur / Hiduo templi huius quia structure famulantur"* („In der himmlischen Halle werden diese beiden als lebendige Steine genannt, weil sie am Bau der Kirche beteiligt waren."); zit. nach: Peter Cornelius Clausen: Künstlerinschriften. In: Ausst. Kat. *„Ornamenta Ecclesiae".* Köln 1985, Bd. 1, S. 263–276 (S. 266).

Solche Übertragungen von Materialallegorien auf Kunstwerke sind keine Erfindung des als besonders allegoriefreudig geltenden 12. Jahrhunderts: Schon die um 1030 gestiftete *corona* in der Kathedrale von Metz trug bis zu ihrer Zerstörung im 18. Jahrhundert eine Inschrift, die ausführlich von der Symbolik der Metalle sprach:

> *„Haec tribus est rutilis confecta corona metallis,*
> *Quae vires sanctae significant animae.*
> *In scriptis patrum, sapientia dicitur aurum.*
> *Argento castum convenit eloquium,*
> *Aere quod est durum, sed et a rubigine tutum,*
> *Signatur virtus, quam retinens animus*
> *Incorruptibilis dulcorem servat amoris:*
> *Hunc non laeta levant, tristia non superant.*
> *Semper mansuram, Christo donante, coronam*
> *Felix percipiet haec bona quisquis habet. [...]* "[254]

(„Diese Krone ist aus drei glänzenden Metallen gefertigt, welche die Kräfte einer gottgefälligen Seele bedeuten: In den Schriften der Väter wird die Weisheit Gold genannt; durch das Silber wird auf die keusche Redeweise angespielt; das Erz, welches hart, aber frei von Rost ist, bedeutet die Tugend, an welcher ein tadelloses Herz festhalten muss, um die Süße der Liebe zu bewahren. So ein Herz wird durch Frohes nicht erhoben und durch Trauriges nicht übermannt. Glücklich, wer immer diese Güter besitzt, er wird die von Christus gegebene immerwährende Krone erlangen.")

Die Metzer *corona* spielte also nach Aussage ihrer Inschrift formal nicht auf das Himmlische Jerusalem an – sie soll 16 Türmchen besessen haben – mit Hilfe der Metall-Allegorisierungen drückt sie aber dieselben eschatologischen Gedanken aus wie der Großkomburger Leuchter.

Das „eherne Meer" von Lüttich

So ausführliche material-allegorisierende Inschriften wie an den romanischen Radleuchtern sind mir an anderen Kunstwerken dieser Zeit nicht bekannt geworden. Das berühmte Bronzetaufbecken des Reiner von Huy in Lüttich (Abb. 11) wird im Folgenden behandelt, weil sein Material, obwohl es in keiner seiner zahlreichen

---

[254] Der Leuchter von Metz wurde 1754 zerstört, doch blieb seine Inschrift bekannt: Emile A. Bégin: Histoire et description pittoresque de la cathédrale de Metz, des églises adjacentes et collégiales. Bd. 1. Metz 1840, S. 95–97. – Jean François und Nicolas Tabouillot: Histoire de Metz. Bd. 7 (= Annales de Jacques Bakus). Metz 1904, S. 272 f. – G. Thiriot: La cathédrale de Metz. Bd. 1. Langres 1928, S. 12.

Abb. 11: Lüttich, Taufbecken des Reiner von Huy, 1107–1118

Inschriften auch nur erwähnt, geschweige denn allegorisch gedeutet wird, entscheidend zu seiner theologischen Aussage beiträgt.

Das zylindrische Taufbecken, zwischen 1107 und 1118 für die Kirche *Nôtre-Dame-aux-Fonts* entstanden und durch seine Reliefs einer der Höhepunkte maasländischer Metallkunst des Mittelalters, ruht auf dem Rücken von ehemals zwölf (heute nur noch zehn) Rindern. Hierdurch wird unmissverständlich auf jenes eherne Reinigungsbecken angespielt, das im Vorhof des Salomonischen Tempels stand und von dem es im Alten Testament heißt: Der Erzschmied Hiram von Tyrus „fertigte das gegossene Meer, zehn Ellen von einem Rand bis zum anderen, kreisrund, fünf Ellen hoch. [...] Es stand auf zwölf Rindern, drei schauten nach Norden, drei nach Westen, drei nach Süden und drei nach Osten. Oben auf ihnen ruhte das Meer, und ihre Hinterteile waren alle nach innen gerichtet."[255]

---

[255] 1 Kg 7, 23–26 (ähnlich 2 Chr 4, 2–5). – Zum „ehernen Meer" s. Th. A. Busink: Der Tempel von Jerusalem von Salomo bis Herodes. Eine archäologisch-historische Studie

Nach den Angaben des Alten Testaments war der Salomonische Tempel eine prunkvolle Nachbildung oder „Architekturkopie" jener Stiftshütte, welche die Juden auf genaue Anweisung Jahwes errichtet und bei ihrer Wüstenwanderung mit sich geführt hatten. Historisch gesehen scheint es allerdings eher umgekehrt gewesen zu sein: Die alttestamentarische Beschreibung der mosaischen Stiftshütte stammt erst aus der Zeit der babylonischen Gefangenschaft und verwendet viele Elemente des Salomonischen Tempels. Den Juden im Exil sollte auf diese Weise der damals in Schutt und Asche liegende Tempel von Jerusalem als ein höchst bedeutendes, indirekt auf die Anweisungen Jahwes zurückgehendes Kultzentrum nahegebracht werden.[256]

Auch das „eherne Meer" des Salomonischen Tempels besaß angeblich einen Vorläufer in der Stiftshütte: Jahwe hatte Moses auf dem Sinai befohlen: „Fertige ein erzenes Becken mit einem erzenen Gestell zum Waschen an, stelle es zwischen dem Offenbarungszelt und dem Altar auf und gieße Wasser hinein, damit Aaron und seine Söhne darin ihre Hände und Füße waschen. Wenn sie in das Offenbarungszelt hineingehen, sollen sie sich mit Wasser waschen, damit sie nicht sterben. [...] Es soll dies für sie eine ewige Vorschrift sein, für ihn und seine Nachkommen von Geschlecht zu Geschlecht."[257]

Da diese Reinigungsvorschrift der Priester „von Geschlecht zu Geschlecht" weitergelten sollte, diente das „eherne Meer" des Salomonischen Tempels offenbar als kultischer Nachfolger des mosaischen Bronzebeckens. Die Übereinstimmung der beiden liturgischen Geräte lag nach den biblischen Angaben nicht in der Form, sondern in der Funktion – und im Material.

Seit den Kirchenvätern wurden das mosaische Becken und das „eherne Meer" mit der Taufe Christi bzw. mit dem Taufsakrament in typologische Beziehung gesetzt.[258] Bruno Reudenbach hat dem Lütticher Taufbecken eine Monographie gewidmet, in der er dessen typologische Bezüge ausführlich erläutert.[259] So überzeugend er in Form, Ikonographie und Inschriften des Beckens den Zusammenhang mit dem „eherne Meer" darlegt, ein besonders naheliegender Bezug wird nicht wirklich ausgesprochen: Außer den zwölf Rindern ist es vor allem das Material, das auf das alttestamentarische Vorbild verweist.

Die Frage, wie bewusst dieser Materialverweis den Herstellern des Lütticher Beckens war, ist nicht leicht zu beantworten. Die zahlreichen erklärenden Inschrif-

---

unter Berücksichtigung des westsemitischen Tempelbaus. Bd. 1, Leiden 1970, S. 326–336, 602 f.

[256] Manfred Görg: Das Zelt der Begegnung. Untersuchung zur Gestalt der sakralen Zelttraditionen Altisraels (= Bonner Biblische Beiträge 27). Bonn 1967.

[257] Ex 30, 17–21.

[258] Zum mosaischen Becken s. etwa Beda Venerabilis: De tabernaculo et vasis ejus, cap. XIV: *Labri aenei descriptio* (PL 91, 495–498).

[259] Bruno Reudenbach: Das Taufbecken des Reiner von Huy in Lüttich. Wiesbaden 1984.

ten auf dem Becken erwähnen die Bronze nicht. Auch die christlichen Kommentare zum Salomonischen Tempel befassen sich nur gelegentlich mit dem Material des „ehernen Meeres".

So schreibt Isidor von Sevilla, die runde Form des Beckens verweise auf die Welt, die Zwölfzahl der Rinder auf die Apostel. Die Rinder aber seien aus Erz, weil der Klang der apostolischen Predigten über die ganze Welt erschallte.[260] Hier wird das Erz also wieder als *aes sonans* interpretiert. Durandus dagegen erklärt das Material auf ganz andere Weise: Das Salomonische Becken sei aus Bronze gefertigt, einer Mischung verschiedener Metalle, als Zeichen, dass die Worte der Taufe in den verschiedensten Sprachen gesprochen werden können.[261]

Der bekannteste Tempel-Kommentar, der um 730 entstandene *Liber de templo Salomonis* des Beda Venerabilis, deutet das „eherne Meer" zwar ausführlich unter den verschiedensten Aspekten, vor allem nach Maß und Zahl, verliert aber kein einziges Wort über das namengebende Material.[262] Das mag zunächst erstaunen. Es ist aber zu berücksichtigen, dass die Bezeichnung „ehernes Meer" *(mare aeneum)*, die sich heute so sehr durchgesetzt hat, im Alten Testament nur zweimal an eher entlegener Stelle[263] vorkommt, während in den wichtigsten Erwähnungen, auf die sich die Kommentatoren hauptsächlich stützen, stets von *mare fusile* oder überhaupt nur kurz von *mare* die Rede ist.[264]

Nun kann zwar *fusile* im Zusammenhang des Textes nichts anderes bedeuten als „aus Bronze gegossen", es gab aber für die sehr genau am Wort bleibenden Exegeten an dieser Stelle keinen zwingenden Anlass, ja kaum einen Grund, über die allegorische Bedeutung des Erzes zu sprechen. Zudem schreibt die Vulgata bei der zusammenfassenden Übersicht über die Werke, die Hiram für den Salomonischen Tempel schuf, sie seien alle *de aurichalco*[265] gewesen, was für die Auslegung ein zusätzliches Problem schuf. Denn *aurichalcum,* das in der lateinischen Bibelübersetzung nur ganz selten[266] vorkommt, war eben für die Exegeten etwas ganz anderes als *aes*[267].

---

[260] Quaestiones in Vetus Testamentum (PL 83, 415 f.).

[261] Rationale divinorum officiorum VI, 82, 30 (Hinweis RDK, s. v. „Ehernes Meer").

[262] PL 91, 786–791: *De mari aeneo.*

[263] 2 Kg 25, 13; 1 Chr 18, 8.

[264] *Mare fusile:* 1 Kg 7, 23; 2 Chr 4, 2. – *Mare:* 1 Kg 7, 24 f., 7, 39, 7, 44; 2 Kg 16, 17, 25, 16.

[265] 1 Kg 7, 45: „*Omnia vasa quae fecit Hiram regi Salomoni in domo Domini, de aurichalco erant.*"

[266] Sir 47, 20 (über Salomon, der so reich war, dass er Gold wie *aurichalcum,* Silber wie Blei anhäufen konnte); Apk 1, 15 und 2, 18 (über die glänzenden Füße des Menschensohnes).

[267] Isidor von Sevilla identifiziert *aes Cyprium* (= Kupfer) weitgehend mit *aurichalcum:* „*Aurichalcum* wird es genannt, weil es sowohl den Glanz des Goldes als auch die Härte

Auch Rupert von Deutz stellt in seinem Genesiskommentar keine Überlegungen zum eigentlichen Material des *mare fusile* an. Er bleibt ganz eng am Wortlaut und sieht gerade in der Tatsache, dass das Becken „gegossen" wurde, eine Bestätigung seiner Deutung: Mit verschiedenen Argumenten interpretiert er nämlich das Salomonische Reinigungsbecken als Hinweis auf die Seitenwunde Christi, also auf Passion und Erlösung: „Das Meer ist, wie es heißt, ein gegossenes. Gegossen aber, sage ich, weil in der Tat Christus, nachdem er durch das Feuer der großen Liebe entflammt und flüssig geworden ist, uns jene Gnade ausgoss."[268] Der Bibeltext wird hier also wortwörtlich genommen, die Interpretation stützt sich auf den Begriff *fusile,* und das Problem, ob Hirams Kunstwerke nun aus *aes* oder aus *aurichalcum* gefertigt waren, wird dadurch umgangen.

Trotz der Schwierigkeiten, welche die Bibelexegese mit dem Material des *mare fusile* hatte, scheint es naheliegend, dass das Lütticher Taufbecken einen erheblichen Teil seiner theologischen Verweiskraft eben aus seinem Material ziehen sollte. Dass dies in keiner der Inschriften angedeutet wurde, ist kein Gegenargument, denn auch die bei Beda erwähnten Allegorisierungen fanden dort keinen Niederschlag. Die Projektierung des Beckens, das anscheinend ikonographisch ein Einzelfall[269] blieb, setzt erhebliche theologische Anstrengungen voraus. Vermutlich hat man sich in Lüttich sehr genau überlegt, aus welchem Material man eine Nachbildung des Salomonischen *mare fusile* anfertigte.

Hierauf scheint mir sogar die früheste schriftliche Erwähnung dieses Taufbeckens sprachlich anzuspielen. In dem gereimten *Chronicon rythmicum Leodiense*[270] heißt es über den Auftraggeber des Beckens, Abt Hillinus: *„Fontes fecit opere fusili, fusos arte vix comparabili. "*

---

des Erzes besitzt. Dieser Name aber ist aus der lateinischen und der griechischen Sprache zusammengesetzt: *Aes* nämlich heißt auf griechisch *chalkos.* Es wird aber gewonnen aus Erz, das durch große Hitze und zugefügte *medicamina* zu einem goldenen Glanz gebracht wird." – Isidor stützt sich, wenigstens teilweise, auf Plinius, NH 34, 2–4. – Eine theologische Deutung der Füße des Menschensohnes (Apk 1, 15) aus *aurichalcum* findet sich z. B. bei Hrabanus Maurus: De universo, lib. XVII, cap. 14 (PL 111, 477 f.).

[268] Rupert von Deutz: De trinitate et operibus eius libri XLII (PL 167, 1167 f.).

[269] Ein dem Lütticher Becken vergleichbarer Taufstein aus der 2. Hälfte des 12. Jahrhunderts stand bis zu seiner Zerstörung im September 1944 im lothringischen Pont-à-Mousson. Die theologischen Anspielungen des Lütticher Vorbildes wurden aber hier offensichtlich bereits nicht mehr verstanden: Statt der Rinder hatte der Taufstein verschiedene Tierköpfe an seinem Sockel, und die Symbolik der Bronze ging ebenfalls verloren. – Zum ikonographischen Programm dieses Taufsteins s. Arcisse de Caumont: Abécédaire ou rudiment d'archéologie. Caen 1870, Bd. 1, S. 305–307 (mit drei Stahlstichen). – RDK, Bd. 4 (1958), Sp. 838 (Abb.). – Ausst. Kat. „Rhein und Maas. Kunst und Kultur 800–1400". Köln 1973, Bd. 2, S. 153 f.

[270] Zit. nach: B. Reudenbach (wie Anm. 259), S. 84.

Als *opus fusile* konnte das Lütticher Becken nicht nur auf das *mare fusile* des Salomonischen Tempels, sondern indirekt auch auf das sozusagen unmittelbar von Gott „in Auftrag gegebene" bronzene Reinigungsbecken der Stiftshütte zurückverweisen, wodurch das aufwendige Lütticher Kunstwerk theologisch, vielleicht auch politisch, noch wesentlich besser legitimiert war.

Material als Reliquie

Reliquien – also Überreste von heiligen Personen (Körperreliquien) oder Gegenstände, die mit Heiligen in Kontakt gewesen waren (Berührungsreliquien) – spielten für das christliche Abendland seit dem frühen Mittelalter eine zentrale Rolle: Für sie wurden höchste Preise bezahlt, zu ihrer Erlangung wurden Kriege geführt, man fügte sie in Altäre und Statuen, in Kapitelle und Grundsteine ein, um deren religiöse Bedeutung zu erhöhen, aus apotropäischen, politischen oder anderen Gründen.[271]

Im Folgenden soll gezeigt werden, dass Kunstwerke gelegentlich aus Materialien gefertigt wurden, die selbst sozusagen Reliquiencharakter besaßen. Gemeint sind Materialien, die tatsächlich oder vermeintlich von heiligen Gegenständen oder Stätten herstammen und dadurch auf sie verweisen. Die Verwendung dieser Materialien sollte etwas vom Numinosen jenes heiligen Gegenstandes oder Ortes auf das neugeschaffene Artefakt übertragen und in ihm wirksam werden lassen.

Der in diesem Kapitel verwendetete Materialbegriff unterscheidet sich von dem ansonsten dieser Arbeit zugrunde gelegten nur scheinbar: In vielen, ja sogar in den meisten Fällen beziehen die Materialien ihre Semantik ja nicht aus ihren objektiven (z. B. chemischen oder physikalischen), sondern aus zugeschriebenen oder konventionell gewordenen Eigenschaften.

---

[271] Thietmar von Merseburg über den durch Otto den Großen erbauten Dom zu Magdeburg: *„Preciosum quoque marmor cum auro gemmisque cesar precepit ad Magdaburg adduci. In omnibusque columnarum capitibus sanctorum reliquias diligenter includi iussit."* Zit. nach: Richard Delbrueck: Antike Porphyrwerke (= Studien zur spätantiken Kunstgeschichte 6). Berlin, Leipzig 1932, S. XXII. – Vgl. auch: Harald Keller: Reliquien, in Architekturteilen beigesetzt. In: Beiträge zur Kunst des Mittelalters. FS für Hans Wentzel zum 60. Geburtstag, hg. von Rüdiger Becksmann u. a. Berlin 1975, S. 105–114. – Reliquien fanden sich auch in den Säulenkapitellen von St. Michael in Hildesheim (wohl Ende des 12. Jahrhunderts eingebracht). – Bereits in die Ziegel der Kuppel und in die Säulen der justinianischen Hagia Sophia sollen Reliquien eingelassen worden sein (Jean Paul Richter: Quellen der byzantinischen Kunstgeschichte. Wien 1897, S. 39 und 45).

Verarbeitung von heiligem Eisen

In seiner am 25. Februar 395 gehaltenen Trauerrede auf Kaiser Theodosius schilderte Ambrosius, in welcher Weise die heilige Helena die beiden von ihr aufgefundenen Nägel vom Kreuz Christi verwendet hatte: Aus dem einen ließ sie ein Zaumzeug machen, den anderen zu einem Diadem verarbeiten, und diese beiden ehrwürdigen Gegenstände sandte sie ihrem Sohn Konstantin, der sie in Gebrauch nahm und an seine Nachfolger weitergab. Ambrosius rühmt die Weisheit der Helena bei der Schaffung dieser kaiserlichen Insignien: „Auf dem Haupte die Krone, in den Händen die Zügel: die Krone vom Kreuze, damit hell leuchte der Glauben, aber auch die Zügel vom Kreuze, damit die Gewalt gerecht und milde regiere."[272] Ähnlich wird die Verarbeitung der Kreuzesnägel dann auch bei späteren Autoren, etwa in der Kirchengeschichte des Theodoret[273] aus der ersten Hälfte des 5. Jahrhunderts, überliefert, wobei meist von einem Helm statt von einem Diadem die Rede ist. Im 6. Jahrhundert spricht Gregor von Tours[274] bereits von vier Kreuzesnägeln, von denen zwei in das kaiserliche Zaumzeug eingearbeitet und einer in das adriatische Meer geworfen worden sei, um dessen bedrohliche Stürme zu beruhigen. „Den vierten Nagel ließ sie im [oder am] Kopf einer großen Statue des Kaisers Konstantin befestigen", vermutlich jener vergoldeten Bronzestatue auf der 328 errichteten und noch heute erhaltenen Porphyrsäule in Konstantinopel. Diese Statue des *Constantinus-Sol* trug wohl, wie andere Heliosfiguren auch, am Kopf plastische Strahlen, und die christliche Frömmigkeit glaubte in einem dieser Strahlen einen Kreuzesnägel zu erkennen.[275]

So unterschiedlich und legendenhaft diese Nachrichten über die Nägel vom Kreuz Christi auch sein mögen, sie zeigen doch, wie man sich seit konstantinischer Zeit die angemessene Verwendung selbst heiligster Reliquien vorstellte: Die Materie – nicht die Form – galt als numinos, die Umarbeitung oder Einfügung in profane Gegenstände stellte offensichtlich keine Blasphemie dar, sondern trug zur Aufwertung dieser Gegenstände bei.

---

[272] Ambrosius: De obitu Theodosii 47, 50 (= CSEL 73, 396); deutsch in: Bibliothek der Kirchenväter 3, S. 418 f.

[273] Theodoret: Kirchengeschichte 1, 18, 5 (PG 82, 959); deutsch in: Bibliothek der Kirchenväter 51, S. 65. – Vgl. auch: Franz Xaver Kraus: Der heilige Nagel in der Domkirche zu Trier. Zugleich ein Beitrag zur Archäologie der Kreuzigung. Trier 1868, S. 49 ff.

[274] Gregor von Tours: Liber I de gloria beatorum martyrum (PL 71, 710 f.).

[275] Friedrich Wilhelm Unger: Quellen zur byzantinischen Kunstgeschichte, Bd. 1 (= Quellenschriften für Kunstgeschichte und Kunsttechnik des Mittelalters und der Renaissance XII). Wien 1878, S. 151 ff. – Theodor Preger: *Konstantinos-Helios.* In: Hermes. Zeitschrift für klassische Philologie 36, 1901, S. 457–469. – R. Delbrueck: Antike Porphyrwerke (wie Anm. 367), S. IX, XVI f. und 140–145. – RAG III (1957), Sp. 352. – Wolfgang Müller-Wiener: Bildlexikon zur Topographie Istanbuls [...] bis zum Beginn des 17. Jahrhunderts. Tübingen 1977, S. 255 f. (mit Lit.).

Es gibt viele Beispiele für einen derartigen Umgang mit Reliquien: Justinian fügte in die drei mittleren Türen der Hagia Sophia „Hölzer vom Holz der Arche Noah"[276] ein, es wurden Ikonen verehrt, die angeblich aus dem Tisch des letzten Abendmahls gefertigt waren, usw.

Die Päpste des 7.–9. Jahrhunderts schickten an vornehme Persönlichkeiten kleine Schlüssel, in denen Teile jener Ketten verarbeitet waren, mit denen Petrus im Kerker angebunden war und zu denen sich, von Rom ausgehend, ein eigener Kult entwickelt hat.[277] Papst Gregor der Große etwa legte ein solches Schlüsselchen einem Brief an den Frankenkönig Childerich bei: „Wir senden eurer Exzellenz außerdem Schlüssel des heiligen Petrus, in denen Material von seinen Ketten eingeschlossen ist, und die euch, um den Hals gehängt, vor allen Übeln beschützen."[278]

Neben der Form des Schlüssels, die einerseits auf Petrus und somit die römische Kirche verwies, andererseits auch im Amulettwesen[279] eine größere Rolle spielte, war, wie aus den Briefstellen hervorgeht, das beigefügte reliquienwertige Eisen ausschlaggebend für die Wertschätzung dieser Präsente.

Erde aus dem Heiligen Land

Die Heiligung eines Gebäudes durch Materialien, vor allem Erde, aus dem Heiligen Land ist eine alte und verbreitete Vorstellung. So glaubte man seit dem Mittelalter, die Kaiserin Helena habe Erde vom Kalvarienberg nach Rom in die Kirche S. Croce bringen lassen, um die dort aufbewahrten Passionsreliquien „auf heiligem Boden" verehren zu können.[280]

In der sogenannten Kapuzinergruft unter der römischen Kirche Sta. Maria della Concezione aus dem 17. Jahrhundert soll der Boden aus Erde bestehen, die von verschiedenen *loca sancta* des Heiligen Landes stammt. Dass übertragene Erde auch im profanen Bereich – etwa „Erde aus der Heimat" – gelegentlich eine Rolle spielt, soll an anderer Stelle behandelt werden.[281]

---

[276] Jean Paul Richter: Quellen (wie Anm. 271), S. 43.

[277] Das Apostelfest „Petri Kettenfeier" (1. August) wurde erst durch die Rubrikenreform 1960 aufgehoben. Zu diesen Schlüsseln s. Josef Sauer: Artikel „Petrus". In: LThK, Bd. 8 (1936), Sp. 138.

[278] *„Claves praeterea Sancti Petri, in quibus de vinculis catenarum ejus inclusum est, excellentiae vestrae direximus, quae collo vestro suspensae, a malis vos omnibus tueantur"* (PL 77, 798 f.). Weitere Briefe, in denen von solchen Schlüsseln die Rede ist: Ebd., 483, 484, 643, 881 u. ö.

[279] Handwörterbuch des Deutschen Aberglaubens, Bd. VII (1935/36), Sp. 1224–1228.

[280] Walther Buchowiecki: Handbuch der Kirchen Roms. Bd. 1, Wien 1967, S. 618–621. – Publio Parsi: Chiese Romane. Bd. 3, Rom 1969, S. 37.

[281] S. unten S. 120 f.

Die *Casa Santa* in Loreto

Der bekannte Wallfahrtsort Loreto bei Ancona hat als hauptsächliches Kultobjekt – neben einer angeblich aus Zedernholz gefertigten Marienstatue – eine kleine Kapelle, die *Casa Santa,* von der die Legende behauptet, sie sei das von Engeln hierher transportierte Haus der heiligen Familie in Nazareth, also jenes Gebäude, in dem Maria geboren worden war und in dem die Verkündigung stattgefunden hatte. Die Tradition dieses Translationswunders geht zurück auf einen um 1470 geschriebenen Bericht des Geistlichen Pietro Giorgio da Teramano, der seinerseits ältere Quellen verarbeitete.[282] Nach dieser Erzählung sei das bescheidene Haus in Nazareth schon zur Zeit der Apostel in eine Kirche verwandelt und jahrhundertelang verehrt worden. Als aber das Volk immer mehr dem Glauben Mohammeds zuneigte, brachten Engel am 10. März 1291 das Gebäude zunächst nach Trsat in Dalmatien, drei Jahre später aber, am 10. Dezember 1294, über die Adria in die Gegend von Recanati. Auch hier fand das Haus zunächst keine Ruhe: Aus verschiedenen Gründen wurde es noch zweimal versetzt, bis es an jener Stelle stand, wo es noch heute verehrt und von der Kathedrale von Loreto umfangen wird.

Über die Frage, ob an der Transferierungslegende irgendein historischer Kern festzustellen sei, und gegebenenfalls welcher, gibt es eine umfangreiche und kontroverse Literatur.[283] Ob in den Mauern der *Casa Santa* tatsächlich Material aus Palästina[284] enthalten ist, und auf welche Weise sich die Legende vom Eingreifen der Engel vielleicht doch historisch erklären lässt, spielt für unsere Überlegungen keine Rolle: Nach der Meinung der Wallfahrer, die den Ort besuchten und in ganz Mitteleuropa Kopien der *Casa Santa*[285] errichteten, handelte es sich um das physisch vom Heiligen Land nach Italien transferierte Gebäude – nicht etwa um eine Nachbildung, wie z. B. bei den vielen Kopien des Heiligen Grabes von Jerusalem.

Während die Transferierung eines ganzen Gebäudes – ob durch Engel oder Menschen – in der Vorstellung der Gläubigen wohl eine ungewöhnliche Ausnahme

---

[282] Georg Hüffer: Loreto. Eine geschichtskritische Untersuchung der Frage des heiligen Hauses. 2 Bde. Münster 1913/1921.

[283] Vgl. Joseph Faurax: Bibliographie Lorétaine. Paris 1913. – Dante Tassotti: Ipotesi sui primitivi sviluppi del santuario di Loreto. In: Quaderni dell'Istituto di storia dell'architettura (Facoltà di architettura, Università di Roma) 133–138, 1976, S. 47–70.

[284] Stephan Beissel: Das heilige Haus zu Loreto. Freiburg 1891, S. 10–16, behauptet dies und stützt sich dabei auf eine „chemische Analyse", die wenige Jahrzehnte zuvor durchgeführt worden sei (Kalkstein aus Nazareth, Mörtel aus Palästina).

[285] Walter Pötzl: *Santa-Casa*-Kult in Loreto und in Bayern. In: Lenz Kriss-Rettenbeck und Gerda Möhler (Hgg.): Wallfahrt kennt keine Grenzen. München 1984, S. 368–382 (mit weiterer Lit.). – Evelyn Flögel: Die Loretokapellen in Baden-Württemberg, Bayern und der Republik Österreich. (Phil. Diss.) München 1984.

blieb, taucht das Motiv der Übertragung einzelner Gebäudeteile aus dem Heiligen Land mehrfach auf, wofür nur zwei der bekanntesten Beispiele angeführt seien.

Die *Scala Santa* in Rom

Von der *Scala Santa* neben dem Lateranpalast in Rom wird seit Jahrhunderten behauptet und geglaubt, sie bestehe aus jenen 28 Stufen vom Prätorium des Pilatus in Jerusalem, über die Jesus mehrmals hinauf- und hinuntergegangen ist und auf die nach der Geißelung Tropfen seines Blutes gefallen sind.[286] Die verehrungswürdigen Marmorblöcke seien – wie so viele andere Reliquien – durch die Kaiserin Helena nach Rom gebracht worden.

Im Mittelalter bildeten diese Stufen eine Treppe an der Nordseite des alten Lateranpalastes, nicht weit von der hochverehrten Reliquienkapelle *Sancta Sanctorum*. Seit dem Ende des 12. Jahrhunderts wurde diese Treppe in Dokumenten als „heilig" bezeichnet; als „Pilatustreppe" erwähnen sie die *Mirabilia Urbis Romae* und andere Quellen wohl erst seit dem 14. Jahrhundert. Es wurde die Vermutung geäußert, die Bezeichnung *Scala Pilati* sei eine volksfromme Umbildung oder Neuinterpretation des älteren Ausdrucks *Scala Palatii*[287].

Der mittelalterliche Lateranpalast war nach verschiedenen Bränden und Erdbeben zum Zeitpunkt der Rückkehr der Päpste aus Avignon so heruntergekommen, dass er als unbewohnbare Ruine bezeichnet wurde.[288] Eines der ersten Projekte des 1585 gewählten Papstes Sixtus V. war deshalb der Abbruch und Neubau des *Patriarchium Lateranense,* womit noch im selben Jahr begonnen wurde. Im März 1586 wurde beschlossen, den mittelalterlichen Palast nicht vollständig zu zerstören, sondern die im ersten Stock gelegene Kapelle *Sancta Sanctorum* an der originalen Stelle zu erhalten und die *Scala Santa* als Zugang an sie anzubauen. Da der neue Lateranpalast wesentlich kleiner wurde als sein Vorgänger, liegen die Kapelle

---

[286] Zur Legendentradition: J. M. Soresinus: De Scala Sancta. Rom 1672. – Caspare Bambi: Memorie Sacre della Cappella di Sancta Sanctorum e della Scala del Palazzo Pilato detta volgarmente La Scala Santa. Rom 1775. – Leonardo Mazzucconi: Memorie Storiche della Scala Santa. Rom 1840. – Stanislao Dell'Addolorata: La Cappella Papale di Sancta Sanctorum ed i suoi sacri tesori, l'imagine Acheropita e la Scala Santa. Grottaferrata 1919. – Achille Petrignani: Il Santuario della Scala Santa nelle sue successive trasformazioni, dalla sua origine ai recenti lavori compiuti per l'ampiamento della Cappella di S. Lorenzo (= Collezione Amici delle Catacombe 7). Città del Vaticano 1941. – Mario Cempanari und Tito Amodei: La Scala Santa (= Le chiese di Roma illustrate 72). Rom 1974.

[287] Philippe Lauer: Le palais de Latran. Etude historique et archéologique. Paris 1911, S. 185.

[288] Zur komplizierten Baugeschichte der *Scala Santa* s. Christopher C. L. C. Ewart Witcombe: Sixtus V and the *Scala Santa*. In: Journal of the Society of Architectural Historians 44, 1985, S. 368–379.

Sancta Sanctorum und die heilige Stiege seither als eigenes Gebäude neben dem Palastkomplex.

Die Treppe hatte bereits an ihrer ursprünglichen Stelle drei parallele Läufe, von denen der mittlere, die eigentliche *Scala Santa,* nur auf Knien betreten werden durfte. Nach mehreren Planwechseln und der Fertigstellung des architektonischen Gehäuses wurden die Marmorstufen im Oktober 1588 an ihre neue Stelle übertragen. Der mit der gesamten Neuordnung des Lateranpalastes beauftragte Architekt Domenico Fontana berichtet ausführlich über die Feierlichkeiten, mit denen die Übertragung während einer einzigen Nacht, unter den frommen Gesängen der Kanoniker von S. Giovanni in Laterano, vollendet wurde. Da man die Stufen nur auf Knien betreten durfte und da Fontana die ursprüngliche Reihenfolge der Steinblöcke nicht ändern wollte, trug man sie von oben kommend ab und baute sie an der neuen Stelle von unten arbeitend wieder ein, *„restando in tal modo la Scala Santa intatta e non contaminata dai piedi dei mortali "*[289].

Die Legende hat jene 28 Marmorblöcke – die nach Untersuchungen des 20. Jahrhunderts aus pentelischem Marmor[290] bestehen sollen, in der Sprache des Mittelalters also immerhin *ex oriente* kamen – zu Berührungsreliquien im eigentlichen Sinne werden lassen. Es ist bemerkenswert, dass der Ruhm der *Scala Santa* seit ihrer Versetzung den der Reliquienkapelle *Sancta Sanctorum,* zu der sie emporführt, bei weitem überstrahlt. Sicher, weil die Treppe physisch erlebt werden kann, während der Inhalt der Kapelle kaum zu erkennen und auch in Vergessenheit geraten war, bevor er 1905 weitgehend in die Vatikanischen Museen überführt wurde.[291]

Die gedrehten Säulen von St. Peter
Ähnlich verhält es sich mit den bekannten, in Alt- wie in Neu-St. Peter verwendeten gedrehten Marmorsäulen, den Vorbildern für Berninis bronzene Baldachinstützen[292]. Nach den Angaben des *Liber pontificalis* sind diese ehemals zwölf

---

[289] Domenico Fontana: Della Transportatione dell'Obelisco Vaticano et Delle Fabriche di Nostro Signore Papa Sisto V. Rom 1590 (gedruckt in Neapel 1604). Zit. nach: C. L. C. Ewart Witcombe, a. a. O., Anm. 36.

[290] Walter Schulten: Die Heilige Stiege auf dem Kreuzberg zu Bonn. Ein Beitrag zur Kunst- und Frömmigkeitsgeschichte der Barockzeit. Düsseldorf 1964, S. 113.

[291] Hartmann Grisar: Die römische Kapelle *Sancta Sanctorum* und ihr Schatz. Freiburg/B. 1908.

[292] Dass Bernini nicht der alleinige Schöpfer des Baldachins ist, vielmehr wesentliche Teile des Entwurfs auf Carlo Maderno und Francesco Borromini zurückgehen, wird seit einiger Zeit betont: Hans Kaufmann: Berninis Tabernakel. In: Münchner Jahrbuch 6, 1955, S. 366–374. – Heinrich Thelen: Zur Entstehungsgeschichte der Hochaltar-Architektur

monolithischen Marmorsäulen in zwei zeitlich weit auseinanderliegenden Schüben
nach Rom gelangt: Die ersten sechs ließ Konstantin der Große herbeischaffen, um
das Grab Petri in der neuerbauten Basilika zu schmücken: *„Et exornavit supra
columnis purphyreticis et alias columnas vitineas quas de Grecias perduxit. "* Sechs
weitere sehr ähnliche Säulen erhielt Papst Gregor III. (731–741) von Eutychios,
dem byzantinischen Exarchen zu Ravenna, als Geschenk.[293] Die Säulen dienten in
der konstantinischen Basilika als Schrein oder Schranke beim Grab Petri, und zwar
bis ins 16. Jahrhundert.

Für den Neubau von St. Peter empfand man sie wohl als zu klein, um sie wieder zu dem traditionellen Zweck zu verwenden, wollte sie als ehrwürdige Zeugen
großer Vergangenheit aber doch in der Kirche erhalten: Acht zieren seither die
Balkone der Vierungspfeiler, zwei flankieren den Franziskusaltar in der Sakra-
mentskapelle, eine – die sogenannte *Colonna Santa* – befindet sich heute nach
einigen Zwischenstationen im Schatzmuseum von St. Peter, und eine Säule gilt als
verschollen. Nach den Untersuchungen von Ward Perkins[294] sind die Säulen im
2. oder 3. Jahrhundert n. Chr. im östlichen Teil des Römischen Reiches aus griechischem Marmor hergestellt worden.

Die Legende, dass es sich bei diesen Säulen um Stücke aus dem Salomonischen Tempel zu Jerusalem handle, lässt sich erst seit dem 13. Jahrhundert nach-
weisen. Vorher scheint diese Vorstellung unbekannt gewesen zu sein: In keiner
der frühen Mirabilien-Sammlungen wird sie erwähnt, und noch im 12. Jahrhundert
vermutete ein römischer Autor, die Säulen stammten vom Apollotempel zu Tro-
ja.[295] Im 15. Jahrhundert war die Herkunft aus Jerusalem aber dann allgemeine
Meinung, und seit 1438 wies eine Inschrift an einer der Säulen darauf hin, dass
sich Jesus an sie gelehnt habe, als er im Tempel predigte. Zugleich wird der Pilger
belehrt, dass diese *Colonna Santa* Dämonen vertreibe und täglich viele Wunder
bewirke. Aus diesem Grunde ist sie besonders schlecht erhalten, weil sich viele
Pilger kleine Teile von ihr als Reliquien oder Andenken mitnahmen.

Filarete erwähnt 1464 im 8. Buch seines Architekturtraktats nicht ohne Skep-
sis, dass die Säulen, „wie manche sagen", aus Jerusalem kommen.[296] Durch die
angebliche Herkunft aus Jerusalem wurden die gedrehten und weinumrankten Säulen – lange vor der Entstehung des Bronzebaldachins – berühmt und dienten seit
dem 15. Jahrhundert in der bildenden Kunst als optische Abbreviation für den

---

von St. Peter in Rom. Berlin 1967. – Zum Spoliencharakter der gedrehten Marmorsäulen s. F. W. Deichmann: Die Spolien (wie Anm. 299), S. 9.

[293] Liber pontificalis (Ed. Louis Duchesne, 3 Bde., Paris 1955–57), Bd. I, S. 176, 194,
417, 422.

[294] John B. Ward Perkins: The Shrine of St. Peter and Its Twelve Spiral Columns. In: The
Journal of Roman Studies 42, 1952, S. 21–33.

[295] J. B. Ward Perkins, a. a. O., S. 24.

[296] Filarete: Trattato di architettura (wie Anm. 183), Bd. 1, S. 219.

Salomonischen Tempel. Nachdem Jean Fouquet um 1446 in Rom war, tauchten die Säulen in seinem „Stundenbuch des Etienne Chevalier"[297] und anderen Werken auf, und durch Raffaels Karton mit der „Heilung des Lahmen" von 1516 und die danach in Brüssel angefertigten Gobelins verbreitete sich das Motiv über ganz Europa.[298]

Exkurs: Material und Spolie

Gegenstände wie die im vorigen Kapitel behandelten „Materialreliquien" werden in der Sprache der Kunstwissenschaft üblicherweise als „Spolien" bezeichnet, so dass über den Zusammenhang von Spolie und Materialikonologie hier kurz zu sprechen ist. Der Spolienbegriff ist, trotz umfangreicher Literatur[299] zum Thema, in der Fachsprache nicht so eindeutig definiert, wie es auf den ersten Blick erscheinen mag:

1. Im weitesten Sinne wird unter „Spolie" jedes wiederverwendete Stück – vor allem Architekturteil – verstanden, unabhängig von der Art seiner Wiederverwendung, ob sichtbar oder verdeckt, ob umgearbeitet oder weitgehend original, und ohne auf die hinter der Wiederverwendung stehenden Motive oder Gründe abzuheben. In diesem Sinne ist also jedes wiederverwendete Material Spolie.

2. Meistens werden von Kunsthistorikern jedoch nur solche Stücke als „Spolien" bezeichnet, bei denen es für den Betrachter erkennbar ist, dass sie aus anderen Zusammenhängen stammen. Normalerweise handelt es sich hierbei um ornamentierte, beschriftete oder sonstwie bearbeitete Stücke, denn nur am Aussehen der Oberfläche lässt sich ja in der Regel die Tatsache der Wiederverwendung erkennen. Offensichtlich gibt es Fälle, bei denen die Spolien als solche erkenn-

---

[297] Claude Schaefer: Les Heures d'Etienne Chevalier de Jean Fouquet. Paris 1971, Taf. XXV. – Konrad Escher: Die *Columnae vitineae* in St. Peter in Rom im Werk eines französischen Künstlers. In: Monatsschrift für Kunstwissenschaft 2, 1909, S. 413–419.

[298] Hans-Wolfgang Schmidt: Die gewundene Säule in der Architekturtheorie von 1500–1800 (= Hochschulsammlung Ingenieurwissenschaft Architektur 1). Stuttgart 1978, bes. S. 47 ff.

[299] Max Wegner: Spolien-Miszellen aus Italien. In: FS für Martin Wackernagel. Köln, Graz 1958, S. 1–16. – Karl Noehles: Zur Wiederverwendung antiken Spolienmaterials an der Kathedrale von Sessa Aurunca. In: FS Max Wegner zum 60. Geburtstag. Münster 1962, S. 90–100. – Besonders nützlich: Arnold Esch: Spolien. Zur Wiederverwendung antiker Baustücke und Skulpturen im mittelalterlichen Italien. In: Archiv für Kulturgeschichte 51, 1969, S. 1–64. – Friedrich Wilhelm Deichmann: Die Spolien in der spätantiken Architektur (= Sitzungsberichte der Bayerischen Akademie der Wissenschaften, philos.-histor. Klasse, 1975, H. 6). – Francesco Venezia: Transfer und Transformation. Die Architektur der Spolien: Eine Kompositionstechnik. In: Daidalos 1985, Nr. 16, S. 92–104 (über Spolienverwendung bei einem Museumsbau von 1981 in Sizilien).

bar sein sollten und deshalb an auffälliger Stelle sorgfältig eingefügt wurden. In diesen Fällen könnte man von „absichtsvollen Spolien" sprechen[300].

3. Im engsten Sinne, der durch die Etymologie des Wortes immerhin nahegelegt wird, versteht man unter „Spolien" Beutestücke („Trophäen"), die dem besiegten Feind abgenommen und danach als Schmuck von Gebäuden, Plätzen oder Denkmälern des Siegers verwendet wurden, sei es zum Zeichen der Überwindung des Gegners, sei es, um etwas von dessen Legitimation auf sich zu übertragen.

Im frühen 16. Jahrhundert wurde der Begriff „Spolie" bereits im heutigen Sinne verwendet[301]. Auch Vasari[302] spricht von *spoglie* und *spogliare,* und durch ihn hat der Begriff wohl den Weg in die Sprache der Kunstwissenschaft gefunden[303]. Bei Vasari findet sich auch die seither immer wieder vertretene Auffassung, Spolien seien vor allem deshalb verwendet worden, weil die Zeitgenossen zu arm oder nicht mehr kunstfertig genug gewesen seien, um eigene Kunstwerke zu schaffen. Diese Erklärung wird von Archäologen wie Kunsthistorikern in jüngerer Zeit zunehmend skeptisch betrachtet. Zwar ist zuzugeben, dass in vielen, vielleicht sogar den meisten Fällen die Verwendung von Spolien eben die einfachste und billigste Lösung darstellte. Indes scheint es eine Reihe von Denkmälern zu geben, bei denen bewusst und sichtbar ältere Teile verwendet wurden, um etwas Bestimmtes auszusagen, z. B. an ehrwürdige Vorgängerbauten zu erinnern, das spoliierte Denkmal zu degradieren oder den Spolienerwerber aufzuwerten.

Im Rahmen dieser Arbeit ist die entscheidende Frage, ob für die absichtsvolle Verwendung von Spolien ausschließlich deren künstlerisch-handwerkliche Zurichtung, also ihre formale Erscheinung, den Ausschlag gab, oder ob es dabei auch um die Übertragung von Materie ging, sozusagen um „Aneignung", „Einverleibung" oder „Spolienmagie"[304].

---

[300] Der von F. W. Deichmann, a. a. O., S. 5 vorgeschlagene Ausdruck „bewußt ornamentale Wiederverwendung von Werkstücken" scheint mir zu eng.

[301] Francesco Albertini: Opusculum de mirabilibus novae et veteris urbis Romae. Rom 1510 (Ed. Peter Murray, Farnborough 1972): *„In ecclesia S. Petri est capella cum choro et pulcherrimis columnis porphir., spolia thermarum Domitiani. "*

[302] Giorgio Vasari: Le Vite (Ed. Paola Della Pergola u. a., Mailand 1962), Bd. I, S. 172 f. (Konstantinsbogen), S. 175 (S. Maria Maggiore), S. 176 (S. Donato/Arezzo), S. 178 (Säulen aus dem Hadriansgrab für St. Peter), S. 184 (Dom von Pisa), S. 169 (Kunstraub der Römer allgemein).

[303] Die Fachsprache bedient sich des Wortes aber anscheinend noch gar nicht so sehr lange: Das „Illustrirte Bau-Lexikon" von Oscar Mothes, 4. Aufl. 1884, hat das Stichwort „Spolie" noch nicht. In „Wasmuths Lexikon der Baukunst" von 1932 findet sich ein kurzer Artikel ohne eigentliche Erklärung. Seither hat das Thema immer größeres Interesse gefunden.

[304] A. Erler: *Lupa* (wie Anm. 97), S. 140.

112

Um diese Frage zu beantworten, können schriftlich überlieferte Spolien wichtiger sein als tatsächlich erhaltene. Hierbei ist es auffällig und sollte bei Überlegungen zum Spoliengebrauch zu denken geben, dass die Quellen zwar die Herkunft oft genau benennen, vor allem wenn der Herkunftsort ein gewisses Renommee besitzt, zur formalen Erscheinung der Stücke aber meist schweigen. Ähnlich wie bei den Reliquien kommt es bei den „absichtsvollen Spolien" nicht auf Schönheit, Form oder Größe an, sondern nur auf „Echtheit" und Ehrwürdigkeit.

Da für die Fragestellung dieser Arbeit die Motivation bei der Verwendung von Materialien im Vordergrund steht, soll hier das, was die Kunstwissenschaft unter dem Begriff „Spolie" subsumiert, unter verschiedenen Aspekten behandelt werden: Stammt das wiederverwendete Stück von einem „heiligen" Ort oder Gegenstand, so erscheint es im Kapitel über die „Materialreliquien". Die anderen Spolien werden, je nach ihrer ikonologischen Aussage, in den Kapiteln über „Materialien als topographische Verweise" oder „Materialien als historische Verweise" behandelt.

Zusammenfassend ist festzuhalten, dass das kunsthistorische Phänomen „Spolie" unter dem Aspekt der „Materialikonologie" durchaus eine wichtige Rolle spielt und hier nur aus Gründen der Systematik nicht in einem eigenen Kapitel, sondern in einem Exkurs abgehandelt wurde.

Materialien als topographische Verweise

Mit vielen Materialien verband oder verbindet sich die Vorstellung, dass sie aus einer bestimmten Weltgegend kommen oder dass ihre Verwendung für eine bestimmte Region typisch ist. Manche Materialien wurden oder werden nach ihrer Herkunft benannt: So heißt Kupfer *(aes Cuprium)* nach Zypern, Gagat[305] nach der lykischen Stadt Gágas, Türkis (seit dem Mittelalter) nach den Türken usw. Die in der römischen Kaiserzeit importierten Marmorsorten wurden fast alle toponymisch bezeichnet, etwa als *marmor Numidicum, marmor Phrygicum* oder *lapis Thebaicus.* Mit manchen Materialien wurde – obwohl sie in verschiedenen Weltgegenden vorkommen – zeitweise ein bestimmter Ort, ein Land oder eine Region assoziiert: mit Zedernholz der Libanon, mit Olivenholz der Ölberg und Jerusalem, mit Porphyr Ägypten, mit Travertin Rom, mit Bambus[306] der Ferne Osten usw.

---

[305] Plinius, NH 36, 141. – Zu Pilgerandenken aus Gagat von Santiago de Compostela s. Ausst. Kat. „Wallfahrt kennt keine Grenzen". München 1984, S. 144 f. – Zu Trauerschmuck aus Gagat s. Ausst. Kat. „Auf's Ohr geschaut" (wie Anm. 150), S. 55.

[306] Gillian Walkling: Antique Bamboo Furniture. London 1979.

Zunächst lassen sich Materialien topographisch nach den Kriterien „fremd oder heimisch" unterscheiden. Fremde Materialien übten lange Zeit – gerade wegen ihrer Exotik – einen besonderen Reiz aus. Da man von der weiten Reise wusste, die manches Material bis zu seiner Verwendung hinter sich hatte, konnte mit Hilfe dieser Materialien auf ferne Länder und Kulturen angespielt werden. Mittelalterlicher Wunderglaube, humanistischer Wissensdurst oder imperialistische Machtansprüche bedienten sich exotischer Materialien in Schatzkammern, Sammlungen oder Repräsentationsgebäuden. Interessanter als die Begeisterung für fremde Materialien ist in unserem Zusammenhang deren Ablehnung, die sich unter verschiedenen Voraussetzungen und Vorzeichen immer wieder beobachten lässt und für die hier einige Beispiele stehen sollen.

Die Herstellung von Kunstwerken, vor allem die Errichtung von Gebäuden, aus den in der näheren Umgebung vorhandenen Materialien war zu allen Zeiten das Billigste und Übliche. Schon Vitruv hatte dies – aus Gründen der Ökonomie und ganz ohne ideologische Hintergedanken – empfohlen.[307] Dass von dieser grundsätzlichen Regel aus Prestigegründen häufig abgewichen wurde, zeigt etwa der oben kurz behandelte Marmorluxus der römischen Kaiserzeit. Die Ablehnung der teuren Importmarmore durch die Vertreter altrömischer Tugenden dürfte in Rom mit einer moralischen Aufwertung „heimischer" Steinsorten, vor allem des *travertino* und des *peperino,* einhergegangen sein.

In nachantiker Zeit scheint der Gegensatz zwischen „fremden" und „heimischen" Materialien erst wieder seit der Romantik inhaltlich reflektiert worden zu sein. Einerseits wurden bestimmte, traditionell in einer Gegend verwendete Baumaterialien nun als „typisch" empfunden, sie sollten nicht durch „fremde" Baustoffe verdrängt, sondern beibehalten werden. Entscheidende Voraussetzungen für diese Forderungen waren der frühe „Tourismus" und die technische Möglichkeit, Baumaterialien über weitere Entfernungen überhaupt transportieren zu können („Materialtourismus").

Immer wieder wurden einzelne Materialien für besonders „vaterländisch" gehalten, wobei diese Titulierung bisweilen recht willkürlich wirkt. Vom Eisen, das um 1810 in Preußen in dieser Weise aufgewertet wurde, war oben schon die Rede.[308] In den skandinavischen Ländern wurde, wie die Untersuchungen Sixten Ringboms ergaben, das Bauen mit Naturstein, vor allem Granit, im Laufe des 19. Jahrhunderts zunehmend als national gepriesen.[309]

---

[307] Vitruv I, II, 8 (Ed. Carl Fensterbusch, Darmstadt 1964, S. 42 f.).

[308] S. 87 ff.

[309] Sixten Ringbom: Stone, Style and Truth. The Vogue for Natural Stone in Nordic Architecture 1880–1910. Helsinki 1987, bes. S. 46 ff.

Die „Semantik des Granits" bildet in diesem Zusammenhang ein bemerkenswertes Kapitel: Obwohl Granit fast überall auf der Welt vorkommt und dies auch bekannt war, wurde dieser Stein seit etwa 1790 in Deutschland als besonders „deutsch" empfunden. „Aus vaterländischem Granit"[310] sei der Sockel des Rostocker Blücher-Denkmals gebildet, schrieb etwa Goethe 1817. Besonders im rohstoffarmen Königreich Preußen erlangte der Granit seit 1820 nationale Bedeutung: Für die zwanzig Säulen in der Rotunde des Berliner Museums am Lustgarten hatte Schinkel ursprünglich stuckverkleideten Sandstein vorgesehen, um die Kosten niedrig zu halten. Nachdem der Architekt aber die Museen in Paris, London und Rom besucht hatte, schlug er dem König am 24. Oktober 1826 nachträglich monolithische Säulen aus poliertem Granit vor. Bezeichnend ist dabei vor allem Schinkels Begründung: Von diesem Material gebe es in den Steinbrüchen von Oderberg nur noch ganz wenige Blöcke in der benötigten Größe, weil für den Straßenbau „von Jahr zu Jahr mehr zerschlagen" werde. Bald könne man „von diesem vaterländischen Produkt für Monumente keine Anwendung mehr machen". Es scheine ihm daher höchst wünschenswert, „einem Hauptgebäude der Residenz, wie das Museum werden wird, einen so originellen und eigentümlichen Schmuck aus einem so schönen vaterländischen Material nicht zu versagen". Auch für die große Freitreppe des Museums empfahl Schinkel statt des geplanten Sandsteins Granit, wegen dessen Dauerhaftigkeit und weil Granit „als inländisches eigentümliches Material [...] an diesem Monumente wohl sehr an seinem Platze" wäre.[311] Im selben Jahr 1826, als Schinkel – übrigens vergeblich – diese Vorschläge machte, wurde die Sandstein-Fassade des Mausoleums der Königin Luise (Abb. 9) in Granit ersetzt[312] und die große Granitschale für das Berliner Museum (Abb. 19) in Auftrag gegeben.[313]

Auch in Bayern galt Granit damals bereits als ein besonders bodenständiges Material, wofür hier nur ein Beispiel stehen soll: Zu dem 1824 auf dem Domplatz zu Passau errichteten Denkmal für König Maximilian I. Joseph hat sich ein lithographierter Entwurf des Bildhauers Christian Jorhan d. J. erhalten.[314] Zum Denkmalsockel heißt es in den „erläuternden Bemerkungen": „Zu dem Piedestal so wie zu den Stufen, worauf dasselbe zu stehen koemmt, wurde der schoenste Granit, den die Urgebirge des Unterdonau-Kreises liefern, gewaehlt. Beide, – Statue und

---

[310] Hierzu ausführlicher S. 185 f.

[311] Paul Ortwin Rave: Karl Friedrich Schinkel – Berlin I (Bauten für die Kunst, Kirchen, Denkmalpflege). Berlin 1941, S. 48 f.

[312] Hierzu ausführlicher S. 186.

[313] Hierzu ausführlicher S. 187 f.

[314] Ausst. Kat. „Wittelsbach und Bayern". München 1980, Bd. III/1, S. 115 und Taf. 13.

Fußgestell, – trotzen durch ihre Anlage der Zeit, wie die treue Anhaenglichkeit der Baiern an ihr erlauchtes Regentenhaus. "[315]

Die Materialien Bronze und Granit werden hier zwar in erster Linie als Sinnbilder der Dauerhaftigkeit gedeutet, beim Granit ist aber noch ein lokaler Bezug hergestellt: Der Unterdonau-Kreis, in dem Passau liegt, gibt „sein" schönstes und ehrwürdigstes Material, um den Herrscher zu ehren. So wie die Bronzestatue fest auf dem Sockel aus heimischem Stein steht, so soll sich das Herrscherhaus auf sein treues Volk verlassen können.

Sockel von Granit wurden für Denkmäler des 19. Jahrhunderts fast zur Norm. Schon 1791 war bei einem Wettbewerb für das Berliner Denkmal Friedrichs des Großen vorgeschrieben worden, der Sockel müsse „nach Ihro Majestät höchst eigener Angabe aus den härtesten inländischen Steinen errichtet werden, welche sind Granit, Porphir und Basalt"[316].

Über das Stuttgarter Schillerdenkmal von 1839 schrieb das „Morgenblatt für gebildete Leser" kurz vor der Enthüllung: „Das Fußgestelle [...] besteht aus den beiden Hauptgesteinarten unseres Schwarzwaldgebirgs: die fünf Stufen mit Eckquadern aus rothem, eisenschüssigem, sehr harten Sandstein, das Piedestal selbst aus mächtigen Blöcken eines ziemlich glimmerreichen, in's Fleischrothe spielenden Granits."[317]

Großen Einfluß auf die deutsche „Granit-Ideologie" des 20. Jahrhunderts erlangten einige Bemerkungen in Julius Langbehns populärem, deutschnational-völkischem Traktat „Rembrandt als Erzieher" von 1890. Der Unterschied zwischen „Griechentum" und „Deutschtum" wird hier mit folgender Metapher umschrieben:

> *„Die Griechen hatten eine Kultur von Marmor, die Deutschen sollten eine solche von Granit haben. Der Granit ist ein nordischer und germanischer Stein; in dem ur- und reindeutschen Nordlande, Skandinavien, steht er in großen Felsmassen an; und über die ganze niederdeutsche Tiefebene ist er in erratischen Blöcken verbreitet. "*

---

[315] Nach den Angaben der KDB (Die Kunstdenkmäler des Königreiches Bayern) IV, Niederbayern, Bd. 3 (1919), S. 530, besteht der tatsächlich errichtete Sockel aus Kalkstein, was aber an der Programmatik des Entwurfs nichts ändert.

[316] Andreas Sommer: Gedenkbuch, enthaltend: Die Geschichte und Beschreibung des Friedrichs-Denkmals in Berlin, so wie die Darstellung der Grundsteinlegung am 1. Juni 1840 und der Enthüllung desselben am 31. Mai 1851. Berlin 1852. – Auch die Bedingungen des Wettbewerbs für ein Monument König Friedrich Wilhelm III. in Berlin (1860) forderten, die Reiterstatue müsse „auf einem mit Bildwerken geschmückten Piedestal von Bronce und Granit" stehen. Vgl. Ulrich Bischoff: Skulptur und Plastik (= Kunsttheorie und Kunstgeschichte des 19. Jahrhunderts in Deutschland 3). Stuttgart 1985, S. 79.

[317] Morgenblatt für gebildete Leser 33, 1839, Nr. 103 (30. April 1839). – Zu diesem Denkmal ausführlicher S. 153 f.

Auch der Topos von der Erzstatue auf dem Granitsockel wird von Langbehn für seine Zwecke benutzt und originell interpretiert:

„Die ungezählten Massen der deutschen Heersoldaten konnte man wohl dem granitnen Pflaster der deutschen Großstädte vergleichen, jeder fest zum andern gefügt und alle insgesamt undurchdringlich; die Erzstandbilder, welche sich zwischen ihnen auf granit-geschliffenem Sockel erheben, gleichen der echten deutschen Kunst, welche sich auf volkstümlichen Elementen aufbaut – nachdem sie durch Bildung geschliffen und so zu aristokratischer Würde erhoben sind."

Doch ist weniger die Kunst das Ziel dieser schwülstigen Materialmetaphorik, als vielmehr die politische Ideologie:

„Auch die Steine haben ihre Sprache; und auch sie predigen die Lehre, daß alle Bildung der Natur parallel gehen müsse. Stein und Scharnhorst, Bismarck und Moltke sind gewaltige erratische Blöcke, welche dem Deutschen Reiche zum politischen Fundamente dienten; auf ihm soll sich nunmehr der volkstümlich-künstlerische Unterbau von geschliffenem Granit erheben. Einer späteren Glanzzeit deutscher Bildung mag es dann vorbehalten sein, diesen mit neuen, schönen, ehernen Idealen zu bekrönen."[318]

Aber nicht nur der Granit konnte im 19. Jahrhundert durch den Hinweis auf seine Herkunft lokalpatriotisch oder national überhöht werden und hierdurch zur Bedeutsamkeit eines aus ihm gefertigten Kunstwerks beitragen. Als ein typisches Beispiel hierfür mag ein prunkvoller Tafelaufsatz im Historischen Museum Hannover stehen: Als S. K. H. Ernst August aus dem von Preußen entthronten hannoverschen Herrscherhaus 1903 im österreichischen Exil Silberne Hochzeit feierte, überreichten ihm einige welfentreue Bürger der nunmehr preußischen Provinz Hannover einen kostbaren silbernen Tafelaufsatz in Gestalt eines (Staats-)Schiffes mit reichem allegorischem Figurenprogramm.[319] Zur Erklärung der Allegorien erhielten die Jubilare eine handgeschriebene Widmung, in der unter anderem darauf hingewiesen wird, das Geschenk sei „aus Harzer Silber" gefertigt, aus jenem Stoff also, der lange Zeit den Reichtum der Landesherren gesichert hatte. „Ob dies nur in patriotischem Überschwang geschrieben wurde"[320], oder ob man tatsächlich auf die Herkunft des Silbers geachtet hatte, spielt in unserem Zusammenhang keine

---

[318] Julius Langbehn: Rembrandt als Erzieher. 76. Aufl. Weimar 1922, S. 277.

[319] Alheidis von Rohr: Historisches Museum Hannover. Tafelaufsatz von Karl Gundelach (hg. von der Kulturstiftung der Länder und der Landeshauptstadt Hannover). Hannover 1988.

[320] Ebd., S. 12.

entscheidende Rolle: Es zeigt die Intention der Auftraggeber und Schenker – und wurde von den Beschenkten vermutlich gern geglaubt und dankbar gewürdigt.

Besonders signifikant und populär wurde die Unterscheidung zwischen fremden und „heimischen" Materialien in der sogenannten „Heimatstil-" oder „Heimatkunst-Bewegung" nach 1900. In Aufrufen und Bekenntnisschriften, in theoretischen Betrachtungen und Wettbewerbsbedingungen wurde gefordert, Häuser und Brücken, Monumente und Grabmäler aus heimischem Material zu errichten. Es wäre interessant, zu untersuchen, warum Nagelfluh, Muschelkalk und Tuffstein in diesem Zusammenhang so besonders geschätzt wurden – vermutlich ist hierin eine Abwendung vom „klassischen" (bzw. „klassizistischen") Marmor zu erkennen, der ja auch in Deutschland reichlich vorhanden ist. Insgesamt richtete sich die Bevorzugung sogenannter „bodenständiger" Baustoffe aber weniger gegen die „klassischen" Werkstoffe, als gegen den als bedrohlich empfundenen „Internationalismus der modernen Architektur", als dessen – je nach Betrachterstandpunkt positiv oder negativ gesehene – Symbole Stahl, Glas und Beton galten[321]. Ausdrücke wie „Zementgebirge" oder „Asphaltwüste", mit denen damals die als seelenlos empfundenen Großstädte umschrieben wurden, bedienten und bedienen sich ja ebenfalls der Materialmetaphorik.[322]

Als ein Beleg für viele mag hier eine Bemerkung des Münchner Architekten Hans Grässel von 1907 stehen: „So ergibt sich auch allmählich das Bauen nach heimischer Art, mit heimischen Materialien und in heimischen Konstruktionen, also z. B. die Anwendung von Putzbauten, wo Haustein sehr schwer zu beschaffen ist."[323] Der Autor scheint hier zwar mit ökonomischer Zweckmäßigkeit zu argumentieren, der dahinter stehende Gedanke ist aber doch eher ein philosophisch-ideologischer, wie durch das dreimalige „heimisch" auch rhetorisch zum Ausdruck gebracht wird.

Streng genommen müsste man zwischen den Idealen der „Heimatkunst-Bewegung" und denen der „Deutschnationalen" unterscheiden, obwohl die Vertreter beider Richtungen oftmals dieselben Personen waren. Kam es den einen vor allem auf das lokale, eben „bodenständig" Material an, so postulierten die anderen „deutsche", „deutsch-volkstümliche" oder „germanische" Materialien, wobei, je

---

[321] Hierzu z. B. Paul Schultze-Naumburg: In: Hans Malberg: Erziehung zu deutscher Kunst. München 1936, S. 44: „Unser Ziel ist in der Baukunst stets das deutsche Haus, das deutsche Bauwerk und nicht die Fertigkeit, aus der Aneinanderreihung der Einheitszellen aus Blech und Glas das internationale Massenquartier zu fabrizieren."

[322] Zum Beispiel in: „Das Bauen im Neuen Reich" (wie Anm. 20), S. 9: „die Asphaltwüsten der Großstädte – engräumig, licht- und luftarm, seelenlose Wohnmaschinen, in denen der deutsche Mensch heimatlos wurde!" – Simone Wörner: Asphalt – Stoff der Großstadt. In: Thomas Hengartner und Johanna Rolshoven (Hg.): Technik-Kultur. Formen der Veralltäglichung von Technik – Technisches als Alltag. Zürich 1998, S. 121–139.

[323] Aufsatz „Natur und Baukunst". In: Volkskunst und Volkskunde 5, 1907, S. 16.

nach Autor und Gelegenheit, Holz oder Granit, Eiche oder Eisen als besonders „wesensgemäß" gerühmt wurden.

Eine bedeutende Rolle spielten die Überlegungen zu „deutschen Werkstoffen" dann bei den „völkischen" Kunsttheoretikern, die gelegentlich einen Zusammenhang zwischen Rasse – was immer sie darunter verstanden – und Material herstellten. Der Versuch Julius Langbehns, mit Hilfe von Material-Vergleichen den Unterschied zwischen „Griechentum" und „Deutschtum" zu charakterisieren, wurde, wie bereits geschildert, 1940 von dem Kunsthistoriker Alfred Stange wieder aufgenommen.[324]

Völkische Weihen erhielt der von Goethe als „vaterländisch" und von Langbehn als „deutsch" apostrophierte Granit seit 1900:

> *„In den Ländern des Südens finden wir den glänzenden Marmor; die Mutter Erde war darin so weise! Die blendende Sonne Italiens und Griechenlands macht eben eine so feine Ornamentation wünschenswert, wie sie sich bei der Struktur des dort bodenständigen Marmors erreichen läßt. Uns nordischen Völkern aber schenkte die so wunderbar dichtende Natur zu unsern wilden Stürmen, zu unserm einfachen, stolzen Gemüt den harten Granit und den grobkörnigen Sandstein. Wie frieren doch im Winter all diese fein detaillierten Marmorstatuen; [...] wie erdverwachsen aber wirken die kräftigen Rolandstatuen und die Bismarcktürme aus düsterem deutschen Gestein.* "[325]

Hier ließen sich noch viele literarische Belege anführen, doch soll stattdessen lieber betont werden, dass sich die für „national" oder „germanisch" erklärten Materialien in der „real existierenden" nationalsozialistischen Kunst keiner allzu großen Beliebtheit erfreuten. Schon Langbehns Äußerung zur „deutschen Granitkultur" war eher als Forderung denn als Beobachtung formuliert, und auch bei Stange finden sich Formulierungen, die zeigen, dass er sich durchaus bewusst war, welch geringe Rolle das Holz in der nationalsozialistischen Kunst spielte, die entgegen allen Beteuerungen eben doch gerade für ihre repräsentativen Werke die „undeutschen" Materialien Bronze und Marmor bevorzugte.[326]

Vor diesem Hintergrund sind einige Bemerkungen von Interesse, die sich in dem Buch „Der deutsche Marmor"[327] finden, das 1939 vom Bund Deutscher Marmorbruchbesitzer herausgegeben wurde: Mit Bedauern wird festgestellt, dass die

---

[324] A. Stange (wie Anm. 7), S. 15.

[325] Friedrich Seeßelberg: Volk und Kunst. Kulturgedanken. Berlin 1907, S. 13 f.

[326] Klaus Wolbert: Die Nackten und die Toten des „Dritten Reiches" (= Kunstwissenschaftliche Untersuchungen des Ulmer Vereins 12). Gießen 1982, S. 100–104: „Holz und Granit gegen Marmor und Bronze".

[327] Hans Friedrich Kopp: Der deutsche Marmor. München 1939, Zitate S. 3 und 5.

meisten Deutschen mit Marmor eher etwas Fremdländisches verbinden: Denn „wie auf vielen anderen Gebieten, so hat auch hier in den vergangenen Jahrzehnten die beinahe sprichwörtlich gewordene Sucht des Deutschen nach allem Fremdländischen ihre bedauerlichen Wirkungen gezeitigt. Je ‚exotischer‘ der Marmor, desto mehr wurde er vom Architekten und Käufer gesucht." Betont wird dagegen, Deutschland besitze „in den Schatzkammern seiner Heimaterde bei weitem mehr schönen und edlen Marmor, als allgemein bekannt ist". Durch ein „inneres Besinnen auf unsere völkische Eigenart ist die Verwendung heimischer Werkstoffe heute zumindest für alle in der Bauwirtschaft tätigen Menschen eine Selbstverständlichkeit geworden": „Einer der edelsten Baustoffe, der aus deutschem Boden gewonnen wird, ist der deutsche Marmor." Man sieht, dass die Einschätzung als „heimisch" auch stark von wirtschaftlichen Interessen geleitet werden kann.

Handelte es sich bei den zuletzt genannten Fällen um die Verwendung heimischer Materialien *in* der Heimat, so gibt es auch den Topos vom Material *aus* der Heimat, das, in der Fremde angewandt, an die Heimat erinnern soll. Die erwähnten, oft nur vorgeschobenen ökonomischen Begründungen kehren sich nun ins Gegenteil um: Obwohl es aufwendig und kostspielig ist, jene Materialien aus der Heimat zu exportieren, erfordert die hohe Aufgabe den Einsatz dieser Mittel. Die Schwierigkeit der Materialbeschaffung wird nun geradezu ein Teil der Aussage des Kunstwerkes.

Sowohl in der Russischen Kapelle des alten Weimarer Friedhofs (1860–62) als auch in derjenigen auf der Darmstädter Mathildenhöhe (1897–99) wird dem Besucher vom Aufsichtspersonal mündlich mitgeteilt, es sei vor den Baumaßnahmen Erde aus Russland geholt worden, damit die Kapellen tatsächlich auf russischer Erde stünden. In der einschlägigen Literatur[328] finden sich hierzu kaum Andeutungen, so dass fraglich erscheint, ob es sich um eine historische Tatsache handelt, die nur von der Literatur für nicht beachtenswert gehalten wird, oder ob ein eher legendärer, nur mündlich tradierter Erzähltopos vorliegt. Das Mitnehmen von „heimischer Erde" in die Fremde, vor allem ins Exil, ist ein weitverbreitetes Mo-

---

[328] Weimar: Bau- und Kunst-Denkmäler Thüringens. Großherzogthum Sachsen-Weimar-Eisenach. Bd. 1, Jena 1893, S. 366. – Hartmut Mai und Johanna Flemming: Die russischen orthodoxen Kirchen in Potsdam, Weimar, Dresden und Leipzig (= Das christliche Denkmal 119). Berlin 1983, S. 9–15. – Darmstadt: Manfred Knodt: Russische Kapelle St. Maria Magdalena Darmstadt (= Kleine Kunstführer 1174). München, Zürich 1981. – Nikolaus Thon: Russische Sakralbauten im Ausland. Die russischen Kirchenbauten in Deutschland. In: Hermeneia. Zeitschrift für ostkirchliche Kunst 5, 1989, S. 14–29, bes. S. 18 (erwähnt, dass sowohl die Erde als auch die Baumaterialien der Kapelle aus Russland stammen sollen).

tiv, das auch noch nach dem Zweiten Weltkrieg bei den deutschen Heimatvetriebenen eine Rolle spielte.[329]

Am 16. August 1911 enthüllte ein deutsches Regiment in Lothringen ein Denkmal zur Erinnerung an die 1870 hier gefallenen Deutschen. Man hatte einen Findling – damals ein beliebtes Element bei Kriegerdenkmälern – „als Symbol der Heimat aus dem Odenwald"[330] zum Ort des Gedenkens transportiert. Hier sollte das Material Granit die „Standfestigkeit des Gedächtnisses", die Herkunft des Steins aber die Heimatverbundenheit zum Ausdruck bringen. Form, Material und Herkunft des Steins trugen etwa gleich viel zur Aussage dieses Denkmals bei.

Verweis auf einen bestimmten Ort

Importierte Materialien können auf die Orte oder Gegenden ihrer Herkunft verweisen, wenn diese bekannt waren oder sind. Materialien von „heiligen" Orten wurden oben schon als „Materialreliquien" bezeichnet und behandelt, hier soll es nur um die Herkunft von profanen Stätten gehen.

Das schon unter den Herrschern des Alten Reiches (Mykerinos) für Statuen und Reliefs sehr geschätzte Sedimentgestein von Wadi Hammamat, die von den Ägyptern *bekhen* genannte Grauwacke,[331] wurde seit augusteischer Zeit nach Rom transportiert und dort vielfach verarbeitet. Plinius, der den Stein mit dem griechischen Namen *basanites* bezeichnete, bemerkte zu Recht, man finde ihn nicht in allzu großen Blöcken; aus dem größten bekannten Block aber sei zur Zeit Vespasians eine Statue des Nil mit sechzehn Kindern gemeißelt worden.[332] Es dürfte kein Zufall gewesen sein, dass man aus dem größten Exemplar dieses ägyptischen Steins ein Kunstwerk mit ägyptischem Thema herstellte. Allerdings wurden aus Grauwacke auch Skulpturen und Gegenstände gefertigt, die keinerlei Zusammenhang mit Ägypten aufweisen.

Auch bei den römischen Statuen, mit denen der sogenannte *Kanopus* der Villa Hadriana geschmückt war, glaubte man, eine gewisse Tendenz bei der Materialwahl feststellen zu können: Die Gestalten der griechischen Mythologie bestünden aus pentelischem oder parischem Marmor, die ägyptisierenden Figuren aus ägyti

---

[329] Albert Becker: Heimatboden und Mutter Erde. In: Blätter zur bayerischen Volkskunde 11, 1927, S. 19–24. – Handwörterbuch des Deutschen Aberglaubens, Bd. II (1929), Sp. 905 f. – Josef Hanika: Heimatverlust und Totenehrung. In: Bayerisches Jahrbuch für Volkskunde 1955, S. 129–140. – Georg R. Schroubek: Wallfahrt und Heimatverlust. Ein Beitrag zur religiösen Volkskunde der Gegenwart. Marburg 1968, S. 281–283.

[330] Meinhold Lurz: Kriegerdenkmäler in Deutschland. Bd. 2, Heidelberg 1985, S. 253.

[331] Raniero Gnoli: *Marmora Romana*. Rom 1971, S. 88–93 (mit Lit.).

[332] Plinius, NH 36, 58. Eine Statue also, die, wie der „Nil" in den Vatikanischen Museen, auf ein alexandrinisches Vorbild aus ptolemäischer Zeit zurückgeht.

schem Granit, der Flußgott Tiber (allerdings auch der Nil) aus carrarischem Marmor.[333] Die gewählten Steinsorten wären demnach also – durch ihre Herkunft – Teil der Aussage des Skulpturenprogramms.

Im Jahre 91 v. Chr. stiftete König Bocchus I. von Mauretanien ein Siegesdenkmal auf das römische Kapitol, das programmatisch für den Führungsanspruch von L. Cornelius Sulla werben sollte. Es bestand nach Plutarchs Beschreibung aus einer Gruppe goldener Statuen, welche die Auslieferung des durch Bocchus gefangengenommenen Numiderkönigs Iugurtha an Sulla darstellte. Als Basis diente der Figurengruppe ein Sockel aus großen Blöcken dunkelgrauen Steins. Dieser „ungewöhnliche, in Rom sonst nie gesehene Marmor stammte wahrscheinlich aus den Steinbrüchen der numidischen Stadt Thala, einem der Hauptsitze Iugurthas. Die monumentale Darstellung der Gefangennahme des feindlichen Königs erfolgte also auch in Rom gewissermaßen auf dessen eigenem Territorium. In dem einzigartigen Stein, der sowohl als exotisches ‚Beutestück‘ wie als fremdländische Schaubühne dem sensationshungrigen römischen Publikum so recht entgegen gekommen sein muß, verkörperte sich unmittelbar die völlige Unterwerfung des Numiderreiches durch Sulla, dem nicht nur der Herrscher, sondern sogar das Barbarenland selbst besiegt zu Füßen lag.“[334]

Ein Beispiel aus karolingischer Zeit könnte die Grabplatte Papst Hadrians I. (gest. 795) in der Vorhalle der Peterskirche zu Rom sein. Diese 220 cm × 117 cm große Inschriftenplatte wurde in Aachen aus heimischem schwarzen Marmor geschaffen und dann durch Karl den Großen nach Rom übertragen[335] – sollte es sich hier um eine dankbare Reaktion auf die Säulen und Marmore handeln, die Karl mit Genehmigung dieses Papstes aus Rom und Ravenna für seine Palastkapelle in Aachen (Abb. 8) importieren durfte?

---

[333] So jedenfalls Balázs Kapossy: Zwei Anlagen der Villa Hadriana. In: Gymnasium 74, 1967, S. 34–45 (S. 40). – Nach R. Gnoli, a. a. O., S. 165 f. sind die ägyptisierenden Figuren der Villa Hadriana aus *bigio morato* vom griechischen Kap Tainaron, den die römischen *marmorari* aber gerade wegen dieser Figuren auch als *bianco e nero d'Egitto* bezeichneten. Das Krokodil des *Kanopus* ist nach R. Gnoli, a. a. O., S. 155 aus *cipollino,* also aus Marmor von Karystos/Euböa.

[334] Rolf Michael Schneider: Bunte Barbaren. Orientalenstatuen aus farbigem Marmor in der römischen Repräsentationskunst. Worms 1986, S. 145 f. – Schneider deutet an, dass die Wahl des dunkelgrauen Marmors sogar konkret auf die Einnahme der Stadt Thala durch Q. Caecilius Metellus im Jahre 107 v. Chr. und damit auf die Tradition optimatischer Erfolge in Afrika anspielen sollte. – Vgl. Ausst. Kat. „Die Numider“. Bonn 1979, S. 243 ff.

[335] Johannes Ramackers: Die Werkstattheimat der Grabplatte Papst Hadrians I. In: Römische Quartalschrift für christliche Altertumskunde und Kirchengeschichte 59, 1964, S. 36–78. – Ramackers bezieht dieses Argument nicht in seine Überlegungen mit ein. – Abb. der Grabplatte bei Wolfgang Braunfels (Hg.): Karl der Große. Lebenswerk und Nachleben. Düsseldorf 1965, Bd. 3, S. 296.

122

Gelegentlich werden in Kunstwerke verschiedene, von weither zusammengesuchte Materialien eingefügt, um dem Kunstwerk eine zusätzliche Bedeutung zu geben.

Das Tschechische Nationaltheater in Prag war und ist für das tschechische Volk ein wichtiges Symbol der nationalen und kulturellen Eigenständigkeit. Aus Anlass der feierlichen Grundsteinlegung bewegte sich am 16. Mai 1868 ein großer Festzug durch die Stadt zum Bauplatz, Vertreter der Zünfte in Nationaltracht, 1500 Studenten, Politiker und Honoratioren verliehen dem Ereignis nationalen Glanz. Aus ganz Böhmen und Mähren waren über zwanzig verschiedenartige Steine herangebracht worden, die sichtbar als Grundsteine eingemauert wurden und noch heute im Kellergeschoß des Theaters zu sehen sind. Es handelt sich um Teile von Gebäuden, aber auch um Naturbrocken, die mit den Namen ihrer Herkunftsorte beschriftet wurden, um die Zusammengehörigkeit des tschechischen Volkes in den Grundvesten dieses Nationaldenkmals zu symbolisieren.[336]

Als weiteres Beispiel mag der 1923 durch Raymond Hood und John Mead Howells errichtete *Chicago Tribune Tower* dienen.[337] An der Außenseite des Sockelgeschoßes dieses berühmten Hochhauses wurden Steine eingemauert, die durch Inschriften bezeichnet sind und auf sämtliche Bundesstaaten der USA verweisen. Hinzu kommen noch etwa 70 Fragmente von berühmten Gebäuden der Welt, etwa von der *Westminster Abbey,* dem Kölner Dom, dem *Arc de Triomphe,* der heiligen Pforte von St. Peter in Rom oder dem indischen *Taj Mahal.* Mit dieser Ansammlung von „profanen Reliquien" sollte auf die weltweite Wirkung der Presse angespielt werden. Das im Stil des *Gothic revival* errichtete Gebäude „ruhte gewissermaßen auf den wichtigsten Baudenkmälern der Menschheit"[338].

Beim 1929/30 errichteten Lenin-Mausoleum auf dem Roten Platz in Moskau soll das Steinmaterial bewusst aus allen Teilen Russlands zusammengeholt worden sein, um das Gebäude zu einem gesamtrussischen Denkmal aufzuwerten.[339]

---

[336] Josef Sneidar u. a.: Národní Divadlo. Prag 1987, S. 151–155 (Abb. 156 zeigt eine Landkarte mit den Herkunftsorten der Steine). Ähnliche Materialverweise finden sich im Prager Nationalmuseum.

[337] Ira J. Bach: Chicago on Foot. Walking Tours of Chicago's Architecture. Chicago, New York, San Francisco 1979, S. 80. – Hanno-Walter Kruft: *Das schönste Bürohaus der Welt.* Der internationale Wettbewerb für den Chicago Tribune Tower (1922). In: Pantheon 39, 1981, S. 76–89. – Ausst. Kat. „Raymond Hood". Institute for Architecture and Urban Studies. New York 1982, S. 102 f. (mit weiterer Lit.).

[338] H.-W. Kruft, a. a. O., S. 86. – Ein vollständiges Verzeichnis der Steine findet sich in der 1968 von der *Chicago Tribune* herausgegebenen Broschüre *The Story of the Tower.*

[339] Ich fand den Hinweis bei: Richard H. L. Hamann-Mac Lean: Antikenstudium in der Kunst des Mittelalters. In: Marburger Jahrbuch 15, 1949/50, S. 157–250 (S. 162), allerdings ohne Quellenangabe. – Der Architekt, Alexei Wiktorowitsch Stschussew (1873–1949), schrieb 1937: „Das Mausoleum sollte aus rotem, grauem und schwarzem

Noch 1975 hat die Gebirgsjäger-Kameradschaft der Garnison Sonthofen im Allgäu an einem bereits bestehenden „Ehrenmal" eine Gedenkmauer errichtet, in die Steine aus den verschiedenen Ländern eingefügt wurden, in denen die Gebirgsjäger im Ersten und Zweiten Weltkrieg gekämpft hatten – bis aus Norwegen und dem Kaukasus sollen Steine geholt worden sein[340].

Mit diesem letzten Beispiel ist der Bereich dessen, was wir „Kunst" zu nennen pflegen, zwar deutlich verlassen, doch finden sich vergleichbare Phänomene durchaus auch in der sogenannten „hohen Kunst".

Als Beispiel mag Max Klingers Beethoven-Statue dienen (Abb. 12). Nach eigener Aussage arbeitete er seit 1885 an den Entwürfen, ohne hierfür einen Auftrag erhalten zu haben. 1902 – zum 75. Todestag des Komponisten – stellte er sein Werk erstmals in Berlin der Öffentlichkeit vor und erregte ziemliches Aufsehen.[341] Nackt, titanisch, wie Zeus über den Wolken thronend und im Farb- und Materialprunk antiker Kultbilder, brach dieser Koloss mit der bis dahin etablierten Ikonographie der Beethoven-Denkmäler.[342]

Noch im Jahr der Vollendung der Statue publizierte die Lebensgefährtin und vertraute Deuterin des Meisters, Elsa Asenijeff, eine literarische Beschreibung, die zwar einerseits „eine kunst-technische Studie" (so der Untertitel), andererseits

---

Labrador erbaut werden, mit einer Deckplatte aus rotem karelischen Porphyr auf Säulen aus verschiedenartigen Granitsteinen. [...] Für die Wände des Hauptraumes im Inneren wurde grauer und schwarzer Labrador, vertikale Pilaster aus rotem Porphyr und rote Intarsien aus leuchtend roter Schmälte verwendet." (zit. nach: Kyrill N. Afanasjew: Das Leninmausoleum. In: Zwanzig Jahre VEB Verlag der Kunst Dresden, 1972, S. 277–283, hier S. 280). Hier wird die von Hamann-Mac Lean behauptete Symbolik also nicht bestätigt.

[340] Martin Bach: Studien zur Geschichte des deutschen Kriegerdenkmals in Westfalen und Lippe (= Europäische Hochschulschriften, Reihe 28, Nr. 43). Frankfurt am Main, Bern 1985, S. 254.

[341] Paul Schumann: Max Klingers Beethoven, ausgestellt bei Keller & Reiner Berlin. Leipzig 1902, S. 4: „Vielleicht mag es zunächst als ein äußerlicher Gedanke erscheinen, der Verehrung für einen der größten Menschen, den die Erde hervorgebracht hat, auch durch die kostbarsten Stoffe Ausdruck zu geben; wenn indessen der innere Gehalt eines Kunstwerkes so über Stoff und Form herrscht, wie bei Klingers Beethoven, so wird man sich nur freuen, daß dem edelsten Kunstzweck auch die kostbarsten Stoffe dienstbar gemacht worden sind." – Eher kritisch: Heinrich Bulle: Klingers Beethoven und die farbige Plastik der Griechen. München 1903. – Positiver: Alfred Lichtwark: Klingers Beethoven. In: Jahrbuch der bildenden Kunst 2, 1903, S. 41 f. – Äußerst kritisch dann 1906 Th. Lipps (wie Anm. 23), S. 156; und Willy Pastor: Max Klinger. Berlin 1919, S. 161 ff.

[342] Josef Adolf Schmoll gen. Eisenwerth: Zur Geschichte des Beethoven-Denkmals. In: Saarbrücker Studien zur Musikwissenschaft 1 (Zum 70. Geburtstag von Joseph Müller-Blattau). Basel u. a. 1966, S. 242–277.

Abb. 12: Max Klinger, Beethoven-Statue, Leipzig, 1885–1902

aber eine hymnische Würdigung und Interpretation darstellt.[343] Die Autorin begeistert sich für die Vielfalt und Kostbarkeit der Materialien, die der Meister verwendet hat:

> *„Edelstes Material unterstützt die Komposition. [...] Der Körper Beethovens ist aus griechischem Inselmarmor. Tiroler Onyx bildet das Gewand. Pyrenäischer Marmor wurde zum Fels und zum Adler verwendet. Die Engelsköpfe sind aus vollem, ungestücktem Elfenbein. Als Hintergrund zu denselben dienten echte Opale; zu den Schwingen wurden Achate, Jaspis und geschliffene antike Glasflüsse verwendet. Der Thron, sowie die Krallen des Adlers sind aus Erz."*

Zwar ist es nicht *expressis verbis* ausgesprochen, aber sicher gemeint: Der Leib aus dem weißen Marmor der griechischen Götter: Beethoven als Olympier, worauf ja auch die ganze Komposition anspielt; das Gewand aus tirolischem Onyx: Öster-

---

[343] Elsa Asenijeff: Max Klingers Beethoven. Eine kunst-technische Studie. Leipzig o. J. (1902). Die Zitate auf S. 4 f., 9, 14.

reich als die Wirkungsstätte des Gefeierten; der Fels und der Adler aus fernem Gebirge: Doch der Titan steht höher, kaum dem Adler erreichbar!

Um den Wert des Ganzen noch zu steigern, wird die Seltenheit der edlen Steinsorten betont: „So ist der tief fliederviolette Pyrenäenmarmor, aus dem die Wolke geschnitten wurde, [...] sehr selten. Seit 20 Jahren ist kein ähnlich farbiges Stück gefunden worden." Die Einmaligkeit des Materials soll die Einmaligkeit des Dargestellten unterstreichen. Geschildert wird, wie Klinger die kostbaren Steine „aus allen Enden Europas" zusammenholte, ja die Marmorblöcke selbst entdeckte und auswählte: Nicht etwa bei Marmorhändlern oder in Steinbrüchen, sondern in den entlegensten Gebieten, etwa auf der Kykladeninsel Syros:

> *„Auf steilen Höhen, nach stundenlangem Maultierritt über die Berge, erreicht man jenen Gipfel. Von oben ist nichts ersichtlich, als in blauen Tiefen das Meer. Dort, wo die Sonne im Untergehen ihren letzten Schein voll und schwer wie goldnen Segen hinlegt, ist die Stelle, aus welcher der Stein herausgehoben wurde."*

Auch der schwarze Marmor des Adlers und der „gewitterwolkenfarbige", auf dem der Thron steht, beide aus den Pyrenäen stammend, wurden „gleichfalls vom Meister selbst gesucht."

Das Material des Throns wird hymnisch interpretiert: „Droben aber steht ein Thron aus Erz. Ehern wie die Zeit. Ein Thron der Ideen. [...] Nicht mehr der Mensch Beethoven ist es, sondern ein thronender Genius, entkleidet jeder Zeitmomente."

Es ist offensichtlich: Weniger die farblichen oder physikalisch-technischen Eigenschaften der Materialien sind ausschlaggebend, sondern ihr „heroischer" Charakter, ihre tradierten oder neuen Konnotationen, ihre mühsame Gewinnung und die Tatsache, dass „ganz Europa" seinen Beitrag zu diesem „Kultbild" geleistet hat.

Materialien als historische Verweise

In bestimmten Zusammenhängen können Materialien auf vergangene historische Epochen verweisen, sei es, dass bewusst Teile älterer Bauten oder Kunstwerke in neue Zusammenhänge übernommen werden, sei es, dass bestimmte Werkstoffe durch die Tradition ihres Gebrauchs eigene Geschichtlichkeit erlangt haben.

Heraion von Olympia

Bei dem um 600 v. Chr. erbauten Heratempel zu Olympia waren Säulen und Gebälk zunächst aus Eichenholz. In den folgenden Jahrhunderten wurden die Holzsäulen nach und nach durch steinerne ersetzt, was noch heute an deren Formenvielfalt zu erkennen ist. Offensichtlich wollte man aber die letzte der Holzsäulen als historisches Zeugnis – oder wahrscheinlicher: als „Baureliquie" – erhalten: Sie wurde noch im 2. Jahrhundert n. Chr. von Pausanias gesehen und beschrieben.[344] Lassen sich für das sukzessive Ersetzen der altertümlichen Holzsäulen durch steinerne, neben ästhetischen und Prestige-Gründen, immerhin noch praktische, etwa der Statik oder der Haltbarkeit, annehmen, so sollte das Beibehalten der letzten hölzernen Säule zweifellos auf das ehrwürdige Alter des Heraions, auf die Zeit, als man noch Tempel aus Lehm und Holz errichtete, verweisen. Das ehemals „normale" Material ist durch die fortschreitende Entwicklung zum auffälligen, schützenswerten „Relikt", ja zur „Reliquie" geworden.

Ehrwürdige Unantastbarkeit älterer Bauteile ist besonders eindrucksvoll auf der Athener Akropolis zu beobachten, wo die Propyläen des Mnesikles – vermutlich auf Betreiben konservativer Kreise – die Überreste der mykenischen Burgmauer, das sogenannte *Pelárgikon,* berücksichtigen mussten, obwohl hierdurch die Symmetrie des großzügig geplanten Baues empfindlich gestört blieb.[345]

Witigowosäule in Mittelzell

Das bewusste Beibehalten oder sogar Sichtbarlassen älterer Teile eines Gebäudes war auch dem Mittelalter nicht fremd. Als beliebiges Beispiel hierfür mag die sogenannte Witigowosäule im Marienmünster zu Reichenau-Mittelzell stehen, die wohl kurz vor 1048 an auffälliger Stelle zwischen dem Südraum des Westquerhauses und dem südlichen Seitenschiff eingefügt wurde. Aufgrund ihrer sehr altertümlichen Formen wurde vermutet, sie stamme aus einem Vorgängerbau, nach neueren Überlegungen[346] allerdings nicht aus der Zeit Witigowos, sondern aus dem

---

[344] Pausanias: Beschreibung Griechenlands V, 16, 1 (Ed. Ernst Meyer, Zürich 1954, S. 266).

[345] Etwa in diesem Sinne: Rhys Carpenter: Die Erbauer des Parthenon. München 1970, S. 89 f. und Burkhardt Wesenberg: Die Propyläen der Akropolis in Athen. In: Jörg Träger (Hg.): Kunst in Hauptwerken. Vortragsreihe der Universität Regensburg. Regensburg 1988, S. 9–57, bes. S. 22. – Anderer Meinung: John Travlos: Bildlexikon zur Topographie des antiken Athen. Tübingen 1971, S. 482.

[346] Wolfgang Erdmann und Alfons Zettler: Zur karolingischen und ottonischen Baugeschichte des Marienmünsters zu Reichenau-Mittelzell. In: Helmut Maurer (Hg.): Die Abtei Reichenau. Sigmaringen 1974, S. 481–522, bes. S. 501 f., Anm. 155.

karolingischen Bau Abt Heitos I. (806–823). Gerade die auffällige Position dieser Säule macht es sehr wahrscheinlich, dass mit ihrer Wiederverwendung – oder Beibehaltung? – ein Stück des Vorgängerbaues in den Neubau überführt und dort sichtbar integriert werden sollte.

Günter Bandmann[347] hat in diesem Zusammenhang von „Baureliquien" gesprochen, und in der Tat ist das Beibehalten älterer Gebäudeteile in Nachfolgebauten, soweit nicht rein technisch oder ökonomisch bedingt, mit der Verehrung von Reliquien zu vergleichen. Dies ist offensichtlich auch im Mittelalter bereits so empfunden worden.

Saint-Denis

Obwohl Abt Suger fast die gesamte karolingische Abteikirche von Saint-Denis abgebrochen und durch seinen prachtvollen Neubau ersetzt hatte, betonte er in seiner Schrift *De consecratione ecclesiae Sancti Dionysii,* er habe von der alten Kirche, die nach der Lokaltradition durch Christus selbst geweiht worden war, *„ipsis sacratis lapidibus tanquam reliquiis",* die geheiligten Steine also wie Reliquien behandelt.[348] Suger unterlegte der bautechnischen und ökonomischen Selbstverständlichkeit, vorhandenes Baumaterial oder Mauerwerk möglichst weitgehend wiederzuverwenden, einen tieferen Sinn, nicht zuletzt, um den Kritikern seiner rücksichtslosen Prachtentfaltung den Wind aus den Segeln zu nehmen.

Verweis auf historische Epochen

Spolien aus historisch bedeutenden Zusammenhängen oder traditionsreiche Materialien können an historische Epochen oder Situationen erinnern – und bei einigen der berühmtesten „Spolienanhäufungen" ist dies vermutlich auch beabsichtigt gewesen.

Konstantinsbogen

Der im Jahre 315 eingeweihte, fast ausschließlich aus Spolien bestehende Konstantinsbogen zu Rom[349] (Abb. 13) gilt als eines der frühesten Beispiele für „absichtsvolle Spolienverwendung". Zwar wurden viele der Marmorblöcke so bearbeitet oder in solcher Weise versetzt, dass man ihre ursprünglichen Profile, In-

---

[347] Günter Bandmann: Mittelalterliche Architektur als Bedeutungsträger. Berlin 1951, S. 145.

[348] E. Panofsky: Abbot Suger (wie Anm. 42), S. 100.

[349] F. W. Deichmann: Die Spolien (wie Anm. 299) betont, dass der Brauch der sichtbaren Spolienverwendung vor der Spätantike nicht feststellbar ist.

128

Abb. 13: Rom, Konstantinsbogen, Nordfassade, 315

schriften oder Zurichtungen nicht mehr sehen, ihren Spoliencharakter also kaum erkennen konnte. Doch stammen gerade die augenfälligsten Teile der Bauornamentik sowie die meisten Reliefs und Skulpturen von älteren Denkmälern. Es ist schwer zu entscheiden, inwieweit dies auch für den zeitgenössischen Betrachter erkennbar war. Da jedoch die spoliierten Denkmäler – wenn auch vielleicht in ruinösem Zustand – noch bis zu ihrer Beraubung aufrecht gestanden haben dürften,[350] war der Zusammenhang zwischen dem Verschwinden der älteren Denkmäler und ihrem teilweisen Wiederauftauchen am neuen Ehrenbogen auch für die Zeitgenossen evident.

In der älteren Literatur wurde die Spolienverwendung überhaupt und speziell am Konstantinsbogen meist negativ, lediglich als Folge der gebotenen Eile, des Geldmangels oder des Niedergangs der Bildhauerkunst im 4. Jahrhundert n. Chr.

---

[350] Heinz Kähler: Die Gebälke des Konstantinsbogens. Heidelberg 1953, S. 10. – F. W. Deichmann, a. a. O., S. 6, Anm. 10.

interpretiert.[351] In den letzten Jahrzehnten hingegen nahm man gelegentlich tiefergehende Gründe und Absichten für dieses Anhäufen von Spolien an.[352] Jedenfalls ist zu bedenken, dass es sich beim Konstantinsbogen „nicht um ein beliebiges Ehrenmal handelte, sondern um das Monument für den Kaiser, errichtet nach dem Siege, der ihn zum Alleinherrscher im Westen gemacht und mit dem er nicht zuletzt auch die Stadt Rom unterworfen hatte. Es war eine Ehrung also, die sicherlich zugleich die tiefste Ergebenheit des Senats gegenüber dem neuen Allgewaltigen zum Ausdruck bringen sollte. Der Senat musste dessen gewiss sein, dass in den Augen nicht nur des Kaisers, sondern auch des Volkes die umfangreiche Wiederverwendung von Reliefs und Werkstücken nicht eine Schmälerung der Ehrung darstellte, ‚die Billigkeit‘, das Monument zu erstellen, nicht als seinen Wert herabmindernd angesehen würde."[353]

Zu dem Argument des Darniederliegens der Bildhauerkunst im 4. Jahrhundert ließe sich immerhin fragen, ob die eigens für den Bogen geschaffenen konstantinischen Reliefs, also die Friese mit den historischen Darstellungen, tatsächlich als qualitativ so weit unter den älteren Reliefs stehend empfunden wurden, denn das würde ja bedeuten, dass gerade die Taten dessen, dem das Monument errichtet wurde, in künstlerisch schwacher Weise verewigt worden wären.

Es ist erwägenswert, ob nicht durch die traianischen, hadrianischen und aurelianischen Bildhauerarbeiten auf ein vergangenes *saeculum aureum* angespielt und Konstantin in eine Reihe mit diesen großen Kaisern gestellt werden sollte.[354] Vielleicht wollte man sogar durch die von älteren Gebäuden übernommenen bildhauerischen Arbeiten, ja durch das gesamte „klassische" Baumaterial des Bogens, die Würde und *auctoritas* des Kaisers betonen oder gar eine Degradierung jener Herrscher ausdrücken, deren Denkmäler für den *arcus novus* beraubt, eben spoliiert, wurden.

Es ist zu betonen, dass „ideologische" oder „symbolische" Motive nicht bei jeder Spolienverwendung vermutet werden sollten. Sie können aber doch mit einer gewissen Wahrscheinlichkeit bei solchen Auftraggebern vorausgesetzt werden, die an *renovatio, legitimatio* oder ähnlichen historischen Rückverweisen interessiert waren, zumal dann, wenn die Tatsache der Spolienverwendung optisch nicht verschwiegen oder verschleiert, sondern im Gegenteil betont wurde.

---

[351] So schon bei Vasari (vgl. oben S. 112). – Jacob Burckhardt: Die Zeit Constantins des Großen (Ed. B. Byss, Bern 1950, S. 315, 395). – Hans Peter L'Orange und Arnim von Gerkan: Der spätantike Bildschmuck des Konstantinsbogens (= Studien zur spätantiken Kunstgeschichte 19). Berlin 1939, S. 28.

[352] Beat Brenk: Spolia from Constantine to Charlemagne – Aesthetics versus Ideology. In: Dumbarton Oaks Papers 41, 1987, S. 103–109.

[353] F. W. Deichmann, a. a. O., S. 8.

[354] B. Brenk, a. a. O.

Aachener Pfalzkapelle

Ein eindrucksvolles Beispiel für die Anhäufung von Spolien bietet die Aachener
Pfalzkapelle: Porphyrsäulen aus Ravenna, Stücke aus Assuan-Granit und griechischem Serpentin, ein Reliefsarkophag aus Rom, eine bronzene Reiterstatue aus
Ravenna und manches mehr (Abb. 8). In seiner um 820 verfassten *Vita Karoli
Magni* erwähnt Einhard einen Teil der Aachener Spolien eher beiläufig: „Da er die
Säulen und den Marmor für die Kirche anderswo nicht bekommen konnte, ließ er
sie aus Rom und Ravenna herbeischaffen."[355]

Diese Begründung Einhards – der sogar zu erwähnen vergisst, dass die Säulen
aus dem „kaiserlichen Material" Porphyr bestehen – klingt geradezu verdächtig
harmlos. Tatsächlich wollte Karl mit den eindrucksvollen Spolien aus den Kaiserpalästen in Rom und Ravenna, von denen letzteres noch bis zur Mitte des 8. Jahrhunderts durch Exarchen des Kaisers von Byzanz verwaltet worden war, einen
Anspruch anmelden, der niemandem entgangen sein dürfte und der auch offensichtlich jahrhundertelang im Bewusstsein blieb.[356] Dass Einhard hierüber nichts
aussagt, mag damit zusammenhängen, dass der zitierte Satz in dem Kapitel über
Karls Frömmigkeit steht, wo politische Absichten nicht erörtert werden sollten.

Nicht der ästhetische Reiz war die entscheidende Eigenschaft dieser importierten Materialien und Gegenstände, sondern ihre semantische Verweiskraft. Es handelte sich bei den Aachener Spolien, wie Bandmann zu Recht formulierte, um ein
„in Teilstücken transferiertes Rom"[357].

tribuit sua marmora Roma

Während in Rom selbst die Wiederverwendung antiker Säulen, Gebälke oder anderer Spolien sicher in den meisten Fällen mit praktischen Argumenten begründet
werden kann – das Material lag sozusagen vor der Haustüre –, ist der Spolientransport von Rom über weite Strecken wohl stets zugleich eine Prestige-Angelegenheit gewesen. Jedenfalls werden derartige Transporte auffällig oft in den

---

[355] Einhardi Vita Karoli Magni, hg. von Oswald Holder-Egger (= MGH, Scriptores Rerum
Germanicarum). Hannover 1911, S. 301.

[356] Dürer z. B. notierte sich 1520: „Zu Ach hab ich gesehen die proportionirten seulen mit
ihren guten capitelen von porfit grün und rot und gassenstein, die Carolus von Rom
dahin hat bringen lassen und do einflicken, diese sind werklich nach Vitruvius schreiben
gemacht" (Tagebuch der Reise in die Niederlande, Ed. Friedrich Leitschuh, Leipzig
1884, S. 64). – Als 1794 die Soldaten der französischen Revolutionsarmee die Porphyrsäulen der Aachener Pfalzkapelle ausbauten und nach Paris brachten, war das Bewusstsein von deren ehrwürdiger Herkunft offenbar immer noch ungebrochen.

[357] G. Bandmann: Mittelalterliche Architektur (wie Anm. 347), S. 145.

Schriftquellen überliefert: Theoderich[358] ließ für seinen ravennatischen Palast Spolien aus Rom herbeischaffen; für Abt Desiderius von Monte Cassino hatte es 1066 wohl nicht nur praktische Gründe, in Rom, wo er Kardinalpriester war, marmorne Säulen, Basen und Architrave für den Neubau seiner Abteikirche zu erwerben. Vielmehr verhalf er durch den Rom-Bezug dieser Spolien Monte Cassino zu einer beachtlichen Würde. Der aufwendige Spolientransport wurde dementsprechend nicht nur in der Klosterchronik[359] ausführlich geschildert, sondern auch in den *Carmina in laudem Desiderii* gepriesen:

> „*tribuit sua marmora Roma,*
> *quibus est domus ista decora,*
> *omnis ab Urbe columna fuit.* "[360]

Das ist keine schlichte Schilderung einer Materialbeschaffungsmaßnahme, sondern eine Form der rühmenden *Ekphrasis*: Rom trug zum Bau von Monte Cassino bei, alle Säulen der neuen Kirche wurden von der *Urbs* zur Verfügung gestellt.

Auch Abt Suger erwähnt in seinem Rechenschaftsbericht, dass er für die neue Kirche von Saint-Denis Säulen aus Rom holen lassen wollte, weil er (ähnlich wie Karl der Große, den er aber in diesem Zusammenhang nicht erwähnt) näher nichts Geeignetes finden konnte.[361] Durch ein Wunder Gottes wurde der Bauherr aber schließlich doch auf näher gelegene Steinbrüche aufmerksam gemacht, so dass der teure Spolientransport unterbleiben konnte.

---

[358] Cassiodor: Variarum libri XII, III, 9–10 (= CCSL 96, 104 f.). – F. W. Deichmann: Die Spolien (wie Anm. 299), S. 25 vermutet, dass einige Säulen und Kapitelle in S. Apollinare Nuovo zu der ehemals „im ravennatischen Palast verbauten Spoliensendung" gehören könnten.

[359] Chronica monasterii Casinensis Leonis Marsicani et Petri Diaconi (= MGH, Scriptores VII, S. 717): „*columnas, bases ac lilia nec non et diversorum colorum marmora abundanter coemit.* " – Zu den Intentionen des Abtes s. Hans R. Hahnloser: *Magistra Latinitas* und *Peritia Greca*. In: FS für Herbert von Einem. Berlin 1965, S. 77–93.

[360] Otto Lehmann-Brockhaus: Schriftquellen zur Kunstgeschichte des 11. und 12. Jahrhunderts für Deutschland, Lothringen und Italien. Berlin 1938, Bd. 1, S. 480 f. (Nr. 2281/2). – Vgl. auch: Salvatore Settis: *Tribuit sua marmora Roma:* Sul reimpiego di sculture antiche. In: Marina Armandi (Hg.): Lanfranco e Wiligelmo. Il Duomo di Modena. Modena 1985, S. 309–317.

[361] E. Panofsky: Abbot Suger (wie Anm. 42), S. 90. Panofsky vermutet in seinem Kommentar (S. 230 f.), dass es sich bei Sugers Bemühungen um Spolien aus Rom nur um einen Topos handle, den er von Leo von Ostia (vgl. Anm. 359) übernommen habe. Es ist aber doch zu bedenken, dass Suger mehrmals in Rom war, genaue Vorstellungen äußert, wo dort das Passende zu finden sei, und die Transportwege recht genau beschreibt. – Vgl. auch: Beat Brenk: Sugers Spolien. In: Arte Medievale 1, 1983, S. 101–107.

Die Beliebtheit von „Rom-Spolien" mag auch mit der Vorstellung von der „Ewigkeit" der *Urbs* zusammenhängen, die vor allem an den großen römischen Bauwerken ablesbar zu sein schien: *„Quando cadet Colisaeus, cadet et Roma. Quando cadet Roma, cadet et mundus. "*[362] Ein Stück von dieser Stadt, die als Garant der Ewigkeit der Welt galt, mochte auch anderen Orten einen gewissen Anspruch auf Dauer verleihen.

So brachte um das Jahr 1145 ein englischer Ritter unter größten Mühen von seiner Pilgerfahrt nach Rom eigenhändig einen „mittelgroßen, aber wunderschönen Marmorblock" in seine Heimat mit, um ihn dort für das Grab des hl. Cuthbert zu stiften.[363] Abt Richard von Westminster Abbey (reg. 1258–1283) holte aus Rom 200 Stücke Porphyr, Jaspis und Thasischen Marmor nach London, um seine Kirche mit einem prunkvollen Steinboden zu schmücken. Unter einer Porphyrplatte dieses Bodens wurde er schließlich bestattet, und noch die Grabinschrift weist auf die Herkunft der Steine hin: *„Abbas Richardus de Wara qui requiescit hic portat lapides quos huc portavit ab Urbe. "*[364]

In diesem Zusammenhang muss auch die überreiche Ausstattung der neugegründeten Hauptstadt des Römischen Reiches am Goldenen Horn mit Bronzestatuen, Porphyr und Marmor erwähnt werden:

Die um das Jahr 1000 entstandene Beschreibung der justinianischen Hagia Sophia, die sogenannte *Diegesis,* berichtet ausführlich, wie der Kaiser aus dem ganzen *Imperium* Säulen und Marmor für den Kirchenneubau herbeiholen ließ. Acht Säulen von grünem thessalischem Marmor etwa sollen aus Ephesos stammen, acht Porphyrsäulen dagegen aus dem „Sonnentempel" zu Rom.[365] Nach neueren Erkenntnissen[366] sind die grünen und roten Säulen der Hagia Sophia – ebenso wie alle anderen ornamentierten Werkstücke dieser Kirche – stilistisch in das 6. Jahrhundert, keinesfalls aber in die römische Kaiserzeit zu datieren. Demnach hätte man die angeblich aus Rom, Ephesos und sonstwoher gekommenen Stücke so vollständig überarbeitet, dass von ihrer ursprünglichen Oberfläche nichts mehr vorhanden ist. Es könnte sein, dass die Herkunft der Spolien gerade deshalb tradiert wurde, weil die Vorstellung, dass Rom und der berühmte heidnische Kultort

---

[362] (Pseudo-)Beda Venerabilis: Excerptiones patrum (PL 94, 543). – Vgl. auch: Fedor Schneider: Rom und Romgedanke im Mittelalter. Die geistigen Grundlagen der Renaissance. München 1925 (Neudr. Köln, Graz 1959), S. 66 f., 251.

[363] Otto Lehmann-Brockhaus: Lateinische Schriftquellen (wie Anm. 44), Bd. 1, S. 372 (Nr. 1399).

[364] Ebd., Bd. 2, S. 174 f. (Nr. 2855).

[365] F. W. Deichmann: Die Spolien (wie Anm. 299), S. 90. – R. Gnoli (wie Anm. 331), S. 99. – Vgl. J. P. Richter: Quellen (wie Anm. 182), S. 24 f.

[366] Alfons Maria Schneider: Die Grabung im Westhof der Sophienkirche zu Istanbul (= Istanbuler Forschungen 12). Berlin 1941.

Ephesos ihren Marmor zum Kirchenbau der *Nova Roma* beitrugen, einen Topos der Rühmung und des politisch-religiösen Anspruchs zum Ausdruck brachte.

Porphyrites – Marmor romanum

Roter Porphyr ist der vornehmste und symbolhaltigste Prunkstein des Abendlandes, die Geschichte seiner Verwendung bildet ein besonders fesselndes Kapitel der Materialikonologie. Um zu zeigen, wie sich die Bedeutung eines Materials, die Parameter seiner Symbolik im Lauf der Zeit verändern können, sei hier ausnahmsweise ein Abschnitt einem einzelnen Material gewidmet. Durch die Monographien von Richard Delbrueck und Josef Deér, auf die ich mich im Folgenden weitgehend stütze, ist die Geschichte der Porphyrverwendung umfassend und systematisch aufgearbeitet.[367]

Der in der arabischen Wüste Ägyptens am *Mons Porphyrites* (auch *Mons igneus*) gebrochene, rötliche, mit weißen Flecken durchsetzte Stein wurde wegen seiner Farbe von den Griechen nach dem aus der Purpurschnecke gewonnenen Farbstoff benannt.[368] Da Purpur die Königsfarbe der Ptolemäer war, erlangte der schon zuvor in Ägypten gelegentlich verwendete Porphyr nun erstmals den Charakter eines Machtsymbols und diente den ptolemäischen Herrschern auch als Material für Sarkophage.[369]

Während der gesamten römischen Kaiserzeit war der ägyptische *Mons Porphyrites,* wie alle wertvolleren *metalla* (Bergwerke und Steinbrüche), kaiserlicher Besitz, der durch örtliche Prokuratoren verwaltet und im Laufe der Jahrhunderte unterschiedlich intensiv ausgebeutet wurde. Obwohl keine Quelle eindeutig davon spricht, gilt es als wahrscheinlich, dass Porphyr „für Bauten und Skulpturen von einiger Bedeutung eigentlich nur in kaiserlichem Auftrag oder mit kaiserlicher Genehmigung verwendet werden durfte, also theoretisch der Majestät vorbehalten

---

[367] Richard Delbrueck: Antike Porphyrwerke (= Studien zur spätantiken Kunstgeschichte 6). Berlin, Leipzig 1932. – Josef Deér: The Dynastic Porphyry Tombs of the Norman Period in Sicily (= Dumbarton Oaks Studies 5). Cambridge/Mass. 1959. – Seither sind manche Spezialuntersuchungen erschienen: Maria Luisa Lucci: Il porfido nell'antichità. In: Archeologia classica 16, 1964, S. 226–271. – Raniero Gnoli: *Marmora Romana.* Rom 1988, S. 98–115. – E. James Mundy: Porphyry and the „Posthumous" Fifteenth Century Portrait. In: Pantheon 46, 1988, S. 37–43. – Sible de Blaaw: Papst und Purpur. Porphyr in frühen Kirchenausstattungen in Rom. In: *Tesserae.* FS für Josef Engemann. Münster 1991, S. 36–50. – Suzanne B. Butters: The Triumph of Vulcan: Sculptor's Tools. Porphyry and the Prince in Ducal Florence. 2 Bde., Florenz 1996.

[368] Hierzu ausführlich RE, s. v. *purpura* (1959), wo allerdings von der Symbolik der Farbe kaum die Rede ist.

[369] R. Delbrueck, a. a. O., S. 14.

war"[370]. Die folgende knappe Übersicht zeigt, wie abhängig die Symbolik des Porphyrs von den sich wandelnden historischen und politischen Verhältnissen war, und wie sich das konnotative Umfeld dieses Steins im Laufe der Jahrhunderte immer wieder veränderte.[371]

Von Ägypten nach Rom

In augusteischer Zeit wurde Porphyr in Rom, obwohl durchaus bekannt, noch kaum verwendet. „Vermutlich machte Augustus absichtlich keinen repräsentativen Gebrauch von dem Purpurstein, zum mindesten außerhalb Ägyptens; gewarnt durch das Ende Caesars, vermied er ja überhaupt, als hellenistischer Herrscher aufzutreten."[372]

Unter Caligula (37–41) spielte der Porphyr dann lediglich als Schmuckstein eine gewisse Rolle, so etwa bei den kunstvollen Marmorböden der im Nemi-See gefundenen Schiffe des Kaisers.[373] Das stärkere Auftreten des Porphyrs unter Caligula, der sich mit dem Gedanken trug, seine Residenz ins ägyptische Alexandria zu verlegen, „braucht kein Zufall zu sein, sondern könnte der hellenistisch-autokratischen Tendenz seiner Regierung entsprechen"[374].

Statuen aus Porphyr kamen nach Aussage des Plinius erstmals unter Kaiser Claudius (41–54) nach Rom: Ein gewisser Prokurator Vitrasius Pollio – vielleicht der Verwalter des *Mons Porphyrites* – habe sie an den kaiserlichen Hof gesandt, wo sie aber nicht besonders geschätzt worden seien.[375]

Die Asche Neros (54–68) wurde bereits in einem Sarkophag aus Porphyr[376] bestattet. Dies kann im Zusammenhang mit dessen an hellenistischen Vorbildern orientierten Repräsentationsformen gesehen werden.

Unter Traian (98–117) beginnt, ausgelöst durch eine neuartige Wiederbelebung hellenistischer Königsideologien und Repräsentationsformen, eine starke und das ganze 2. Jahrhundert anhaltende „Porphyrmode"[377]. Hadrian mag den Stein besonders wegen seiner persönlichen Bindung an Ägypten geschätzt haben, wie zahlreiche Säulen, Statuen, Wannen, Becken und Vasen aus dieser Zeit belegen.

---

[370] Ebd., S. 11.

[371] Auf ausführliche Behandlung einzelner Porphyrdenkmäler wird verzichtet, da sich alle Angaben in den genannten Monographien von Delbrueck und Deér finden lassen.

[372] R. Delbrueck, a. a. O., S. 16.

[373] Guido Ucelli: Le Navi di Nemi. Rom 1940, S. 219–225.

[374] R. Delbrueck, a. a. O., S. 16.

[375] Plinius, NH 36, 57. – R. Delbrueck, a. a. O., S. XIX und 17.

[376] Sueton: Vita Neronis, cap. 50. – Die Stelle sei wegen der genauen Materialangaben zitiert: *„solium porphyretici marmoris, superstante Lunensi ara, circumsaeptum est lapide Thasio."*

[377] R. Delbrueck, a. a. O., S. 19 ff.

Von Kaiser Elagabal (218–222) wird überliefert, er habe eine riesige, von einer Statue seines Gottes Heliogabal bekrönte, monolithische Porphyrsäule – vermutlich in der Art der Traianssäule – geplant, es sei aber kein Block in entsprechender Größe zu finden gewesen.[378]

Die größte Bedeutung erlangte der Porphyr zur Zeit Diokletians,[379] unter dem die Ausbeutung aller ägyptischen Steinbrüche ihren Höhepunkt erreichte. „Der innere Grund für die gesteigerte Verwendung gerade des Porphyrs war die Ausgestaltung des ergreifenden und gewinnenden Hofzeremoniells für die neu befestigte Monarchie, wobei der Purpur in seiner vollen Bedeutung als Königsfarbe bestätigt wurde und dem Herrscher grundsätzlich vorbehalten blieb."[380] Herrscherbildnisse aus Porphyr drangen nun bis in die entlegensten Provinzialhauptstädte vor, viele Kaiser wurden in der Folgezeit in porphyrnen Sarkophagen beigesetzt.

Von Rom nach Konstantinopel

Konstantin der Große (308–337) übernahm weitgehend das von Diokletian eingeführte Hofzeremoniell und legitimierte so für das christlich werdende Römische Reich auch die Tradition des Porphyrs. In der im Jahre 330 geweihten neuen Hauptstadt am Bosporus waren zwei der bedeutendsten Plätze durch Porphyrwerke ausgezeichnet:

In der Mitte des Konstantinsforums trug die noch heute stehende über 30 Meter hohe Porphyrsäule (Abb. 14) die vergoldete Statue des *Constantinus-Sol* im Strahlenkranz. Der Kaiser hatte die Säulentrommeln aus Rom herbeischaffen lassen, wo sie vielleicht für ein unausgeführt gebliebenes Denkmal Diokletians bestimmt gewesen waren. Im Sockel dieser Ehrensäule waren nach mittelalterlicher Auffassung berühmte christliche Reliquien und das aus Rom geholte trojanische Palladium geborgen. In den offenen Hallen, die das Konstantinsforum umgaben, standen zwölf Porphyrstatuen, vermutlich die antiken Zwölfgötter. Das christliche Gegenstück zu diesem „heidnischen" Forum war jener Platz, der *Philadélphion* genannt wurde, wo ein reliefierter Porphyrpfeiler ein Gemmenkreuz und Statuen der Kaiserfamilie trug.

Etwa zwischen 350 und 450 n. Chr. wurde der Betrieb am *Mons Porphyrites* eingestellt und der kostbare Stein nur noch ausnahmsweise aus Ägypten importiert. Der große Bedarf an Porphyr in Konstantinopel während des 4. und 5. Jahrhun-

---

[378] Historia Augusta, Heliogabalus, cap. 24 (Zit. bei R. Delbrueck, a. a. O., S. XIV).

[379] Das unter Diokletian erlassene Preisedikt belegt, dass Porphyr der teuerste „Marmor" auf dem Markt war. – Siegfried Lauffer: Diokletians Preisedikt. Berlin 1971, S. 192. – Marta Giacchero: *Edictum Diocletiani et Collegarum de pretiis rerum venalium.* Genua 1974, S. 210 f.

[380] R. Delbrueck, a. a. O., S. 24.

Abb. 14: Istanbul, Konstantinssäule („Verbrannte Säule"), um 330
(aufgenommen um 1880/90)

derts wurde ausschließlich durch Nachschub aus Rom gedeckt, so dass der Stein in
Byzanz, obwohl seine ursprünglich ägyptische Provenienz durchaus bekannt blieb,
als *marmor romanum* bezeichnet wurde. Die Verwendung von Porphyr erinnerte
die Byzantiner nun in erster Linie an den Glanz Roms und sollte zur Legitimation
der *Nova Roma* beitragen.

In ihrem prunkvollen Palast waren die byzantinischen Kaiser buchstäblich von
Porphyr umgeben: Unbekannt seit wann, spätestens aber seit dem Jahre 797 wurden die Prinzen in einem porphyrverkleideten, eigens zu diesem Zweck eingerich-
teten Zimmer, der *Pórphyra,* geboren.[381] Einige von ihnen trugen deshalb den

---

[381] Raymond Janin: Constantinople byzantine. Développement urbain et répertoire topogra-
phique (= Archives de l'Orient Chrétien 4). Paris 1964, S. 121 f. – Alfred Hermann:
Porphyra und Pyramide. Zur bedeutungsgeschichtlichen Überlieferung eines Baugedankens. In: Jahrbuch für Antike und Christentum 7, 1964, S. 117–138.

Namen *Porphyrogénnetos*. An allen Orten, wo der Kaiser während einer Zeremonie zu stehen hatte, waren große Porphyrscheiben, die sogenannten *omphália*, lateinisch *rotae*[382], in den Boden eingelassen: Im Torbau des Palastes, der *Chalké*, lag eine solche *rota*, auf welcher der Kaiser beim Eintritt ein Gebet sprach und wo die Bahre des toten Kaisers zur Abschiedszeremonie abgesetzt wurde. Auf einer *rota* stehend, predigte der Kaiser in seinem Thronsaal, wo der Thron selbst auf Porphyrstufen ruhte.

Zusammen mit dem Hofzeremoniell ging der Porphyrgebrauch noch in konstantinischer Zeit auf die Staatskirche über: In einem Porphyrbecken empfingen die Kaiser die Taufe, auf einer *rota* in der Hagia Sophia wurden sie gekrönt, in den Kirchen standen der Kaiser, oftmals auch der zelebrierende Bischof, auf *rotae*, in Porphyrsarkophagen wurden viele Kaiser des 4. und 5. Jahrhunderts bestattet.[383]

Von Konstantinopel zurück nach Rom

Im konstantinischen Rom hatte der reichlich zur Verfügung stehende Porphyr eine bedeutende Rolle bei der Umwandlung der „Kirche der Märtyrer" zur Staatskirche gespielt: Porphyrsäulen in der konstantinischen Peterskirche, im Atrium vor dieser Kirche und im lateranensischen Baptisterium,[384] Porphyrwannen als Sarkophage[385] oder Porphyrvasen als Reliquiare.

Im Verlauf des 8. Jahrhunderts trat eine deutliche Entfremdung und Konkurrenzsituation zwischen dem Kaiser in Byzanz und dem Papst in Rom ein: Seit 781 begann die Datierung der Papsturkunden nach Pontifikatsjahren, nicht mehr nach den Regierungsjahren der byzantinischen Kaiser. Leo III. (795–816) unternahm

---

[382] R. Delbrueck, a. a. O., S. 27 f. und 148 f. – Otto Treitinger: Die oströmische Kaiser- und Reichsidee nach ihrer Gestaltung im höfischen Zeremoniell. Jena 1938, S. 58 ff. – Peter Schreiner: *Omphalion* und *Rota Porphyretica*. Zum Kaiserzeremoniell in Konstantinopel und Rom. In: Byzance et les Slaves. Mélanges Ivan Dujcev. Paris 1979, S. 401–410.

[383] Über die kaiserlichen Sarkophage in der Apostelkirche und ihre Materialien informieren verschiedene byzantinische Quellen (s. Alexandr A. Vasiliev: Imperial Porphyry Sarcophagi in Constantinople. [= Dumbarton Oaks Papers 4]. Cambridge/Mass. 1948. – R. Gnoli: *Marmora Romana*. Rom 1971, S. 65–75). Demnach war etwa ein Viertel der Sarkophage aus Porphyr (Konstantin der Große, seine Mutter Helena, sein Sohn Konstantios, Julian Apostata, Jovian, Theodosius der Große, Arkadios, Theodosios II., Markianos).

[384] Zu den Porphyrsäulen am Grab Petri s. oben S. 110. Die sechs Porphyrsäulen am *cantharus* im Atrium von Alt-St. Peter werden in mittelalterlichen Quellen mehrfach erwähnt. Zu den verschiedenen Spolien am Baptisterium des Lateran s. F. W. Deichmann: Die Spolien (wie Anm. 299), S. 18–20. Zur Porphyrverwendung bei den Ausstattungen der frühen römischen Kirchen s. Sible de Blaaw (wie Anm. 367).

[385] Beispiele bei J. Deér, a. a. O., S. 75 f.

wichtige Schritte in Richtung einer *renovatio Imperii,* krönte den Frankenkönig Karl zum Kaiser, erneuerte die großen konstantinischen Kirchen Roms, griff auf frühchristliche Architekturformen zurück und erweiterte seinen Palast in bezeichnender Weise: Er errichtete im Lateran zwei prunkvolle *triclinia,* deren eines mehrere Porphyrsäulen, das andere einen Porphyrbrunnen enthielt.[386] Schon die Bauform des Trikliniums kann man als Übernahme von Byzanz interpretieren, bei der reichlichen Verwendung von Marmor und „kaiserlichem" Porphyr wird einerseits an den Glanz des kaiserzeitlichen Rom erinnert, andererseits mit dem Prunk von Byzanz gewetteifert.

Spätestens seit dem 10. Jahrhundert wurden die Porphyr-*rotae* des byzantinischen Hofzeremoniells auf das päpstliche Rom übertragen: In Alt-St. Peter gab es, vornehmlich für Kaiserkrönungen, verschiedene *rotae,* von denen eine auch in den Neubau übernommen wurde, wo sie noch heute beim Haupteingang liegt.[387] 1189 ist auch vor dem Portikus des Lateranpalastes eine Porphyr-*rota* belegt, auf welcher der Papst stand, um die Akklamationen entgegenzunehmen.[388]

Einen besonderen Höhepunkt erlebte die Porphyrverwendung bezeichnenderweise unter Papst Innozenz II. (1130–1143), der sich zweier Gegenpäpste erwehren und mehrmals aus Rom fliehen musste, sich aber in besonderem Maße als legitimer Erbe des alten Rom verstand. Er führte – vermutlich als erster – porphyrne Throne in das päpstliche Zeremoniell ein[389] und wurde in einem eigens zu diesem Zweck aus der Engelsburg geholten Porphyrsarkophag *(„concha porphiretica miro opere constructa"),* wie man glaubte, dem des Kaisers Hadrian, beigesetzt.[390] Die Ehre, in einem Porphyrsarkophag bestattet zu werden, war bis dahin nur Heiligen oder Märtyrern zuteil geworden. Seit 1143 dagegen erfreuten sich Porphyrsärge als Papstgräber großer Beliebtheit.[391]

---

[386] Liber pontificalis (Ed. Louis Duchesne, 3 Bde., Paris 1955–57), Bd. II, S. 3 f. und 11.

[387] Michel Andrieu: La *rota porphyretica* de la basilique Vaticane. In: Mélanges d'archéologie et d'histoire 66, 1954, S. 189–218. – P. Schreiner, a. a. O. – Bernhard Schimmelpfennig: Ein bisher unbekannter Text zur Wahl, Konsekration und Krönung des Papstes im 12. Jahrhundert. In: Archivum Historiae Pontificiae 6, 1968, S. 42–70 (S. 63).

[388] I. Herklotz (wie Anm. 97), S. 12.

[389] J. Deér, a. a. O., S. 142–146.

[390] Ebd., S. 146–154.

[391] R. Delbrueck, a. a. O. – J. Deér, a. a. O., S. 151 ff.

Von Rom nach Sizilien

Gefährlichster Gegenspieler von Innozenz II. war der Normanne Roger II., der
1130 durch den Gegenpapst Anaklet II. zum König von Sizilien erhoben wurde.
Zwei Jahre, nachdem Innozenz II. im Porphyrsarg des Kaisers Hadrian bestattet
worden war, beschloss Roger II. für sich und seine Nachfolger eine anspruchs-
volle Grablege in der eigens zu diesem Zweck neu errichteten Kirche zu Cefalú:
„Wir setzen fest, dass zwei ansehnliche Porphyrsarkophage als ewiges Zeichen
meines Todes in der genannten Kirche verbleiben sollen; in dem einen [...] werde
ich nach dem Ende meiner Tage ruhen, den anderen aber bestimmen wir zum würdigen Gedächtnis meines Namens und zum Ruhm dieser Kirche."[392] Da sich die
politischen Verhältnisse zwischen Rom und Sizilien indes rasch änderten, wurde
Roger II. (gest. 1154) schließlich doch in der Kathedrale von Palermo in einem
neu geschaffenen Porphyrsarkophag bestattet, während die beiden zuvor genannten
Sarkophage in Cefalú verblieben.

Rogers Sohn und Nachfolger Wilhelm I. (gest. 1166) wurde nach 1183 in der
neu errichteten Kathedrale von Monreale bestattet, ebenfalls in einem Porphyrsarkophag. Erst Kaiser Friedrich II., Rogers Enkel, ließ 1215 die beiden Sarkophage
pro sua et patris sui sepultura aus Cefalú nach Palermo transportieren. In den
einen wurde sein Vater, Kaiser Heinrich IV. (gest. 1197), umgebettet, in dem
anderen – und zwar in jenem, den Roger für sich bestimmt hatte – wurde Friedrich II. (gest. 1250) bestattet (Abb. 15). Auch Friedrichs Mutter, die Kaiserin
Konstanze (gest. 1198), ruht in einem Porphyrsarkophag in der Kathedrale von
Palermo.

Die sizilischen Porphyrsarkophage besitzen – bis auf das Grab Rogers II. –
eine charakteristische Wannenform, die römische Porphyrtröge imitiert, speziell
jene offene Wanne hadrianischer Zeit, die während des ganzen Mittelalters vor
dem Pantheon gestanden hatte und seit 1740 in S. Giovanni in Laterano als Sarg
für Papst Clemens XII. dient. Die Giebeldeckel der sizilischen Sarkophage sind
mittelalterliche Zufügungen, die sich in ihrer Ornamentik aber wiederum nach
antiken Porphyrvorbildern richten.

Die ausgeprägte Vorliebe Rogers II. und seiner Nachfolger für Porphyr –
außer bei den Sarkophagen findet sich der Stein in Palermo und Cefalú vielfach –
ist, wie Deér[393] gezeigt hat, kaum als Nachahmung byzantinischer Vorbilder zu
verstehen: Im Byzanz des 12. Jahrhunderts spielte der Porphyr zwar immer noch
eine gewisse Rolle im traditionellen Hofzeremoniell, er diente aber schon seit
Jahrhunderten nicht mehr als Material für Kaisersarkophage. Das Bewusstsein von
der Bedeutsamkeit des *marmor romanum* scheint zu dieser Zeit in Byzanz bereits
stark geschwunden zu sein: Als die Kaisertochter Anna Komnene in ihrem histori-

---

[392] J. Deér, a. a. O., S. 1.
[393] Ebd., S. 126 ff.

140

Abb. 15: Palermo, Kathedrale, Porphyrsarkophag Friedrichs II., um 1145

schen Werk *Alexiás* auf das ehrwürdige Porphyrzimmer des Palastes zu sprechen kam, glaubte sie, ihren Lesern erklären zu müssen, wie Porphyr aussieht, und erwähnte, dass es sich dabei um einen Stein handle, den die frühen Kaiser aus Rom geholt hätten.[394] Porphyr spielte also im Byzanz der Komnenen keine so prominente Rolle mehr wie im 4. und 5. Jahrhundert. Vermutlich war der damals aus Rom geholte Vorrat inzwischen aufgebraucht, Nachschub bei dem gespannten

---

[394] Anna Komnene: Alexiás VII, 2, 4 (griechischer Text bei R. Delbrueck, a. a. O., S. VIII): „Dieses Porphyrzimmer war ein Teil des Palastes, es war bis zum Dachansatz quadratisch und endete in einer Pyramide. [...] Boden und Wände dieses Zimmers waren mit Marmor verkleidet. Dieser Marmor war nicht von einer der vielen bekannten Sorten, noch von einer der selteneren und teueren, die man leicht überall finden kann, sondern von jenem, den die alten Kaiser aus Rom geholt haben. Dieser Marmor ist, um es kurz zu sagen, von einheitlicher Purpurfarbe, durchsetzt mit Flecken, die wie weißer Sand aussehen. Dieses Zimmer wurde, glaube ich, von unseren Vorfahren gerade wegen dieses Marmors *Porpora* genannt."

Verhältnis zwischen Byzanz und Rom kaum mehr zu erlangen und das Bedürfnis nach Legitimation der *Nova Roma* durch die Geschichte auch befriedigt.

In Rom dagegen erfreute sich der immer noch reichlich vorrätige Stein um 1140 eines ganz aktuellen Interesses: Rogers Gegenspieler, Papst Innozenz II., förderte und nobilitierte den Porphyrgebrauch. Es war Ausdruck von Rogers Ehrgeiz und Konkurrenzdenken, dass er die Porphyrblöcke für die normannischen Königsgräber aus Rom nach Sizilien holen ließ. Wahrscheinlich handelte es sich um große Säulen oder Säulentrommeln, aus denen die Sarkophag-Unterteile gefertigt wurden. Porphyr spielte aber auch sonst bei der Ausstattung der normannischen Repräsentationsbauten eine große Rolle: Säulen, Kapitelle und *rotae* waren aus Porphyr, Throne und Wandverkleidungen enthielten das kostbare und symbolhaltige Material. Die Bedeutsamkeit des Porphyrs der Gräber in der Kathedrale von Palermo wurde noch lange Zeit verstanden, so heißt es in einer Chronik vom Ende des 13. Jahrhunderts, die Krönung Manfreds habe 1258 in jener Kirche zu Palermo stattgefunden, *„quam regum Siciliae porphyrea et anabastria monumenta materia et arte pretiosa decorant"*[395]. 1577 bestand sogar vorübergehend die Gefahr, dass die Sarkophage der Normannenherrscher wegen ihres Materials nach Spanien, in den gerade begonnenen Escorial, entführt würden. Doch setzte sich Philipp II. selbst für ihren Verbleib in Sizilien ein.[396]

Die Geschichte der Porphyrverwendung wurde hier so ausführlich dargelegt, um zu zeigen, wie dieses Gestein, das schon seit ptolemäischer Zeit imperiale Bedeutung besaß, im Einzelnen doch wechselnde „konnotative Umfelder" oder „semantische Aufladungen" erhielt. Diese Erscheinung ist auch bei anderen Materialien festzustellen: Neben eine dauerhafte, sozusagen grundlegende Symbolik können vorübergehende konkretere Bedeutungen treten. Wenn ein Material auf eine bestimmte frühere Epoche verweist, dann muss eine veränderte Einschätzung dieser Epoche auch zu neuen Bedeutungen dieses Materials führen.

Material als Trophäe

Durch die Wiederverwendung von Materialien kann nicht nur, wie in den bisher geschilderten Fällen, auf ehrwürdige, bewunderte oder beneidete Vorbilder angespielt werden, gelegentlich soll durch die Materialübertragung der ursprüngliche Zusammenhang auch diffamiert oder als überwunden gekennzeichnet werden.

---

[395] J. Deér, a. a. O., S. 20.
[396] Ebd., S. 89 f.

142

Antike

Bei der Beschreibung des Nemesis-Heiligtums von Rhamnus in Attika erwähnt Pausanias[397] die Legende, der Zorn dieser Rachegöttin habe sich 490 v. Chr. gegen die bei Marathon gelandeten Perser gerichtet: Diese hätten, in der Annahme, es sei für sie ein Leichtes, Athen zu erobern, „bereits parischen Marmor zur Herstellung des Siegesdenkmals mitgebracht, als sei der Sieg schon errungen. Und gerade diesen Block verarbeitete Phidias zur Kultstatue der Nemesis". Der Marmorblock, der an den Untergang der Griechen erinnern sollte, wurde also von diesen zum Dank der Göttin geweiht, der man den Sieg über die Perser zuschrieb. Das Kultbild von Rhamnus kündete noch 600 Jahre nach seiner Entstehung gerade durch sein Material – wenn auch nur legendenhaft – von der Überwindung der persischen Übermacht durch die tapferen Griechen.

Frühes Christentum

Der frühchristliche Orient hatte anscheinend zur Materie, aus der die heidnischen Heiligtümer bestanden, ein gespanntes Verhältnis: Eusebius berichtet, dass Konstantin der Große den Aphroditetempel zu Jerusalem „mitsamt den Götterbildern und Dämonen" zerstören ließ und befahl, das Abbruchmaterial, Holz und Steine, möglichst weit von dem Platze wegzuschaffen. Anschließend ließ er sogar den Boden an jener Stelle tief ausheben und entfernen, „weil er durch Dämonen besudelt und befleckt sei"[398]. Bei dieser Aktion habe man das Grab Christi entdeckt.

Im Orient scheint bei der Umwandlung heidnischer Tempel in christliche Kirchen bisweilen der Gedanke eine Rolle gespielt zu haben, dass die Steine, welche einst den Götzen huldigten, jetzt dem siegreichen Gott der Christen dienen dürfen oder müssen. In diesem Sinne wären etwa die Worte zu verstehen, die ein syrischer Autors des 6. Jahrhunderts dem Teufel angesichts der neuen glänzenden Kirchenbauten in den Mund legte: „Die Häuser, die ich der Eitelkeit gebaut hatte, hat er [Christus] zerstört und die Tempel der Dämonen an allen Orten niedergerissen. Die Steine und das Holz, aus welchen die Götzentempel bestanden, hat er hinweggenommen und sie für seine Bauten verwendet; so spottet er meiner."[399]

Die Kirche des Weißen Klosters bei Sohag in Oberägypten besteht, was die Quader betrifft, fast gänzlich aus Spolien, die offensichtlich von verschiedenen Gebäuden, einem Kalksteintempel sowie Bauten unterschiedlichen Alters aus Gra-

---

[397] Pausanias, Beschreibung Griechenlands I, 33, 2 f. (Ed. Ernst Meyer, Zürich 1954, S. 91 f.).

[398] Zit. nach: Friedrich Wilhelm Deichmann: Frühchristliche Kirchen in antiken Heiligtümern. In: Ders.: Rom, Ravenna, Konstantinopel, Naher Osten. Gesammelte Studien zur spätantiken Architektur, Kunst und Geschichte. Wiesbaden 1982, S. 56–94 (S. 58).

[399] Jakobos von Sarug, Gedicht über den Fall der Götzenbilder, zit. nach: F. W. Deichmann: Die Spolien (wie Anm. 299), S. 100 f.

nit und Marmor stammen. Deichmann vermutete mit guten Argumenten, der Kirchengründer Schenute von Atripe, der fanatische Christianisierer Ägyptens und Zerstörer vieler Tempel, habe die Spolien „bewusst im Sinne des Triumphes über das Heidentum" in seinen Kirchenbau eingefügt. Am deutlichsten spreche hierfür eine große quadratische Platte aus Assuan-Granit, die so auf dem Kirchenboden verlegt wurde, dass die Hieroglyphen sichtbar blieben und „im Beschreiten durch die Prozession zu Christus diesem untertan, im Sinne des Heidentums aber profaniert werden sollten"[400]. Deichmann weist darauf hin, dass ein Gesetz aus dem Jahre 427 verbot, Fußböden mit dem Kreuzeszeichen zu versehen, damit dieses nicht durch das Betreten geschändet würde.

In der frühchristlichen Architektur des Westens gibt es dagegen keine eindeutigen Belege dafür, dass durch die Verwendung von Spolien, z. B. Säulen, oder die Umwandlung antiker Tempel in Kirchen ähnliche Triumphgefühle zum Ausdruck gebracht werden sollten. Deichmann und Esch betonen hier eher die praktischen Gründe für die Spolienverwendung.[401]

Spolien in Venedig

Bei der Anhäufung von byzantinischen Spolien in und an der Markuskirche zu Venedig ist schwer zu entscheiden, inwieweit sie aus schlichter Freude am reichen Schmuck, als Hinweise auf den Sieg über Konstantinopel oder als der Versuch anzusehen sind, Macht und Legitimation der Stadt am Goldenen Horn auf die Stadt an der Lagune zu übertragen. Die genannten Motive schließen sich gegenseitig auch keineswegs aus.

Byzantinische Spolien kamen nicht erst im Zusammenhang mit dem Vierten Kreuzzug nach Venedig. Schon der im 11. Jahrhundert errichtete Kernbau von San Marco, der ja die justinianische Apostelkirche zu Konstantinopel kopiert, enthält zahlreiche Spolien aus Byzanz. Deichmann interpretierte sie im Bandmann'schen Sinne als „Bedeutungsträger", von denen man aber nicht genau sagen könne, ob sie eher als Trophäen, als Reliquien oder als Erinnerungsmale aufgefasst wurden. Deichmann hält es auch für möglich, dass die Symbolkraft der byzantinischen Kirche durch die Spolien nach Venedig übertragen werden sollte.[402]

---

[400] Ebd., S. 59.

[401] Ebd., S. 24 (für Rom und Mailand), S. 26 (für Ravenna), S. 100 f. (allgemein). – A. Esch: Spolien (wie Anm. 299), S. 44 ff. betont, dass außer „bewußter Profanierung" und „triumphaler Inbesitznahme" auch noch magische Neutralisierung oder „Exorzisierung" eine Rolle spielen könnten.

[402] Friedrich Wilhelm Deichmann: Corpus der Kapitelle der Kirche von San Marco zu Venedig (= Veröffentlichungen des kunstgeschichtlichen Instituts der Johannes Gutenberg-Universität in Mainz 12). Wiesbaden 1981, S. 13.

Bei den am Beginn des 13. Jahrhunderts als Beute des Vierten Kreuzzuges aus Konstantinopel herbeigeschafften Spolien – Säulen, Kapitellen, Reliefs und sonstigen Marmorstücken – dominierte dagegen der Trophäencharakter, und so berühmte Stücke wie die porphyrne Tetrarchengruppe, die *pietra del bando* oder die vergoldeten Bronzepferde sind zweifellos in erster Linie als „Beutestücke" angesehen und präsentiert worden. Auch die vier um 1700 vor dem venezianischen Arsenal aufgestellten antiken Löwenstatuen aus Griechenland sollten als Kriegsbeute auf die siegreiche Flotte der *Serenissima* verweisen.[403]

Allgemein wurden in Italien, besonders in Rom, im 12. und 13. Jahrhundert antike Denkmäler aufgestellt, die von besiegten Gegnern erobert worden waren und als Trophäen galten.[404]

Spolien in der Französischen Revolution
Zahlreiche Belege für „trophäenhafte Wiederverwendung" von Spolien finden sich im revolutionären Frankreich. Geradezu kultisch verehrte man die Steine der 1789 abgebrochenen *Bastille:* Sie wurden wie Reliquien in alle *Départements* gebracht, es bestand der Plan, die neuen Namen der Pariser Straßen auf *Bastille*-Steine zu schreiben,[405] sie fanden für die damals im Bau befindliche, seit 1795 *Pont de la Concorde* genannte Seine-Brücke Verwendung, *„afin que le peuple put continuellement fouler aux pieds l'antique forteresse"*[406]. Die Damen der Gesellschaft trugen Schmuck aus polierten Steinen der *Bastille*.[407]

Hiermit vergleichbar ist das Schicksal der 28 Königsstatuen von der Westfassade der Kirche *Nôtre-Dame:* Die Statuen stellten alttestamentliche Könige, die Vorfahren Jesu, dar, waren aber bereits seit dem Mittelalter als Bilder französischer Herrscher interpretiert worden. Das führte dazu, dass sie im Herbst 1793 zunächst „enthauptet" und schließlich vollends von ihrer Galerie herabgestürzt wurden. Bald danach, am 17. November 1793, empfahl der Maler Jacques-Louis David dem Nationalkonvent, die auf dem Platz vor der Kirche liegenden Bruchstücke zum Sockel eines großen Denkmals zu verwenden: So würden „die Standbilder, die Königtum und Aberglaube erfanden und 1400 Jahre lang vergötterten,

---

[403] Giulio Quirino Giglioli: I leoni dell'arsenale di Venezia. In: Archeologia classica 4, 1952, S. 1–9.

[404] Karl Noehles: Die Kunst der Cosmaten und die Idee der *Renovatio Romae*. In: FS Werner Hager. Recklinghausen 1966, S. 17–37, bes. S. 22 f.

[405] Jean-Claude Bonnet (Hg.): La mort de Marat. Paris 1986, S. 114 und 118.

[406] Charles Duplomb: Histoire générale des ponts de Paris. 2 Bde. Paris 1911/1913. Bd. 1, S. 103.

[407] Daniela Mascetti und Amanda Triossi: Der Ohrring von der Frühzeit bis zur Gegenwart. Berlin 1991, S. 67. – Gerda Marko: Das Ende der Sanftmut. Frauen in Frankreich 1789–1795. München 1993, S. 44.

zu einem Berg zusammengetragen, der als Sockel für das Standbild des Volkes dienen wird"[408]. Die Versammlung stimmte diesem Vorschlag zu, und wenige Tage später hieß es in einem Aufruf:

„Mitbürger! Ihr habt kürzlich beschlossen, zum Ruhm des französischen Volkes ein Denkmal errichten zu lassen. [...] Ihr habt die Idee gebilligt, als Sockel des Denkmals eine Anhäufung von Trümmern der doppelten Gewaltherrschaft der Könige und der Priester zu verwenden. [...] Ihr wart der Meinung, dass ihre vom Volkszorn verstümmelten Statuen heute zum ersten Mal der Freiheit und Gleichheit dienen können, indem sie zum Podest des Denkmals werden, dessen Idee der Patriotismus gebar."[409]

Der mit der Planung beauftragte Ausschuss legte fest, das Denkmal solle „durch das Material ebenso wie durch die Gestaltung" die Erinnerung an die Revolution festhalten. Für die 15 Meter hohe Statue war als Material Bronze vorgesehen: „Wir waren im ersten Augenblick davor zurückgeschreckt, der Republik ein für die Verteidigung so notwendiges Metall zu entziehen, ein Metall, das in die feindliche Phalanx Schrecken und Tod tragen soll", man sei aber zu der Überzeugung gekommen, dass die mutigen republikanischen Legionen die nötige Bronze von den besiegten Despoten erobern würden, dass also jeder einzelne Soldat seinen Beitrag hierzu leisten werde. Dadurch könne jeder Bürger in der Statue ein Ehrenmal seines patriotischen Mutes und seiner Ausdauer erkennen.

Das von David vorgeschlagene Denkmal wurde nicht verwirklicht, 1796 verkaufte die Stadt die herabgestürzten Statuen als Baumaterial. Ein Teil der Fragmente, vor allem die Köpfe, wurde bei dieser Gelegenheit sorgfältig vergraben und erst 1977 wiederentdeckt.[410]

---

[408] Zit. nach: Katharina Scheinfuß (Hg.): Von Brutus zu Marat. Kunst im Nationalkonvent 1789–1795. Dresden 1973, S. 61 f.: „Mitbürger! [...] Ihr habt diese frechen Usurpatoren umgestürzt, sie liegen jetzt auf der Erde, die sie mit ihren Verbrechen beschmutzt haben, dem Gelächter der Völker preisgegeben, die endlich von langem Aberglauben geheilt wurden. Bürger, lasst uns diesem Siege der Vernunft über die Vorurteile Dauer verleihen; errichten wir ein Monument im Stadtgebiet von Paris, nicht weit von der Kirche, die sie zu ihrem Pantheon gemacht hatten; es überliefere unseren Enkeln das erste von einem freien Volke erhobene Siegeszeichen seines unsterblichen Triumphes über die Tyrannen; die zerschlagenen Trümmer ihrer Statuen, zu einem verworrenen Haufen getürmt, bilden ein bleibendes Denkmal von des Volkes Ruhm und ihrem Untergang. [...] Ich schlage vor, dieses aus den zerbrochenen Trümmern jener Statuen erbaute Denkmal auf dem Platz des Pont-Neuf aufzustellen und darüber die Riesengestalt des Volkes, des französischen Volkes, zu errichten."

[409] Ebd., S. 62 f. (dort auch das folgende Zitat).

[410] François Giscard d'Estaing, Michel Fleury, Alain Erlande-Brandenburg: Les Rois retrouvés. Paris 1977. – Ausst. Kat. „Nôtre-Dame de Paris. Il ritorno dei re". Florenz 1980.

146

Spolien im Deutschland des 19. und 20. Jahrhunderts

Im Rahmen der Diskussionen um die Errichtung eines würdigen Denkmals zur Erinnerung an die Völkerschlacht bei Leipzig[411] schlug August von Kotzebue 1814 in einem Zeitungsartikel[412] vor, eine bei Reichenbach im Odenwald liegende, angeblich aus der Römerzeit stammende, 31 Schuh lange und 4 Schuh starke Granitsäule auf dem Leipziger Schlachtfeld zu errichten: „Eine höhere Granit-Säule möchte wol in Deutschland nicht gefunden werden. Sie wird noch merkwürdiger durch die Steinart: Sie besteht nämlich aus demselben Granit, aus welchem die ungeheuern Obelisken in Egypten und Rom gehauen worden sind und den man sonst nur in Asien und Africa einheimisch findet". Diese sogenannte „Riesen-Säule", „verfertigt von den ersten Unterjochern der Deutschen", sollte nach dem Vorschlag Kotzebues auf dem Schlachtfeld von Leipzig errichtet werden, „zur Erinnerung an den herrlichen Sieg über die letzten Unterjocher der Deutschen. Dieses Denkmal wird noch unendlich an Werth gewinnen durch den begeisternden Gedanken, daß die übermüthigen Römer es waren, die, vor so vielen Jahrhunderten, vom Schicksal gleichsam gezwungen wurden, für ihre damaligen Sclaven eine solche Trophäe zu bearbeiten, damit sie einst in später Zukunft für den Sieg der Deutschen Enkel bezeichnet." Zweifel am historischen Alter der Granitsäule und Geldmangel verhinderten jedoch die Ausführung von Kotzebues Vorschlag.

Auch noch im 20. Jahrhundert, sogar nach dem Zweiten Weltkrieg, waren derartige Materialübertragungen durchaus üblich und verständlich: Die Ehrenmäler der Roten Armee in Berlin (Treptow und Tiergarten) wurden aus den Trümmern der gesprengten Reichskanzlei Hitlers errichtet.[413] Das Mahnmal, das die Stadt Regensburg 1988 zur Erinnerung an das tragische Schicksal der sowjetischen Kriegsgefangenen errichtete, besteht aus einem Granitblock aus Flossenbürg, und das 1989 vor dem Geburtshaus Hitlers in Braunau enthüllte Denkmal mit der Inschrift „Für Frieden, Freiheit und Demokratie. Nie wieder Faschismus. Millionen Tote klagen an" ist ein Granitblock aus dem Steinbruch des KZ Mauthausen. Bei diesen Denkmälern überwiegt die bewusst gewählte Herkunft der Steine bei weitem die Aussage der „künstlerischen Gestaltung".

---

[411] Zu weiteren Denkmalsentwürfen s. S. 89 f.

[412] „Staats- und Gelehrte Zeitung des Hamburgischen unpartheyischen Correspondenten", Nr. 55 vom 20. August 1814. – Vgl. auch: Meinhold Lurz: *Lieblich ertönt der Gesang des Sieges*. Projekte und Denkmäler der Völkerschlacht bei Leipzig aus den Jahren von 1814 bis 1894. In: Kritische Berichte 16, 1988, 3, S. 17–32; ebd., 17, 1989, 1, S. 22–38.

[413] Ausst. Kat. „Berlin im Abriß – Beispiel Potsdamer Platz". Berlin 1981, S. 19.

Ex aere capto

Da sich Metalle einschmelzen und wiederverwenden lassen, waren Kunstwerke aus Gold, Silber oder Bronze in ihrem Bestand immer stärker gefährdet als solche aus Stein, Ton oder Elfenbein. Zwar wurden auch Bronzearbeiten im Sinne von „Spolien" geraubt und zur Schau gestellt, man denke an die Pferde von San Marco, die mehrmals als prominente Beute ihren Standort wechselten.[414] Doch in den meisten Fällen warfen die Sieger eroberte Metallgegenstände in den Schmelzofen. Natürlich diente dieses „kunstfeindliche" Verhalten in erster Linie dazu, den aktuellen Metallbedarf zu befriedigen, und in der Regel wurde nicht viel Aufhebens darum gemacht, aus welchen eingeschmolzenen Gegenständen das Metall für ein neues Kunstwerk stammte. Viele antike Weihgeschenke waren aus eroberter Bronze gegossen oder aus Kriegsbeuten finanziert worden. Die sogenannte „Schlangensäule", jenes Weihgeschenk, das die Griechen 479 v. Chr. zum Dank für ihren Sieg über das persische Landheer bei Platää nach Delphi stifteten, bestand nach Herodot[415] aus dem Zehnten der Beute. Plinius berichtet, der Koloss von Rhodos sei hergestellt *„ex apparatu regis Demetrii relicto"*, also aus dem Kriegsgerät, das Demetrios Poliorketes nach der vergeblichen Belagerung der Stadt zurückgelassen hatte.[416] Derselbe Autor erwähnt eine große Jupiterstatue auf dem römischen Kapitol, die aus den Brustharnischen, Beinschienen und Helmen der besiegten Samniten[417] gefertigt worden sei. Die antiken Beispiele ließen sich beliebig fortsetzen, doch soll im Folgenden dieses Phänomen für das 19. Jahrhundert untersucht werden.

Napoleonische und antinapoleonische Denkmäler

Ein besonders eindrucksvolles und kunsthistorisch folgenreiches Beispiel für die trophäenhafte Verwendung erbeuteter Bronze ist die Pariser *Vendôme*-Säule[418], deren Geschichte hier unter materialikonologischen Aspekten zusammengefasst wird:

Napoleon wollte schon seit etwa 1800 auf der *Place Vendôme* – und zwar genau an jener Stelle, wo bis 1792 François Girardons monumentales Reiterstand-

---

[414] Ausst. Kat. „Die Pferde von San Marco". Berlin 1982, bes. S. 17–33.

[415] Herodot 9, 81.

[416] Plinius, NH 34, 42.

[417] Ebd., 34, 43.

[418] Anonym: Déscription de La Colonne, Monument triomphal élevé à la gloire de la Grande Armée par l'Empereur Napoléon, suivi d'un précis historique de la campagne de 1805. Paris 1838. – Achille Murat: La Colonne Vendôme. Paris 1970. – Jörg Träger: Über die Säule der Großen Armee auf der Place Vendôme in Paris. In: FS Wolfgang Braunfels. Tübingen 1977, S. 405–418. – Fernand de Saint Simon: La Place Vendôme. Paris 1982, bes. S. 123 ff.

bild des Sonnenkönigs gestanden hatte – eine Nachbildung der römischen Traians-säule errichten.[419] Noch 1803 war geplant, die Säule mit einer Bronzestatue Karls des Großen[420] zu bekrönen, die französische Soldaten aus dem eroberten Aachen mitgebracht hatten. Aber schon ein Jahr später hatte sich die Idee durchgesetzt, auf die Säule eine überlebensgroße Statue Napoleons zu stellen.

Erst nach dem entscheidenden Sieg der Franzosen in der „Dreikaiserschlacht" von Austerlitz wurde unter der Leitung der Architekten Jean-Baptiste Lepère und Jacques Gondouin mit dem Bau der Säule begonnen, die Oberaufsicht über die bildhauerischen Arbeiten hatte Vivant Denon. Der Kern der Säule besteht aus Kalkstein und ist mit Bronzeplatten ummantelt, auf denen wie bei der Traianssäule als fortlaufendes Reliefband die Eroberungszüge des Herrschers dargestellt sind. Eine 1838 publizierte anonyme Beschreibung der Säule bemerkt zu den Bronzeplat-ten: *„Elles ont été coulées avec l'airain de 1 200 canons, pris parmi ceux conquis sur l'ennemi à Ulm et à Vienne. "*[421] Im September 1806 waren die Kanonen nach Paris gebracht, zunächst wie bei einem antiken Triumphzug der Menge gezeigt und danach der Gießerei übergeben worden. Auch die lateinische Inschrift auf dem Sockel weist darauf hin, dass dieses Monument *ex aere capto* errichtet wurde.[422]

Um die Aussage dieses ehrgeizigen Denkmals zu verstehen, muss man die damalige politische Situation berücksichtigen: Im Jahr des Baubeginns legte der habsburgische Kaiser auf das Ultimatum Napoleons hin die römisch-deutsche Kai-serwürde nieder, was das Ende des auf Karl den Großen zurückgeführten Heiligen Römischen Reichs Deutscher Nation bedeutete. Napoleon – seit 1804 Kaiser der Franzosen – konnte sich also nicht nur als Nachfolger der römischen Kaiser, be-sonders des Germanien-Eroberers Traian, sondern auch als Nachfolger Karls an-sehen – und beides ist in der Entstehungsgeschichte der *Vendôme*-Säule deutlich erkennbar gewesen: Nicht nur ihre Form, auch ihr Entstehungsprozess und ihr Material tragen triumphalen Charakter. Die Feinde der Franzosen sind nicht nur militärisch, sondern auch *materialiter* überwunden worden. Jörg Träger[423] hat in diesem Zusammenhang von einer *damnatio memoriae* gesprochen, was mir den

---

[419] Noch 1798 hatte Napoleon gehofft, neben den vielen anderen Kunstschätzen aus Italien auch die originale Traianssäule nach Paris zu transferieren, was sich aber als technisch undurchführbar erwies.

[420] Es handelt sich um eine Statue aus dem frühen 17. Jahrhundert, die, nachdem sich ge-zeigt hatte, dass man in Paris keine Verwendung für sie hatte, 1805 wieder an die Stadt Aachen zurückgegeben wurde, wo sie noch heute vor dem Rathaus steht (A. Murat, a. a. O., S. 75 f. – J. Träger, a. a. O., S. 409).

[421] Anonymus von 1838, S. 3 f.

[422] *„NEAPOLIO IMP. AUG. / MONVMENTVM BELLI GERMANICI / ANNO MDCCCV / TRIMESTRI SPATIO DVCTV SVO PROFLIGATI / EX AERE CAPTO / GLORIAE EXERCITVS MAXIMI DICAVIT. "*

[423] J. Träger, a. a. O., S. 413.

Sachverhalt nicht gut zu treffen scheint, denn die Erinnerung an die besiegten Feinde sollte durch die trophäenhafte Verwendung ihrer Kanonen ja gerade am Leben gehalten werden.

Auch das weitere Schicksal der Säule ist unter Materialaspekten von Interesse: Die ursprüngliche, 1810 von Antoine-Denis Chaudet geschaffene antikisierende Napoleonstatue wurde schon 1814 von der Säule geholt und ihre Bronze zum Neuguss des in der Revolution zerstörten Reiterstandbildes Heinrichs IV. verwendet.[424] 1833 ließ der „Bürgerkönig" Louis-Philippe neuerdings eine Napoleonstatue – ein Werk von Charles-Emile-Marie Seurre – auf der Säule aufstellen. Diese Figur zeigte den von der Bevölkerung geliebten *petit caporal* zeitgenössisch gekleidet, mit Mantel und Zweispitz, und war wiederum aus erbeuteten Kanonen gegossen.[425]

1863, unter Napoleon III., wurde auch diese zweite Statue entfernt.[426] Sie entsprach nicht mehr dem Anspruch des Zweiten Kaiserreichs und musste erneut einer antikisch gekleideten und dadurch würdigeren und zeitloseren (von Augustin-Alexandre Dumont) weichen. Diese dritte Figur wurde schließlich am 16. Mai 1871 mitsamt der ganzen Säule beim Aufstand der Pariser *Commune* umgestürzt und zerstört.

Noch im Oktober des Vorjahres hatte Gustave Courbet in einem offenen Brief „An die deutschen Künstler" einen materialikonologisch interessanten, wenn auch politisch naiven Friedensvorschlag gemacht:

> *„Hört zu: Lasst uns Eure Kanonen von Krupp, und wir werden sie mit den unsrigen zusammen einschmelzen! Die letzte Kanone, die Mündung in die Luft, die phrygische Mütze obenauf, das Ganze auf ein Postament gesetzt, das seinerseits auf drei Kanonenkugeln aufliegt, und dieses kolossale Monument, das wir gemeinsam auf der Place Vendôme errichten werden, dies sei Eure Säule, Eure und unsere, die Säule der Völker, die Säule Deutschlands und Frankreichs, die dann auf immer vereint sind. "*[427]

Vor allem wenn „Kunstdenkmäler" in erster Linie „Denk-Mäler" sind, das heißt stellvertretend für eine Idee oder Person stehen, werden sie seit Jahrtausenden ähnlich wie lebende Wesen behandelt: Es wird ihnen Ehre bezeugt, wie den römischen Kaiserstatuen, sie werden gesalbt, wie die Grabstelen der Griechen, be-

---

[424] A. Murat, a. a. O., S. 119.

[425] Anonymus von 1838, S. 8. – J. Träger, a. a. O., S. 413.

[426] Diese Statue wurde aber nicht aus politischen, sondern aus ästhetischen Gründen entfernt. Sie verfiel deshalb auch nicht der uminterpretierenden Einschmelzung, sondern erhielt einen neuen Standort am Seine-Ufer, von wo aus sie allerdings die Aufständischen der Pariser *Commune* 1871 in den Fluss warfen. Sie wurde aber nach einiger Zeit wieder geborgen und ist noch heute erhalten.

[427] Zit. nach: Ausst. Kat. „Courbet und Deutschland". Hamburg und Frankfurt am Main 1978/79, S. 380.

kleidet und bekrönt, wie die christlichen Gnadenbilder. Sie und das durch sie *in effigie* Repräsentierte können aber auch bestraft, geschändet, gestürzt, verspottet und zerstört werden. Eine besondere Strafe ist die Wiederverwendung in einem neuen, häufig antithetischen Zusammenhang („Schwerter zu Pflugscharen").

Die Triumphsymbolik der Pariser Bronzesäule wirkte nachhaltig auf das 19. Jahrhundert: Schon an einer 1809 gegossenen Glocke des Mainzer Doms wird inschriftlich – in der Wortwahl vergleichbar – der Dank an Napoleon und die Gegnerschaft zu Preußen durch den Hinweis auf das Material ausgedrückt: „[...] *ex aere bellico a Napoleone Magno devictis Borussis capto et generose concesso partim confecta [...]* "[428].

Auf dem Schlachtfeld von Waterloo südlich von Brüssel, genauer gesagt dort, wo der Prinz von Oranien verwundet worden war, wurde zur Erinnerung an den 1815 errungenen Sieg über Napoleon ein 60 Meter hoher Tumulus aufgeschüttet. Ihn bekrönt ein 28 000 kg schwerer Löwe, der angeblich aus eroberten Geschützen der *Grande Armée* oder aus solchen, die auf dem Schlachtfeld gefunden worden waren, gegossen wurde.[429]

In der Befreiungshalle bei Kehlheim stehen 34 Viktorien aus Carrara-Marmor, von denen je zwei zwischen sich Bronzeschilde, gegossen „aus erobertem Geschütz", halten, „auf denen die bedeutendsten von den Deutschen im Befreiungskriege 1813–1815 gewonnenen Schlachten verzeichnet sind"[430].

Noch die Berliner Siegessäule[431] scheint mir eine späte Reaktion auf die napoleonische Triumphsäule. Die Errichtung geht auf einen Erlass König Wilhelms I. vom 18. Dezember 1864 zurück: Auf dem Königsplatz vor dem Brandenburger Tor sollte eine Säule errichtet werden, in deren Kanneluren die im dänischen Feldzug erbeuteten Kanonen anzubringen seien. Schon 1867 wurde eine Vergrößerung befohlen, weil auch die Beutestücke des preußisch-österreichischen Krieges miteinbezogen werden sollten. 1871 kamen dann noch die eroberten Kanonen des deutschen Sieges über die Franzosen hinzu, so dass die Einweihung der damals 61 Meter hohen Säule erst 1873 – am „Sedanstag" – stattfinden konnte. Es handelt sich also bei diesem Denkmal, das erst 1938 an seinen heutigen Standort versetzt und dabei nochmals erhöht wurde, um eine riesige Trophäenansammlung,

---

[428] Zit. nach: A. Ph. Brück: Willigis (wie Anm. 109), S. 531.

[429] Diese Angabe findet sich in vielen Beschreibungen des Denkmals, so etwa in: Albert Hofmann: Denkmäler mit architektonischem oder vorwiegend architektonischem Grundgedanken (= Handbuch der Architektur IV, 8, 2). Stuttgart 1906, S. 306. – Neuerdings wurde diese Herkunft der Bronze als Legende entlarvt, was zeigt, dass der Gedanke den Rezipienten als „naheliegend", ja fast als „logisch" erschienen ist.

[430] Zit. nach: Das Bayerland 3, 1892, Nr. 45. – Vgl. auch: Manfred F. Fischer: Befreiungshalle Kehlheim. Amtlicher Führer. München 1981, S. 16.

[431] Irmgard Wirth: Die Bauwerke und Kunstdenkmäler von Berlin. Bezirk Tiergarten. Berlin 1955, S. 203–205.

deren Grundidee, nämlich die Kanonen der besiegten Feinde zum Ornament zu degradieren, bereits bei den Planungen zur *Vendôme*-Säule in Erwägung gezogen worden war.

Kanonen von der Seeschlacht bei Navarino

Am 20. Oktober 1827 besiegte bei Navarino *(Pylos)* an der Westküste der Peloponnes die vereinigte englisch-französisch-russische Flotte in wenigen Stunden die weit überlegene türkisch-ägyptische und gab dadurch dem Freiheitskampf der Griechen die entscheidende Wendung. Von den 82 mit mehr als 2000 Kanonen bestückten Schiffen der Türken sanken 55 auf den Grund der Bucht. Die Seeschlacht von Navarino wurde in ganz Europa als Sieg des Philhellenismus und westlicher Aufgeklärtheit über Despotismus und Rückständigkeit gefeiert und mit dem unvergessenen Triumph von Lepanto (1571) verglichen. Der Freiheitskampf der Griechen gegen die Türken hatte für die deutschen Einigungspläne nach den Unabhängigkeitskriegen gegen Napoleon einen erheblichen Symbolwert.

Einige Jahre nach der Seeschlacht wurden die in der Bucht von Navarino liegenden Kanonen gehoben, und König Ludwig I. von Bayern ließ über 1000 Zentner davon nach München bringen, wo diese Bronze sozusagen zur materiellen Basis für die gerade aufblühende Erzgießerei wurde.[432] Im Folgenden wird zu untersuchen sein, ob oder inwieweit die Herkunft dieser Bronze zur Semantik der aus ihr gefertigten Statuen beitrug.

Im Jahre 1830 erhielt Bertel Thorvaldsen zwei Aufträge aus Süddeutschland: Der „Verein für das Denkmal Schillers in Stuttgart" erbat den Entwurf zu einer Statue des Dichters, und König Ludwig I. von Bayern beauftragte den Bildhauer mit den Vorarbeiten zu einem Reiterdenkmal des bayerischen Kurfürsten Maximilian I. (gest. 1651). Gegossen wurden beide Denkmäler in der königlichen Erzgie-

---

[432] Fritz von Miller: Ferdinand von Miller sen., der Erzgießer. Sein Lebensbild dessen Enkeln und Enkelkindern erzählt. München 1904 (zit. nach der 2. Aufl. 1979), S. 114: „Nach Jahren versuchte man, Wertvolles aus den versenkten Schiffen durch Taucher heraufzuholen. Dazu gehörten vor allem die Kanonen, die dann öffentlich verkauft wurden. König Ludwig erwarb über tausend Zentner solcher Kanonen, deren Formen höchst interessant waren. Eine davon liegt heute noch im Vestibül des bayerischen Militär-Museums." Etwas anders wird der Bronze-Erwerb ebd., S. 36 geschildert: „König Ludwig I. hatte die [...] Kanonen heben und sie nach München bringen lassen, um daraus die Kunstwerke zu gießen, die er für seine Hauptstadt plante. Der Hof des Gießhauses glich einem Arsenale. Reich verziert waren mitunter die Riesengeschütze, die später ihren Weg in den großen Flammenofen nahmen."

ßerei von Johann Baptist Stiglmaier[433] zu München und zwar aus den genannten Kanonen.

Das Stuttgarter Schillerdenkmal[434] wurde am 8. Mai 1839 feierlich enthüllt. Eduard Mörike hatte den Text für eine Kantate gedichtet, Gustav Schwab hielt eine begeisterte Ansprache, und die Zeitungen berichteten ausführlich von den Feierlichkeiten. Jedoch wird in keiner dieser Verlautbarungen erwähnt, dass die Bronze für das Schillerdenkmal aus den Kanonen von Navarino genommen worden war. Ganz offensichtlich hatte diese Herkunft für das Königreich Württemberg oder für Stuttgart keine so bedeutende Symbolkraft wie für Bayern – in Stuttgart sah man eher den Zusammenhang zwischen dem Erz des Denkmals und dem Erz in Schillers „Lied von der Glocke"[435].

---

[433] In der kgl. Erzgießerei Stiglmaier wurde auch der Obelisk auf dem Münchner Karolinenplatz gegossen, der laut Inschrift „Den dreyssig tausend Bayern, die im russischen Kriege den Tod fanden", gewidmet ist und am 18. Oktober 1833 enthüllt wurde. Nach August Alckens: Die Denkmäler und Denksteine der Stadt München. München 1936, S. 168 stammte das Material von Kanonen der bei der Seeschlacht von Navarino versenkten türkischen Schiffe. (Vgl. auch Ders.: München in Erz und Stein. Gedenktafeln, Denkmäler, Gedenkbrunnen. 2 Bde. Mainburg 1973, Bd. 1, S. 96). – Dies scheint aber nicht zu stimmen: Rainer Braun: Die Bayern in Rußland 1812. In: Ausst. Kat. „Wittelsbach und Bayern", Bd. III/1, München 1980, S. 260–271 schreibt Anm. 2: „Als Material dienten [...] Vorräte des Artillerie-Depots München, darunter auch unbrauchbare bayerische und fremde Geschütze", und verweist hierfür auf Unterlagen im Bayerischen Hauptstaatsarchiv. – Die kurze Eröffnungsrede des Fürsten Wrede, abgedruckt in der „Münchner Politischen Zeitung" vom 20. Oktober 1833, erwähnt die Herkunft der Bronze nicht. Aber schon in der nächsten Ausgabe dieser Zeitung publiziert ihr Redakteur, J. B. Rousseau, ein selbstverfasstes Gedicht, in dem der Obelisk als „metall'ne Blume", „Ehrenort" und „stolzes Erz" umschrieben wird und dessen letzte Strophe mit den Worten beginnt: „Also lehret diese Säule aus erobertem Metall, / Wie die ird'sche Überhebung nur beschleuniget den Fall."

[434] NN.: Das eherne Standbild Schillers auf dem alten Schloßplatz zu Stuttgart. In: Kunst-Blatt Nr. 41 (21. Mai 1839), S. 161–164 (nichts zum Material der Statue). – Emil Mayer: Mitteilungen über die Errichtung des Schillerdenkmals in Stuttgart. In: Monatsschrift des Württembergischen Vereins für Baukunde 1893, S. 25–30. – Egon Weyer: Thorvaldsen, Dannecker und Stuttgart. Gedanken zum 125jährigen Bestehen des Schillerdenkmals. In: Beiträge zur Landeskunde. Beilage zum Staatsanzeiger für Baden-Württemberg Nr. 4 (Oktober 1964), S. 1–9. – Sylvia Heinje: Zur Geschichte des Stuttgarter Schiller-Denkmals von Bertel Thorvaldsen. In: Bertel Thorvaldsen. Untersuchungen zu seinem Werk und zur Kunst seiner Zeit (= Kölner Berichte zur Kunstgeschichte. Begleithefte zum Wallraf-Richartz-Jahrbuch 1977). Köln 1977, S. 399–418.

[435] In einem Gedicht (abgedr. im Morgenblatt für gebildete Leser 33, 1839, S. 449), das Gustav Schwab als Toast auf Stiglmaier, den Gießer der Statue, und auf Thouret, den Entwerfer des Sockels, verfasste, heißt es: „Dies Erz ist Erz, wie Schillers Glocke". – Denselben Zusammenhang stellte Hans Christian Andersen noch 1862 in seinem Märchen „Die alte Kirchturmglocke" her: Dieselbe Marbacher Glocke, die zu Schillers Geburt geläutet und ihn später zu seinem „Lied von der Glocke" angeregt habe, sei,

Erst in neuester Zeit – also historisch gesehen nachträglich – wurde zwischen der Gestalt Schillers und den eroberten türkischen Kanonen ein innerer Zusammenhang postuliert:

„Der deutsche Geist hat aus der Asche den Phönix steigen lassen; aus den Überresten des überwundenen Erbfeinds schuf sich das Abendland ein Monument. Anschaulicher ist die Dialektik des deutschen Idealismus nicht zu schildern. Schiller, dessen Gestalt das heidnische Erz zur Verklärung bringt.“[436]

Thorvaldsens Münchner Reiterdenkmal (Abb. 16) wurde im selben Jahr wie die Stuttgarter Schillerstatue enthüllt. Ein offizieller zeitgenössischer Bericht über den Guss des Denkmals[437] überliefert, dass – vermutlich vom königlichen Auftraggeber – gefordert worden sei, „das riesige Pferd aus türkischem Kanonenmetall in einem Stücke und in einem Gusse“ herzustellen. Auch die Signatur am Sattelgurt des Pferdes erwähnt die Herkunft der Bronze: „Gezeichnet und modellirt von Alb. Thorwaldsen. / Gegossen von Stiglmaier von den bey der Schlacht von Navarin in den Grund gebohrten Schiffen.“

Für König Ludwig I. von Bayern war Griechenland und der Freiheitskampf gegen die Türken ein tief empfundenes persönliches Anliegen und eine ständige Herausforderung. Kurfürst Maximilian, der an der Spitze der katholischen Liga gegen die (protestantischen) „Ungläubigen“ gekämpft hatte, sollte aus jener Bronze gegossen werden, die den (türkischen) „Ungläubigen“ abgenommen worden war. Dieser Gedanke ist zwar explizit nirgends ausgesprochen, liegt aber bei dem großen Interesse, das Ludwig an Materialfragen hatte, nahe.

Auch die von Ludwig von Schwanthaler entworfene Kolossalfigur der Bavaria (1844–50), von König Ludwig I. als Antwort auf die antike *Athena Promachos* der Athener Akropolis und den Koloss von Rhodos verstanden, und das Goethe-Schiller-Denkmal von Ernst Rietschel in Weimar (1857), beide von Ferdinand von Miller in München gegossen, bestehen zum größten Teil aus türkischen Kanonen

---

nachdem sie zerbrochen war, nach München geschickt und eingeschmolzen worden, um „Kopf und Brust der Statue“ zu bilden.

[436] Beat Wyss: Trauer der Vollendung. Von der Ästhetik des Deutschen Idealismus zur Kulturkritik der Moderne. München 1985, S. 150.

[437] Adolph von Schaden: Gedenkbüchlein an den Maximilianstag (12. Oktober 1839), oder: Genaue Beschreibung und Entstehungsgeschichte der Reiterstatue Maximilians I. auf dem wittelsbacher Platze zu München, nebst einer kurzgefaßten Biographie dieses Kurfürsten. Nach offiziellen Quellen bearbeitet und herausgegeben. München 1839 (Zitate S. 4 und 7 f.). – Die Akten zu den Enthüllungsfeierlichkeiten liegen im Bayerischen Hauptstaatsarchiv.

Abb. 16: München, Denkmal für Kurfürst Maximilian I., von Bertel Thorvaldsen, 1830–36

von Navarino, ohne dass allerdings an den Figuren inschriftlich darauf hingewiesen wird[438].

Anders in dem folgenden Fall: In der von Friedrich von Gärtner in den Jahren 1841–44 als Abschluss der Münchner Ludwigstraße erbauten Feldherrnhalle stehen zwei Bronzestatuen, ebenfalls von Schwanthaler entworfen und von Miller gegossen. Die Auswahl der beiden dargestellten Persönlichkeiten traf Ludwig I. selbst: Graf Johann Tserklas von Tilly (1559–1632), der im Dreißigjährigen Krieg erfolgreich die Armee der katholischen Liga befehligt hatte, steht auf der Seite der

---

[438] F. von Miller (wie Anm. 432), S. 81: „Im Ofen waren sechs türkische Dreißigpfünder-Schiffskanonen, dreizehn kleinere Kanonen, ebenfalls türkisches Geschütz, sechzig Zentner Erz in kleineren Stücken, zusammen 330 Zentner." Ebd., S. 94: „Bei den Güssen, zu welchen größtenteils türkische Kanonen in Verwendung kamen, mußten mehrfach bis 452 Zentner auf einmal in Fluß gebracht werden." – Vgl. auch: Josef Anselm Pangkofer: Bavaria, Riesenstandbild aus Erz vor der Ruhmeshalle auf der Theresenwiese bei München. München 1850, S. 28.

Residenz. Karl Fürst von Wrede (1767–1838), der nach der Rückkehr vom napoleonischen Russlandfeldzug maßgeblichen Anteil am Bündniswechsel Bayerns gehabt hatte und von Ludwig I. mit wichtigen staatsmännischen Aufgaben betraut worden war, steht auf der Seite der Theatinerkirche. Eine zeitgenössische Quelle bemerkte den Zusammenhang zwischen den beiden Persönlichkeiten und ihrem Aufstellungsort: „Bedeutungsvoll zwischen ein Gotteshaus und eine Königsburg gestellt", überwölbt die Feldherrnhalle „die beiden besten Säulen unserer Kirche und unseres Thrones – Tilly und Wrede, und stellt ihre aus Granit und Erz für ewige Dauer geformten Bilder unserer Vergangenheit zum Ruhme, unserer Gegenwart zum Stolze, unserer Zukunft zur Warnung hin."[439]

An beiden Statuen ist auf der Rückseite, also an versteckter Stelle, doch deutlicher sichtbar als die Künstlersignaturen, die Herkunft der Bronze vermerkt: Die Tilly-Statue wurde demnach „Gegossen aus türkischen Geschützen, die in dem Seetreffen bey Navarin mit den Schiffen ins Meer gesunken sind", wohingegen die Wrede-Figur „aus Geschützen solcher Staaten, von welchen Fürst Wrede erobert hat", bestehen soll.[440] Im letzteren Fall ist der inhaltliche Zusammenhang zwischen dem Material und der dargestellten Persönlichkeit eindeutig beschrieben; bei Tilly war vermutlich – ähnlich wie beim Reiterdenkmal des Kurfürsten Maximilian – gemeint, dass die Kämpfe des bayerischen Heerführers gegen die Feinde des katholischen Glaubens vergleichbar entscheidend waren wie die Seeschlacht von Navarino für Christentum und Philhellenismus. Dass die Feldherrnstatuen aus eroberten Kanonen gegossen waren, stand nicht nur unauffällig an den Figuren vermerkt, sondern blieb durchaus bekannt und Teil ihrer Aussage.[441]

---

[439] Zit. nach: Helmut Scharf: Nationaldenkmal und nationale Frage in Deutschland am Beispiel der Denkmäler Ludwigs I. und deren Rezeption. (Phil. Diss. 1978) München 1985, S. 346 (ohne Quellenangabe).

[440] Frank Otten: Ludwig Michael Schwanthaler 1802–1848 (= Studien zur Kunst des 19. Jahrhunderts 12). München 1970, S. 138.

[441] Anlässlich der Eröffnung der Feldherrnhalle am 8. Oktober 1844 schrieb die Allgemeine Zeitung: „Unerwähnt glauben wir hier auch nicht lassen zu sollen, daß Wredes Standbild aus dem Metall von Kanonen solcher Mächte gegossen wurde, von denen er derlei Geschütze in den Feldzügen, worin er Heerführer der Bayern war, erobert hatte" (zit. nach: Das Bayerland 3, 1892, S. 284) – Vgl. auch ebd., S. 279: „aus dem Erz der Kanonen gegossen, ragen die Standbilder von Bayerns größten Marschällen."

Kanonen aus dem Krimkrieg

Die 16 Meter hohe Marienstatue *Nôtre-Dame de France* erhebt sich, von allen Seiten her sichtbar, auf einem der steilen Lavakegel des französischen Wallfahrtsortes Le Puy-en-Velay und ist ein Werk des Bildhauers Jean Bonnassieux.[442] Der Grundstein zu diesem Denkmal wurde im Dezember 1854 gelegt, doch trotz großzügiger Spenden aus dem ganzen Land genügten die Mittel für das ehrgeizige Projekt bei weitem nicht. Am 5. September 1855 wandte sich die Geistlichkeit um Unterstützung an Napoleon III., und drei Tage später – *heureuse coincidence* – eroberten französische Truppen die Festung Sewastopol, beendeten dadurch den Krimkrieg und sicherten Frankreich für lange Zeit die Vorherrschaft im europäischen Staatensystem. Der Kaiser stellte aus der Beute 213 Kanonen mit einem Gesamtgewicht von 150 Tonnen zur Verfügung, so dass die Riesenstatue am 12. September 1860 unter großer Anteilnahme der Bevölkerung enthüllt werden konnte, als Denkmal der Frömmigkeit und des Ruhms der Franzosen.

NS-Bronze für die Muttergottes

Nach dem Ende des Zweiten Weltkriegs konnte man erleichtert feststellen, dass Hans Krumpers bedeutende Bronzestatue der *Patrona Boiariae* (1616) von der Westfassade der Münchner Residenz den Krieg unter den Trümmern weitgehend unbeschädigt überstanden hatte. Nur ihre „Herrschaftsinsignien", Szepter, Krone und Reichsapfel, waren verloren. Die fehlenden Teile wurden angeblich „aus der Bronze des gestürzten Mahnmals an der Feldherrnhalle", also dem ehemaligen „Ehrenmal für die Gefallenen vom 9. November 1923", dem bekanntesten Symbol der nationalsozialistischen Herrschaft in München, neu gegossen[443] – so als hätte man sich bei der Schutzherrin Bayerns dafür entschuldigen wollen, dass sie das Ehrenmal zwölf Jahre lang vor ihrem Angesicht ertragen musste.

---

[442] Georges und Pierre Paul: Nôtre-Dame du Puy. Essai historique et archéologique. Le Puy-en-Velay 1950, S. 53–60. – Charles Roy: Bonnassieux et sa légende. In: Le Puy-en-Velay, son Site pittoresque, son Eglise angélique, ses Jubilés glorieux, ses Trésors artistiques. Le Puy 1932, S. 102–104 (die historisch unrichtige Legende besagt, der Künstler habe sich umgebracht, weil er der Muttergottes das Kind auf den falschen, nämlich den rechten Arm gesetzt habe).

[443] Tino Walz, Otto Meitinger, Toni Beil: Die Residenz zu München. Entstehung, Zerstörung, Wiederaufbau. München 1987, S. 14 und Abb. S. 4.

Mit dem Terminus „Kunstgeschichtlichkeit" soll jene Aura bezeichnet werden, welche einige Materialien durch ihre traditionelle Verwendung für Werke der „hohen Kunst" erlangten. Wolfgang Kemp[444] sprach in diesem Zusammenhang von der „Geschichtlichkeit der Werkstoffe", doch erscheint mir dieser Begriff zu umfassend gewählt, denn „geschichtlich" sind durch ihr semantisches Feld alle in dieser Arbeit genannten – und viele andere – Materialien geworden. Bronze und Marmor sind es vor allem, die sich seit der Antike mit „Kunstgeschichtlichkeit" angereichert haben, was sich vielleicht am deutlichsten an ihrer Ablehnung durch viele Künstler des 20. Jahrhunderts zeigen lässt. So forderte Umberto Boccioni 1912 in seinem *Manifesto tecnico della scultura futurista:*

> *„Distruggere la nobiltà tutta letteraria e tradizionale del marmo e del bronzo. Negare l'esclusività di una materia per la intera costruzione d'un insieme scultorio. Affermare che anche venti materie diverse possono concorrere in una sola opera allo scopo del'emozione plastica. Ne enumeriamo alcune: vetro, legno, cartone, ferro, cemento, crine, cuoio, stoffa, specchi, luce elettrica ecc. ecc. "*

Der Dadaist Raoul Hausmann pries 1918 in seinem Manifest „Synthetisches Cino der Malerei"[445] die „wirklichen Materialien": Draht, Glas, Pappe und Stoff. Auch das „Dadaistische Manifest", das im selben Jahr als Flugblatt herausgegeben wurde, verkündete: „Dada will die Benutzung des neuen Materials in der Malerei."[446]

Die Ablehnung der traditionellen bzw. die Forderung nach „neuen" Materialien belegen, dass sich die futuristischen und dadaistischen Künstler sowie ihr provoziertes Publikum ziemlich einig waren, aus welchen Materialien „richtige Kunst" zu bestehen habe: Skulpturen aus Marmor oder Bronze, Gemälde aus „Öl auf Leinwand". Andere Stoffe kamen zwar durchaus vor, galten aber seit der Mitte des 18. Jahrhunderts immer als der Kunst nicht ganz angemessen: Ton und Gips waren legitime Materialien für die Zwischenstufen bei der Entstehung von Skulpturen; Holz und Wachs Materialien der Volkskunst oder des Panoptikums; edle Metalle und Porzellan Stoffe des Kunsthandwerks; synthetische Materialien Merkmal des Designs. Die von den Futuristen und Dadaisten propagierten „neuen" Materialien wie Glas, Pappe, Draht, Eisen, Zement waren größtenteils nicht wirklich „neu", sie galten nur bisher nicht als „kunst-würdig", nicht einmal in jenem eingeschränk-

---

[444] W. Kemp: Holz (wie Anm. 14). – Diese Terminologie wurde dann auch übernommen von Andrea El-Danasouri: Kunststoff und Müll. Das Material bei Naum Gabo und Kurt Schwitters. München 1992, bes. S. 19 ff.

[445] Uwe M. Schneede (Hg.): Die Zwanziger Jahre. Manifeste und Dokumente deutscher Künstler. Köln 1979, S. 24.

[446] Ebd., S. 22.

ten Sinne, wie die vorher genannten. Gerade ihre „Kunst-Ferne" machte diese Materialien für die Bilderstürmer des 20. Jahrhunderts so interessant.[447]

Doch nicht nur Bronze und Marmor wurden wegen ihrer kunsthistorischen Konnotationen von der Moderne abgelehnt: Schon die Tatsache, dass ein Material überhaupt bereits für Kunstwerke verwendet worden war, ließ es manchem Künstler als „belastet" erscheinen. Der englische Bildhauer Anthony Caro etwa erklärte:

„Vielleicht ist es jetzt unmöglich, eine Tonplastik zu machen, im Moment ist es ohnedies für mich schwierig, eine Tonplastik zu machen – es stecken zu viele Erinnerungen drin. Und ich glaube, deshalb versucht man wirklich, ein Material zu bekommen, in dem nicht zu viel Kunstgeschichte steckt. Obwohl ich denke, daß Stahl jetzt leider schon sehr voll von Kunstgeschichte ist. Ich würde liebend gerne ein anderes Material verwenden. "[448]

Es wird also empfunden, dass viele Materialien – in diesem Falle der Ton – kunsthistorisch „belastet" sind und ihre Last dem modernen Kunstwerk aufbürden. Adorno meinte 1965:

„Die Materialien sind keineswegs die Naturgegebenheiten, als welche der unreflektierte Künstler sie leicht betrachtet. In ihnen hat Geschichte und, durch sie hindurch, auch Geist sich aufgespeichert. [...] Künstlerische Phantasie erweckt das Aufgespeicherte, indem sie des Problems gewahr wird. Ihre Schritte, stets minimal, antworten auf die wortlose Frage, welche die Materialien und Formen in ihrer stummen Dingsprache an sie richten. "[449]

Eindrucksvoll wird der Konflikt zwischen „neuen" und traditionellen Kunst-Materialien sichtbar, wenn Marcel Duchamp seinen industriell hergestellten, gußeisernen und verzinnten Flaschentrockner in Bronzekopien vervielfältigen lässt, oder wenn Joan Miró seine Assemblagen aus Fundstücken – Ackergeräten, Wurzelstrünken, Motorersatzteilen – durch den Guss in Bronze dauerhaft, „würdig" und einheitlich macht. Die „Alltäglichkeit" und somit „Kunst-Ferne" der Materialien, die bei diesen Artefakten ursprünglich die entscheidende Aussage bildeten, werden also in einem zweiten, sozusagen ironischen Schritt wieder aufgehoben.

---

[447] Jürgen Schilling: Nichttraditionelle Materialien – Der erweiterte Spielraum. In: Ausst. Kat. „Dimensionen des Plastischen. Bildhauertechniken". Berlin 1981, S. 138–151. – A. El-Danasouri (wie Anm. 444).

[448] Zit. nach: W. Kemp: Holz (wie Anm. 14), S. 9 f.

[449] Theodor W. Adorno: Funktionalismus heute (Vortrag auf der Tagung des Deutschen Werkbundes 1965). In: Ders.: Ohne Leitbild. Frankfurt am Main 1973, S. 104–127, hier S. 118.

Es ist kein Zufall: Während auf den „avantgardistischen" Kunstausstellungen (etwa der *documenta*) Skulpturen aus Bronze und Marmor so gut wie fehlen, bilden sie bei den großen, alljährlich stattfindenden Verkaufsausstellungen der lokalen Künstlervereinigungen den Schwerpunkt. Die Wahl des Materials bringt – unabhängig von allen ästhetischen oder sinnlichen Überlegungen – für viele Künstler die Selbsteinschätzung als „modern" oder „traditionsverhaftet" zum Ausdruck.

Allerdings sind auch immer wieder Gegenbewegungen festzustellen, die unter Stichworten wie „Neue Prächtigkeit" oder „Wiederkehr des Mythos" antreten.[450] Auch die „Kunstgeschichtlichkeit" von Werkstoffen ist – wie die gesamte „Sprache der Materialien" – keine statische Größe, sondern in ständigem Wandel begriffen.

---

[450] Rosi Huhn und Peter Rautmann: „Gold gab ich für Eisen". Materialaspekte zur documenta 7. In: Kritische Berichte 10, 1982, 4, S. 21–36.

PARADIGMATA

Bei den bisherigen Überlegungen wurde systematisch vorgegangen, um aufzuzeigen, welche „Aussagemöglichkeiten" verschiedene Werkstoffe zu verschiedenen Zeiten und in verschiedenen Zusammenhängen haben konnten und können. Das Ziel war eine „Einführung in die Sprache der Materialien" anhand von ausgewählten Beispielen. Die Kunstwerke wurden dabei zumeist nur sehr kursorisch und einseitig betrachtet, eben allein unter dem Aspekt der Bedeutung ihrer Materialien. Häufig mussten Zusammmenhänge auseinander gerissen werden. Im Folgenden soll nun an zwei Beispielen die praktische Anwendung materialikonologischer Fragestellungen vorgeführt werden, und zwar an einem einzelnen Kunstwerk (Paradigma 1) und an einem einzelnen Material zu einer bestimmten Zeit (Paradigma 2).

Paradigma 1
Materialikonologie in karolingischer Zeit:
Das Reiterstandbild des Theoderich in Aachen

Als Karl der Große im Jahre 801 von der Kaiserkrönung in Rom zurückkehrte, sah er zu Ravenna ein bronzenes Reiterstandbild des Ostgotenkönigs Theoderich und befahl, es nach Aachen zu überführen.[451]

Fast dreißig Jahre später verfasste der Reichenauer Mönch Walahfrid Strabo für den Aachener Hof ein längeres Gedicht, in dem er das Standbild ausführlich beschrieb und deutete.[452] Da die Reiterstatue nicht erhalten ist, hat sich die Forschung seit langem bemüht, ihr Aussehen und die politische Bedeutung ihrer Auf-

---

[451] Die folgenden Erörterungen stützen sich vor allem auf Felix Thürlemann: Die Bedeutung der Aachener Theoderich-Statue für Karl den Großen (801) und bei Walahfrid Strabo (829). Materialien zu einer Semiotik visueller Objekte im frühen Mittelalter. In: Archiv für Kulturgeschichte 59, 1977, S. 25–65. – Die Quelle für die Statuenübertragung ist der *Liber pontificalis ecclesiae Ravennatis* des Bischofs Agnellus (MGH, Scriptores rerum langobardicarum, S. 338): *„Carolum regem hanc pulcherrimam imaginem Ravenna deportatam in suo palatio qui Aquisgranis vocatur firmasse refert, [...] Equus ex aere, auro fulvo perfusus, ascensorque eius Theodoricus rex scutum sinistro gerebat humero, dextro vero brachio erecto lanceam tenens. "*

[452] Lateinischer Text: Ernst Dümmler (Hg.): Poetae latini aevi Carolini (= MGH, Poetarum latinarum medii aevi, tom. II). Berlin 1884, S. 370–378.

stellung in Aachen aufgrund dieses Gedichtes und anderer schriftlicher Quellen zu rekonstruieren.[453]

Über das Denkmal lässt sich Folgendes mit einiger Sicherheit sagen: Es handelte sich um eine überlebensgroße Reiterstatue aus vergoldeter Bronze auf hohem steinernen Sockel. Theoderich saß auf einem Pferd, ohne es zu zügeln, und trug Sporen. Mit der erhobenen Rechten hielt er eine Lanze, den Schild trug er auf oder an der linken Schulter. Das lebhaft bewegte Pferd hatte ein Vorderbein, vermutlich das linke, erhoben. Der Denkmalsockel stand mit einer Brunnenanlage in Verbindung.

Es ist überliefert, dass Karl seine Aachener Pfalz als „Lateran" bezeichnete.[454] Da vor dem eigentlichen, dem römischen Lateranpalast im 8. Jahrhundert die vergoldete, damals als Bildnis Konstantins des Großen gedeutete Reiterstatue des Marc Aurel aufgestellt war, sollte das Standbild vor dem Aachener „Lateran" vermutlich zitatartig auf die römische Situation anspielen oder sie sogar wiederholen. In diesem Zusammenhang sind ja viele der damals in Aachen versammelten „Kunstwerke" zu sehen.[455] Auch in Konstantinopel dienten Reiterstandbilder bedeutender Herrscher (u. a. Justinian und Theodosius I.) als Symbole kaiserlicher Macht, so dass Karl mit der Aufstellung des Reiterdenkmals vielleicht auch seiner neuen Konkurrenz zu Byzanz Ausdruck verleihen wollte.

Bemerkenswert ist, dass Karl unter den antiken Reiterstatuen gerade jene des Ostgotenkönigs für Aachen auswählte. Folgende Argumente könnten für diese Wahl ausschlaggebend gewesen sein:

---

[453] Aus der umfangreichen Literatur sei nur genannt: Hermann Grimm: Das Reiterstandbild des Theoderich zu Aachen und das Gedicht des Walafried Strabo darauf. Berlin 1869. – Georg Dehio: Die angebliche Theoderichstatue in Aachen. In: Jahrbücher für Kunstwissenschaft 5, 1873, S. 176–186. – Wilhelm Schmidt: Das Reiterstandbild des ostgotischen Königs Theoderich in Ravenna und Aachen. In: Jahrbücher für Kunstwissenschaft 6, 1873, S. 1–51. – Ludwig Traube: Zu Walahfrid Strabos *De imagine Tetrici*. In: Neues Archiv 18, 1890, S. 664 f. – Julius von Schlosser: Beiträge zur Kunstgeschichte aus den Schriftquellen des frühen Mittelalters (= Sitzungsberichte der kaiserlichen Akademie der Wissenschaften in Wien, philos.-histor. Classe 123). 1891, bes. S. 164–175. – Alois Däntl: Walahfrid Strabos Widmungsgedicht an die Kaiserin Judith und die Theoderichstatue vor der Kaiserpfalz zu Aachen. In: Zeitschrift des Aachener Geschichtsvereins 52, 1930, S. 1–38. – Hartmut Hoffmann: Die Aachener Theoderichstatue. In: Victor H. Elbern (Hg.): Das erste Jahrtausend. Kultur und Kunst im werdenden Abendland an Rhein und Ruhr. Düsseldorf 1962, Textbd. 1, S. 318–335. – Helene Homeyer: Zu Walahfrid Strabos Gedicht über das Aachener Theoderich-Denkmal. In: Studi medievali, 3. Serie, 12, 1971, S. 899–913.

[454] L. Falkenstein: Der *Lateran* (wie Anm. 100).

[455] Hierzu ausführlicher S. 52.

1. Karl wollte das deutsche (germanische) Element seiner Herrschaft betonen, wie er es ja auch sonst vielfach getan hat. Theoderich hätte als unabhängiger Herrscher des Westens hierfür ein geeignetes Vorbild geboten.

2. Durch die Kaiserkrönung und die Ausstattung Aachens als *Roma secunda* geriet Karl in Konflikt mit Byzanz, dessen Herrscher sich mit mehr Recht als die legitimen Nachfolger der antiken römischen Kaiser betrachteten. Die Bezeichnung „zweites" oder „neues Rom" war bis in karolingische Zeit nur für Konstantinopel gebraucht worden, so dass Karl vielleicht bewusst vor seinem „Lateran" keine Statue eines römischen Kaisers, vor allem keine des ersten christlichen Kaisers, aufstellen ließ, um Byzanz nicht zusätzlich zu provozieren. Möglicherweise wollte Karl durch die Anknüpfung an Theoderich sogar die Begrenzung seines Herrschaftsanspruches auf die westliche Reichshälfte unterstreichen.[456]

Jedenfalls kann vorausgesetzt werden, dass Theoderich für Karl eine positiv besetzte Gestalt war, würdig, vor dem Aachener Palast als Symbol herrscherlicher Macht – in Parallele zu der römischen Reiterstatue vielleicht auch als Rechtssymbol – aufgestellt zu werden.

Das Gedicht Walahfrid Strabos

Als dagegen Walahfrid Strabo 15 Jahre nach Karls Tod sein Gedicht verfasste, übernahm er aus der kirchengeschichtlichen Literatur[457] das traditionell negative Theoderich-Bild: Er schildert den Ostgotenköng als arianischen Häretiker und grausamen Katholikenverfolger, als habgierigen und hochmütigen Tyrannen.

Das Gedicht hat die Form eines Dialogs zwischen einem fragenden *Strabus,* also dem Dichter, und einer antwortenden *Scintilla,* seiner personifizierten Inspiration. Ziel der Dichtung ist die Rühmung des regierenden Kaisers, Ludwigs des Frommen, dem der Ketzer Theoderich lediglich antithetisch gegenübergestellt wird. Er „muß den schwarzen Hintergrund hergeben, damit – von ihm abgehoben – Ludwig mit seinem Hofstaat umso strahlender erscheinen kann."[458] Im Rahmen dieses wertenden Vergleichs zwischen dem lebenden Herrscher und dem Reiterstandbild spielen Aussagen zu den Materialien der Statue eine erstaunlich große Rolle.

Zunächst fragt *Strabus* seine Gesprächspartnerin, warum Theoderich gerade in dieser Weise, also als Reiter, dargestellt sei, und erhält die Antwort, es sei typisch für die Hochmütigen *(superbi),* sich auf Wagen oder Pferden sitzend abbilden zu

---

[456] Hierzu: Heinrich Fichtenau: Byzanz und die Pfalz zu Aachen. In: Mitteilungen des Instituts für österreichische Geschichtsforschung 59, 1951, S. 1–54.

[457] F. Thürlemann, a. a. O., S. 49.

[458] F. Thürlemann, a. a. O., S. 45.

lassen, eine bemerkenswert spitzfindige Umwertung der klassischen Würdeform des Reiterstandbilds.[459]

Die nächste Frage bezieht sich auf eine anscheinend in der Nähe des Reiters aufgestellte Statue, die in anderen Quellen nicht überliefert ist: „Weshalb sieht man zu seiner Rechten einen Nackten eine Schelle tragen? Wohl einzig deshalb, vermute ich, damit er [Theoderich] sich an dessen schwarzer Haut ergötzen kann."

Zur Bedeutung dieser Figur sind verschiedene Thesen geäußert worden, ihre Nacktheit wurde als Indiz für antike Herkunft angesehen, für die ohnehin manches spricht. Aus der Beschreibung der Statue als schwarz folgerte man, sie sei, im Gegensatz zum Reiter, aus unvergoldeter Bronze gewesen. Der Unterschied zwischen der vergoldeten Herrschergestalt und dem schwarzen, also armen Musiker wird von *Scintilla* als besonderer Hinweis auf Theoderichs *avaritia* interpretiert:

> *„Golden erstrahlt die Habgier mit geschmückten Gliedern. [...] Dass sie golden herrscht, von einem schwarzen Trabanten begleitet, bedeutet nichts anderes als dies: In dem Maße, wie die üble Prunksucht* (mala luxuries) *die einen vor Habgier aufbläht, plündert und versengt die Armut die anderen."*

Die Reiterfigur wird also gerade wegen ihrer Vergoldung als Personifikation der Habgier und Prunksucht gedeutet, das Gold des Reiters sei sozusagen der anderen Statue weggenommen oder vorenthalten worden. Die Assoziation zwischen Gold und Habgier lag für den Dichter übrigens nicht nur in einem allgemeinen Sinne nahe. Vielmehr leitet sich das Wort *avarus* nach mittelalterlicher Vorstellung etymologisch von *aurum* ab: *avarus ex eo dictus quod sit avidus auri,* heißt es in den *Etymologiae* des Isidor von Sevilla[460].

Anscheinend war die Theoderichstatue mit einem Brunnen verbunden, wie ja Wasser überhaupt bei den Aachener Großbronzen, wie schon bei ihren römischen Vorbildern, eine bedeutende, teilweise auch rituelle Rolle spielte. Sogar im fließenden Wasser – sonst Sinnbild des Lebens oder der Reinheit – gelingt es *Scintilla*, einen Hinweis auf die *avaritia* des Ostgotenkönigs zu erkennen: Unter der Statue fließe Wasser, weil, wie schon Horaz[461] bezeuge, „der Habgierige beständig

---

[459] Walahfrid spielt auf Ps 19, 8 an: „Diese vertrauen auf Wagen und jene auf Rosse; wir aber rufen an den Namen Jahwes, unseres Gottes." In seinem Psalmenkommentar (PL 114, 793) bezeichnet Walahfrid diejenigen, die auf Wagen und Pferde vertrauen, ausdrücklich als *superbi.* Auch in Ps 32, 17 heißt es in diesem Sinne *„fallax equus ad salutem, in abundantia autem virtutis suae non salvabitur."* („Betrogen ist, wer vom Ross erwartet den Sieg; so stark es auch sei, es kann ihn nicht retten. Doch siehe, es ruht auf den Frommen das Auge Jahwes, auf denen, die seiner Gnade vertrauen.").

[460] Etymologiae X, 9.

[461] Walahfrid zitiert mit *semper avarus eget* Horaz, Epistulae I, 2, 56, anscheinend eine der klassischen Definitionen der *avaritia.* So heißt es im Kommentar des Hieronymus zu

nach etwas verlangt". Nun spricht Horaz an der zitierten Stelle durchaus nicht von einem *avarus,* der nach Wasser verlangt, sondern er preist die Genügsamkeit. Vielleicht dachte Walahfrid bei dem nach Wasser Begierigen an Tantalus? In den folgenden Versen zieht *Scintilla* auch noch einige andere Materialien des Denkmals zu seiner Deutung heran:

> *„Quodque super lapides plumbumque et inane metallum*
> *Currit equo, signat se pectore, belua, duro,*
> *Corde pigro sensuque cavo regnare superbam."*

(„Dass die Bestie auf ihrem Pferd über Steine, Blei und hohles Metall läuft, bedeutet, dass sie hochmütig mit hartem Gemüt, trägem Herzen und leerem Sinn regiert.")

Jedem der drei genannten Materialien soll wohl eine der negativen Eigenschaften der „Bestie Theoderich" entsprechen, wobei bemerkenswert ist, wie sich der Dichter die Semantik der Materialien für seine Zwecke zurechtbiegt.

Die Steine des Sockels werden, wie naheliegend und üblich, als Zeichen der Härte[462] gedeutet, nur hier eben negativ, als Hinweis auf das verhärtete Gemüt des Theoderich. Die Bronze, der eigentliche Grundstoff der Statue, bleibt erstaunlicherweise unerwähnt. Vermutlich war dieses ehrwürdige Material – im Gegensatz zu Gold, Stein und Blei – so überaus positiv besetzt, dass es für die Zwecke dieses Gedichts ungeeignet erschien. Dagegen wird aber die Tatsache, dass die Statue ein Hohlguss *(inane metallum)* war, zur Deutung herangezogen: Dass es sich um eine hohle Statue handelt, verweise auf den „leeren Sinn" des Dargestellten. Dieser Gedanke könnte durch die folgende Jesaia-Stelle angeregt sein: *„Ecce omnes iniusti, et vana opera eorum, ventus et inane simulacra eorum."*[463] Durch den Verweis auf die Bibelstelle könnte also auch noch auf die *iniustitia* des Theoderich angespielt sein.

Die Erwähnung des Bleis erscheint aus heutiger Sicht besonders gesucht, da dieses Metall bei dem Denkmal doch höchstens zur Verankerung der Bronzestatue im Sockel oder bei der Brunnenanlage, also nur ganz untergeordnet und praktisch unsichtbar, Verwendung gefunden haben dürfte. Aber gerade das Blei passte dem Autor wegen seiner zahlreichen negativen Konnotationen gut in die Argumentation. Schon im Alten Testament ist es ausschließlich negativ besetzt: In den „Materialhierarchien" steht es stets an letzter Stelle (Num 31, 21; Sir 47, 18; Ez 22, 18;

Sir 5, 9: *„Avarus igitur describitur, quod numquam opibus expleatur, et quanto plus habuerit, tanto plus cupiat, Flacci quoque super hoc concordante sententia, qui ait: Semper avarus eget."* – Vgl. auch Isidor (Etymologiae X, 9). – Weitere Nachweise bei F. Thürlemann, a. a. O., Anm. 69.

[462] Vgl. S. 57 f.

[463] Jes 41, 29.

27, 12), es wird mit Torheit (Sir 22, 14) und Bosheit (Sach 5, 7) in Verbindung gebracht und ist das wertlose Abfallprodukt bei der Gewinnung und Läuterung des Silbers (Jes 1, 25; Jer 6, 29)[464]. Alanus de Insulis erklärt, das Blei symbolisiere den Sünder, weil es wegen seiner Schwere nach unten ziehe; deshalb heiße es von den Leuten des Pharao: „Sie versanken wie Blei in den gewaltigen Fluten."[465]

Nach Gregors Hiobkommentar[466] bedeutet Blei sogar ganz konkret die Sünde der Habgier: *„Per plumbum namque, cuius natura gravis est ponderis, peccatum avaritiae specialiter designatur"*, was dem Dichter Walahfrid dieses Metall noch geeigneter für seinen Zweck erscheinen lassen musste. Schon für Walahfrids Lehrer Hrabanus Maurus war das Blei, weil es ebenso schwer ist wie Gold, ein Symbol für die Gier nach Reichtum und die schwere Last, die denjenigen bedrückt, der nur sich selbst liebt.[467]

Es fällt auf, dass sich Walahfrid für seine Negativdeutung der Statue mehr auf die Aussagen der Farben und Materialien stützt als auf motivische oder gar formale Besonderheiten. Sein Gedicht mag als Beispiel dafür stehen, wie sehr und auf wie vielfältige Weise die Materialien von „Kunstwerken" im Mittelalter zu deren Deutung herangezogen wurden. So gezwungen uns einige dieser Argumente auch erscheinen mögen: Da sie von der Tradition der Bibelallegorese abgeleitet waren, empfand man sie damals als normal und legitim.

Da Walahfrid – nicht zuletzt aus Karrieregründen – mit seinem Huldigungs-gedicht bei Hofe verstanden werden wollte, lässt sich folgern, dass seine Material-deutungen für die damaligen Leser oder Hörer des Gedichtes ohne weiteres nach-vollziehbar waren.

Paradigma 2
Geburt einer Materialsemantik: Goethe und der Granit

Das Material Granit erscheint heute so unzweifelhaft als Symbol für „Härte", „Urtümlichkeit" oder „Bodenständigkeit", dass man glauben möchte, dies sei schon immer oder doch schon seit langer Zeit so gewesen. Indes ist gerade diese

---

[464] Robert J. Forbes: Silver and Lead in Antiquity. In: Jaarbericht van het vooraziatisch-egyptisch Gezelschap *Ex Oriente Lux* 7, 1940, S. 489–524. – K. H. Singer (wie Anm. 3), S. 82–91.

[465] Alanus de Insulis: Distinctiones dictionum theologicalium (PL 210, 904). Alanus schreibt, *„dicitur in Psalmo"*, sein Bibelzitat stammt aber aus Ex 15, 10.

[466] Gregor: In Job, lib. XIV, cap. 25, zu der Stelle Job 19, 24, wo in der Vulgata Bleitafeln erwähnt werden.

[467] De Universo, lib. XVII, cap. 17 (PL 111, 479): *„Inde et eadem gravitas plumbi, quae auri est. Sic et cupiditas mundi et avaritia pecuniarum onerosa est, et gravissima iniqui-tate opprimit amatorem ipsius."*

Gesteinsart ein Musterbeispiel für die Zeitgebundenheit oder Wandlungsfähigkeit der Semantik von Materialien. Denn tatsächlich besitzt Granit die genannten und einige ähnliche Bedeutungen erst seit etwa zweihundert Jahren. Die „semantische Anreicherung" dieses seit Jahrtausenden verarbeiteten Werkstoffes ist durch Goethes andauerndes und intensives Interesse an ihm besonders anschaulich nachzuvollziehen.

Granit in der Antike

Rosengranit von Assuan war in Ägypten seit Beginn des Alten Reiches das übliche Material für Obelisken.[468] In der römischen Kaiserzeit wurde er dann in alle Teile des *Imperium* exportiert und für eine Vielzahl von Aufgaben verwendet.[469]

Dagegen gelangte der graue Granit vom *Mons Claudianus* in der arabischen Wüste fast nur in die Stadt Rom, während er im sonstigen *Imperium* eher selten verarbeitet wurde. Aus diesem Material bestehen z. B. die großen Säulen der Pantheon-Vorhalle, des Venus-und-Roma-Tempels und der *Basilica Ulpia* auf dem Traiansforum. Dieser optisch eher unauffällige, aber sehr widerstandsfähige und vor allem in fast beliebig großen Blöcken zur Verfügung stehende Stein war spätestens seit Traianischer Zeit und mindestens bis zum Ende des 3. Jahrhunderts in Rom sehr beliebt. Die diversen anderen Granitarten, die von den Römern ebenfalls gelegentlich verarbeitet wurden, müssen in diesem Zusammenhang nicht besprochen werden.

Obwohl Granit in der römischen Kaiserzeit vielfach Verwendung fand, erlangte er, der antiken Literatur zufolge, keine spezielle symbolische Bedeutung. Die antiken Autoren benannten die beiden erwähnten Granitsorten meist nach ihren Herkunftsorten als *Syenites* (*Syene* = Assuan) und *lapis Thebaicus,* oder nach ihrem Aussehen als *pyrropoikilos* (feurigbunt) und *psaranum* (gesprenkelt wie der Star).[470]

---

[468] Cesare d'Onofrio: Gli Obelischi di Roma. 2. Aufl. Rom 1967. – Erik Iversen: Obelisks in Exile. Bd. 1: The Obelisks of Rome. Kopenhagen 1968. – Vgl. auch die Überlegungen von Athanasius Kircher (wie Anm. 474).

[469] R. Gnoli (wie Anm. 331), S.121.

[470] Theophrast: De lapidibus 6: *„lapis Thebaicus".* – Diodor, I, 47, 3; I, 64, 7: *„lithos melanos tou Syenitou".* – Plinius, NH 36, 36: *„Thebaicus lapis; syenites, quem antea pyrrhopeocilon vocabant".* – Ebd., 36, 157: *„lapis Thebaicus, quem pyrropoecilon appelavimus, aliqui psaranum vocant".* – Isidor, Etymologiae XVI, 5: *„Thebaicus interstinctus aureis guttis invenitur in parte Aegypti adscripta. [...] Syenites circa Syenem vel Thebas nascitur. Trabes ex eo fecere reges. "*

Im allgemeinen kann eine Sache nur dann semantisch bedeutsam werden, wenn sie zuvor durch einen Begriff bezeichnet wurde. Die Semantik hängt oft fester an dem Namen der Sache als an dieser selbst. Die Geschichte des Wortes „Granit" ist also nicht belanglos für die Geschichte der Bedeutung des Materials Granit.

In den Schriften Leon Battista Albertis (1404–1472) erscheinen weder das Wort *granito* noch die antiken Namen dieses Steins.[471] Offenbar begannen erst die römischen *marmorari* des 16. Jahrhunderts, den Stein wegen seines „gekörnten" Aussehens als *granito* zu bezeichnen; und zwar nannten sie den grauen Granit vom *Mons Claudianus* nach den Säulen des Traiansforums *granito del Foro*.

Pietro Cataneo erwähnt den Granit bereits 1554 in seinem Architekturtraktat[472] – und auch Palladio beschrieb 1570 die Säulen von *Santa Costanza* und von Bramantes *Tempietto* als *di granito*[473].

In seinem 1650 erschienenen *Obeliscus Pamphilius* widmet Athanasius Kircher dem Material der Obelisken, *granito rosso,* ein eigenes Kapitel. Darin vertritt er die Meinung, die Ägypter hätten den Rosengranit weniger wegen dessen Dauerhaftigkeit, als aus symbolischen Gründen gewählt: Die Form der Obelisken spiele auf die Strahlen der Sonne und ihre belebende Kraft an, das Material aber auf die Erde, welche die Kraft der Sonne aufnimmt. Denn da der Granit aus vier Bestandteilen zusammengesetzt sei, verweise er auf die vier Elemente der Erde. Die roten Teile auf das Feuer, die durchsichtigen Kristalle auf die Luft, die blauen auf das Wasser und die schwarzen auf die Erde.[474]

Nach Aussage der Lexika findet sich das Wort seit der Mitte des 17. Jahrhunderts im Französischen – meist in der Form *le granit* – und seit der ersten Hälfte des 18. Jahrhunderts dann auch in Deutschland.

Die Vorstellungen von der geologischen Natur dieses Gesteins waren aber bis weit in das 18. Jahrhundert hinein noch sehr vage. So setzt Zedlers „Großes Universal-Lexicon" 1735 den *Granitis* vollständig mit *Porphyrites* gleich und verweist den Leser auf dieses Stichwort, unter dem dann allerlei rote Marmor- und Granitsorten, aber auch der Porphyr, abgehandelt werden.

Das „Große und vollständige Oeconomisch- und Physicalische Lexicon" von Noel Chomel unterscheidet 1751 seltsamerweise zwischen *Granit, oder Granito,*

---

[471] Hans-Karl Lücke: Alberti-Index. 3 Bde. München 1975–79.

[472] S. oben Anm. 26.

[473] Andrea Palladio: I quattro libri dell'architettura. Venedig 1570, IV, 17 und 21.

[474] Athanasius Kircher: Obeliscus Pamphilius. Rom 1650, S. 49: *„De materia obeliscorum".* – Vgl. auch: Rudolf Preimesberger: *Obeliscus Pamphilius.* Beiträge zu Vorgeschichte und Ikonographie des Vierströmebrunnens auf Piazza Navona. In: Münchner Jahrbuch der bildenden Kunst 25, 1974, S. 77–162, bes. S. 134.

der mit *Syenites* identifiziert, und *Granitis,* der mit *Porphyr* gleichgesetzt wird.[475]
Bei dieser verwirrenden Lage der Dinge konnte sich naturgemäß kaum eine eigene „Granit-Semantik" ausbilden. Beiläufig erfahren wir auch, dass das frühere
Wissen um den Symbolwert des Porphyrs inzwischen offensichtlich verloren ge-
gangen war.

Detailliert und kenntnisreich wird der Granit erst 1784 in Buffons „Naturgeschichte der Mineralien"[476] und 1787 bei dem von Goethe so hochgeschätzten
Geologen Abraham Gottlob Werner[477] abgehandelt.

Kunstwerke aus Granit vor der Goethezeit

Seit dem Ende der Antike und bis zur Mitte des 18. Jahrhunderts spielte das Material Granit in Architektur und Skulptur nur noch eine bescheidene Rolle, sei es als
antike Spolie (Obelisken, Säulen, Wannen, Bodenplatten und ähnliches), sei es als
schlichter Werkstoff in jenen Gebieten, wo diese Gesteinsart an der Oberfläche
ansteht. Man schrieb dem Material keine besondere Aussagekraft zu, was nicht
weiter erstaunlich ist, da es ja, wie beschrieben, nicht einmal einen eigenen Namen besaß.

Erst seit der Mitte des 18. Jahrhunderts, das heißt, seitdem man sich mit ihm
wissenschaftlich zu beschäftigen begann, wurde der Granit auch in theoretische
Überlegungen zu Kunst und Architektur miteinbezogen. Aber noch 1781 meinte
der schwedische Mineraloge Axel Fredrik Cronstedt in einem Artikel über Baumaterialien, die Verwendung von Granit und Porphyr sei eine eher exotische Ei-
genheit der alten Ägypter und der zeitgenössischen Italiener.[478]

Indes finden sich seit etwa dieser Zeit Kunstwerke, bei denen man der Granit-
Verwendung möglicherweise semantische Qualitäten zusprechen kann.

---

[475] Noel Chomel: Die wahren Mittel, Länder und Staaten glücklich, Ihre Beherrscher mäch-
tig, und die Unterthanen reich zu machen [...] Oder: Großes und vollständiges Oecono-
misch- und Physicalisches Lexicon [...] Leipzig. Teile 4–8, 1751–1757.

[476] Georges Leclerc Comte de Buffon: Histoire naturelle des minéraux. Paris 1783. Deutsche Ausgabe unter dem Titel „Des Herrn Grafen von Buffon Naturgeschichte der Mineralien" (übersetzt, gekürzt und mit Zusätzen versehen von Christian Ernst Wünsch).
Frankfurt am Main, Leipzig 1784, Bd. 1, S. 89–130.

[477] Abraham Gottlob Werner: Kurze Klassification und Beschreibung der verschiedenen
Gebürgsarten. Dresden 1787.

[478] Sixten Ringbom: Stone, Style and Truth. The Vogue for Natural Stone in Nordic Architecture 1880–1910. Helsinki 1987, S. 28.

Abb. 17: St. Petersburg, Reiterstatue Peters des Großen,
von Etienne Maurice Falconet, 1766–1782

Der „Eherne Reiter" in St. Petersburg

Das Monument Zar Peters des Großen in St. Petersburg (Abb. 17) zählt zu den eindrucksvollsten Reiterstandbildern der Kunstgeschichte. Neben der kühnen Bronzestatue hat sowohl die Zeitgenossen wie auch spätere Betrachter immer der in Art einer natürlichen Klippe gestaltete Sockel fasziniert, ein riesiger Granit block, über dessen Auffindung und Transport wir durch Bild- und Textquellen genau unterrichtet sind.[479]

---

[479] Ettore Lo Gatto: Il mito di Pietroburgo. Storia, leggenda, poesia. Mailand 1960, S. 104 ff. – Werner Timm: *Grom,* der Monolith-Sockel des Ehernen Reiters in Leningrad. In: Staatliche Museen, Forschungen und Berichte 5, 1962, S. 62–66. – Adolf Rieth: Ein Monolith für Peter den Großen. In: Die Kunst und das schöne Heim 1977, S. 425–428.

170

Im Herbst 1766 ließ Katharina II. den Bildhauer Etienne Maurice Falconet, der bereits in Paris ein Modell für das geplante Reiterstandbild gefertigt hatte, nach St. Petersburg kommen. Nach diesem ersten Entwurf sollte der Sockel des Denkmals aus einer Anhäufung von unterschiedlich großen Steinblöcken bestehen. Erst in Russland wurde auf Anregung des Ingenieur-Offiziers Comte Carburi-Lascaris und auf Wunsch der Zarin – angeblich aus statischen Gründen und wegen der größeren Dauerhaftigkeit – beschlossen, einen einzigen großen Felsblock als Sockel zu wählen.

Nachdem längere Zeit kein geeigneter Stein gefunden worden war, meldete sich im November 1768 ein Bauer aus dem Dorf Lachta, 20 km vom St. Petersburger Stadtzentrum entfernt, und berichtete von einem kolossalen, tief in den sumpfigen Untergrund eingesunkenen Felsblock, von dem aus Zar Peter angeblich einmal nach der Stadt Ausschau gehalten habe. Einflussreiche Kreise bei Hof erklärten den Transport dieses Kolosses für unmöglich oder zu kostspielig, der Zarin aber gefiel gerade das Tollkühne an diesem Plan, und sie erteilte den Auftrag, den Stein nach St. Petersburg zu bringen.

Zunächst errichtete man Unterkünfte für 400 Arbeiter, der Findling wurde freigelegt und grob auf die vorgesehene Form und Größe zugehauen. Als im Januar 1770 der Boden hart gefroren war, begann man, den Stein, der im Volksmund den Beinamen *Grom* (Donner) erhalten hatte, mit Hilfe von Hebeapparaten, Schienen und Kupferkugeln zu bewegen. Mit einer Tagesleistung von etwa 45 m wurde der Koloss zur Kronstädter Bucht gebracht, dort auf ein eigens konstruiertes Floß verladen und von zwei Fregatten zur Mündung der kleinen Newa geschleppt. Im Oktober 1770 konnte er an seinem Bestimmungsort festlich begrüßt werden. Die Fertigstellung der Reiterstatue zog sich allerdings dann noch über viele Jahre hin, so dass das Denkmal erst am 7. August 1782 enthüllt werden konnte.

Die Stationen von der Auffindung des Steinblocks bis zu seiner Ankunft in St. Petersburg wurden in graphischen Blättern und Gemälden[480] festgehalten, der leitende Ingenieur publizierte einen ausführlichen, illustrierten Bericht[481] über

---

[480] Drei Radierungen des holländischen Stechers Jacob van der Schley nach Zeichnungen des russischen Architekten Igor Velten: „Der Monolith vor der Freilegung", „Bearbeitung des freigelegten Monolithen", „Der Landtransport des Monolithen". Ein Kupferstich von Sellier: „Der Seetransport des Monolithen zwischen zwei Fregatten" (Radierungen im Berliner Kupferstichkabinett; Kupferstich im Historischen Museum Moskau; Abb. W. Timm, a. a. O., S. 63 f.). Zwei Gouachen von L. van Blarenbergh von 1770 in der Eremitage zu St. Petersburg (eine davon abgeb. bei A. Rieth, a. a. O., S. 427) und weitere Bilder im Historischen Museum Moskau berichten ebenfalls vom Transport des Kolosses.

[481] Marin Comte Carburi de Ceffalonie: Monument élevé à la gloire de Pierre-le-Grand, ou relation des travaux et des moyens mécaniques, qui ont été employés pour transporter à Pétersbourg un rocher de trois millions pesant, destiné à servir de base à la statue

seine technische Meisterleistung, und die Zarin ließ zur Erinnerung eine Medaille[482] schlagen.

Die meisten Beschreibungen des Sockels betonen vor allem dessen Größe, im 18. Jahrhundert – oft ablehnend – auch seine „rohe" Form.[483] Dass der Stein (angeblich) im Leben des Zaren Peter eine bestimmte Rolle gespielt hatte, machte ihn zugleich zu einer „profanen Berührungsreliquie". Ein zeitgenössischer Autor deutete ihn so: „Das Standgestelle, ein rauher Granitberg, Bild der Schwierigkeiten, die der Kaiser zu überwinden hatte."[484]

Es ist nicht beweisbar, aber doch recht wahrscheinlich, dass man bei dem Felsen, auf den die Zarin die wahrhaft „lapidare" Inschrift *PETRO PRIMO CATHARINA SECUNDA* setzen ließ, auch an das biblische Wortspiel „Petrus der Fels" (Mt 16, 18) gedacht hat, das bei der in Katharinas Umgebung üblichen französischen Namensform *Pierre-le-Grand* besonders nahe lag.

Nicht nur wegen seiner Größe, sondern gerade auch wegen seines Materials wurde dieser Felsblock häufig im Zusammenhang mit den technischen Leistungen

---

équestre de cet empereur; avec un examen physique et chymique du même rocher. Paris 1777 (47 S. mit 12 Kupfern von R. D'Elvaux nach L. van Blarenbergh). Ein Auszug aus Carburis Bericht erschien auf deutsch in der Zeitschrift Der Torso, Bd. 1, 1796/97, S. 217–240 (dort auch ein Kupferstich, der den Transport des Granitblocks darstellt); ebd., S. 261–264 werden das Denkmal und sein Sockel gewürdigt.

[482] Die Vorderseite zeigt ein Bildnis der Zarin, die Rückseite den Landtransport des Kolosses und die russische Umschrift „An Tollkühnheit grenzend". (Ein Exemplar der Medaille im Berliner Münzkabinett; Abb. W. Timm, a. a. O., S. 65).

[483] Aus Anlass der Enthüllung des Denkmals verfasste der Dichter Vasilii Grigorevich Ruban folgende Verse: „O, du Koloss von Rhodos, beuge deinen stolzen Hals, und ihr, Pyramiden des Nils, hört auf, euch für wunderbar zu halten! Denn aus zerbrechlichen Händen sterblicher Wesen seid ihr hervorgegangen! Nicht von menschlicher Hand dagegen ist das Felsengebirge, das, von den Lippen Katharinas den Befehl Gottes vernehmend, die Abgründe der Newa durchquerte, in die Stadt des Petrus gelangte und sich zu Füßen des Herrschers warf!" (übersetzt nach E. Lo Gatto, a. a. O., S. 105). – Vgl. auch Alexander Puschkins Erzählung „Der eherne Reiter" von 1833, in der von dem Sockel der Statue allerdings nicht gesprochen wird (Armin Knigge: Puschkins Verserzählung „Der eherne Reiter" in der russischen Kritik. Amsterdam 1984).

[484] Zit. nach: Der Torso (wie Anm. 481), S. 262.

der alten Ägypter und Römer[485] gesehen und sein Transport noch Jahrzehnte später bewundert.[486]

Das Grab des Marat in Paris

Wenige Tage nach seiner Ermordung am 13. Juli 1793 wurde Jean-Paul Marat im Garten der *Cordeliers,* wo er oftmals mit seinen Anhängern Gespräche geführt hatte, bestattet. Die Idee zur Gestaltung des Grabes stammte von Jacques-Louis David: *„La sépulture aura la simplicité convenable à un républicain incorruptible. "*[487]

Nach den Angaben Alfred Bougearts[488] hatte der Bildhauer François Martin einen Grabhügel errichtet, *„formé de blocs de pierres, simulant un entassement de rochers granitiques, symbole de l'inébranlable viguer avec laquelle l'Ami du peuple avait soutenu les coups de la tempête contre-révolutionnaire, symbole aussi de l'inanité des efforts des ennemis de la liberté pour étouffer ses principes.*

Hier scheint die Symbolik des Materials Granit bereits eindeutig: unerschütterliche Kraft des Revolutionärs und Vergeblichkeit der Bestrebungen seiner Feinde. Bougeart gibt für diese Symbolik zwar keine zeitgenössischen Quellen an, doch sind seine Beschreibungen zumeist genaue Zitate, auch wenn er sie nicht als solche gekennzeichnet hat. Es erscheint also durchaus wahrscheinlich, dass beim Grab des Marat die Granitsymbolik original ist und nicht erst 1865 nachträglich hineininterpretiert wurde.

---

[485] Vgl. hierzu das Anm. 483 zitierte Gedicht. – In der deutschen Ausgabe von Buffons „Histoire naturelle des minéraux" (wie Anm. 476) wird S. 109 f. bemerkt, der Granit werde erst seit kurzem wieder wie bei den alten Römern für prächtige Monumente verwendet: „Rußlands große Kaiserin hat hierinnen den gesegneten Anfang vor wenigen Jahren bereits gemacht, und jenen ungeheuren Granitfelsen aus dem Sumpfe nach Petersburg bringen lassen, wo er nun der gigantischen Bildsäule Peters des Großen auf Befehl der noch größeren Katharina zum Piedestale dient."

[486] In seinem Vorschlag für ein Völkerschlachtdenkmal (s. oben S. 147) schrieb Kotzebue 1814, die Größe der nach Leipzig zu transportierenden Granitsäule dürfe kein Hindernis sein: „Freylich ist ihr Gewicht auf 61.440 Pfund berechnet worden; allein, wenn man weiß, wie das große Felsenstück, welches der Bildsäule Peter des Großen in Petersburg zum Fußgestelle dient, aus einem Moraste in Finnland, unbehauen, durch Hülfe kunstreicher Maschinen nach Petersburg geschafft worden, so wird man auch diesen Transport nicht unmöglich finden."

[487] Jörg Träger: Der Tod des Marat. Revolution des Menschenbildes. München 1986, S. 215 (Quelle XI). – Vgl. auch: Jean-Claude Bonnet (Hg.): La mort de Marat. Paris 1986.

[488] Alfred Bougeart: Marat. L'Ami du peuple. 2 Bde. Paris 1865, Bd. 2, S. 282.

Spätestens seit dem Jahre 1770 und bis zum Ende seines langen Lebens interessierte sich Goethe leidenschaftlich für Geologie und Mineralogie, und gerade die Beschäftigung mit dem Granit zieht sich wie ein roter Faden durch viele seiner naturwissenschaftlichen und philosophischen Betrachtungen.[489]

Im November 1776 übertrug Herzog Carl August dem Dichter die Leitung der Ilmenauer Bergwerkskommission, was diesen sofort zu einer Reise in den Harz veranlasste, um sich mit dem dortigen hochentwickelten Bergbau vertraut zu machen. Dreimal war Goethe im Lauf der folgenden Jahre dort – und jedesmal bestieg er den sagenumwobenen Brocken, den Hexenberg der Walpurgisnacht.

Rückblickend berichtete er 1820 von seiner ersten Besteigung: „Ich stand wirklich am siebenten Dezember [1777] in der Mittagsstunde, gränzenlosen Schnee überschauend, auf dem Gipfel des Brocken zwischen jenen ahnungsvollen Granitklippen, über mir den vollkommen klarsten Himmel, von welchem herab die Sonne gewaltsam brannte.“[490] Das Adjektiv „ahnungsvoll“ soll in diesem Zusammenhang (aus dem Rückblick von 1820!) andeuten, wie viele Jahrzehnte und wie grundlegend der Granit den Autor noch beschäftigen würde.

Am 21. September 1783 bestieg Goethe den Brocken zum zweiten Mal. Tags zuvor hatte er an Charlotte von Stein geschrieben: „Hier bin ich recht in meinem Elemente, und freue mich nur, daß ich finde, ich sey auf dem rechten Weege mit meinen Spekulationen über die alte Kruste der neuen Welt.“[491] Auch mit dieser Bemerkung spielte Goethe auf den Granit an, aus dem der Brockengipfel besteht und den der Dichter zeitweise für das Material des Kerns der Erde, zeitweise für das ihrer Kruste gehalten hat.

Unter dem starken Eindruck dieser Bergbesteigung diktierte Goethe wenig später das Fragment „Über den Granit“[492], in dem er seine bis dahin gesammelten Erkenntnisse über diese Gesteinsart zusammenfasst, die er in hymnischen, fast religiösen Tönen preist. Unter dem Aspekt der Materialikonologie sollen nur

---

[489] Max Semper: Die geologischen Studien Goethes. Beiträge zur Biographie Goethes und zur Geschichte und Methodenlehre der Geologie. Leipzig 1914. – Dieter Käfer: Methodenprobleme und ihre Behandlung in Goethes Schriften zur Naturwissenschaft (= Böhlau forum litterarum 13). Köln, Wien 1982. – Otto Krätz: Goethe und die Naturwissenschaften. München 1992. – Vgl. auch: Goethe. Die Schriften zur Naturwissenschaft (= Leopoldina-Ausgabe), v. a. Bd. 11 (1970), S. 9–26, 297 f.

[490] WA I, 41, S. 336 f. (Alle Goethe-Zitate werden nach Möglichkeit der Weimarer oder Sophien-Ausgabe, 1887–1919, entnommen, die als WA mit Abteilungs-, Band- und Seitenzahl zitiert wird.)

[491] WA IV, 6, S. 199.

[492] WA II, 9, S. 171–180 (diktiert am 18. Januar 1784; vgl. Brief an Frau von Stein, WA IV, 6, S. 236). – Es gibt eine schöne neuere Ausgabe dieses Textes mit Kupfer- und Holzstichen von Otto Rohse. Hamburg 1986 (Nachwort von Hans-Ulrich Schmincke).

einige Gedanken dieses sprachgewaltigen Textes zusammenfassend herausgegriffen werden:

1. Granit sei „in den ältsten Zeiten schon eine merkwürdige Steinart" gewesen und habe die Ägypter durch seine „ungeheuren Massen" zu großen Kunstwerken („Spitzsäulen", „Sphynxen", „Memnonsbildern") angeregt. Noch heute profitierten die Päpste, Roms ohnmächtige Herren, von den Obelisken, die ihre „allgewaltigen Vorfahren aus einem fremden Welttheile ganz herüber brachten".

2. „Die Alten" nannten den Stein *Syenit* oder wegen seiner „rothgesprengten Farbe" den „Feurigbunten" – hier folgt Goethe direkt oder indirekt Plinius. Erst „die Neuern" gaben dieser Gesteinsart wegen „ihrem körnigten Ansehen" den Namen *Granit*.

3. Der Granit sei bis vor kurzem bei den Naturkundigen wenig angesehen gewesen; ein italienischer Autor habe sogar vermutet, die ägyptischen Obelisken seien aus einer Gussmasse gefertigt worden. Obwohl die „Würde dieses Gesteines" inzwischen allgemein anerkannt sei, gebe es noch viele Forscher, die den Granit mit anderen Gesteinsarten verwechseln.

4. Der Granit sei „die Grundveste unserer Erde", „das Höchste und das Tiefste", wie man bei jeder Bergbesteigung feststellen könne. Unerschüttert ruhe er in den innersten Eingeweiden der Erde und bilde zugleich die höchsten Gipfel, die nie vom Wasser umspült waren.

5. Obwohl man seine drei Bestandteile – Quarz, Feldspat, Glimmer – genau kenne, sei der Ursprung des Granits unklar. Von den beiden damals heftig diskutierten Entstehungsarten der Gesteine, der wässrigen und der feurigen, wird keine für die allein mögliche gehalten.

6. Philosophisch, symbolisch oder metaphorisch gesehen, sei der Granit als „der älteste, festeste, tiefste, unerschütterlichste Sohn der Natur" das extreme Gegenteil des menschlichen Herzens, des „beweglichsten, veränderlichsten, erschütterlichsten Theiles der Schöpfung". Die Beschäftigung mit der „großen, leise sprechenden Natur" gewähre dem Autor einen angenehmen Ausgleich zu den sich ständig ändernden menschlichen Gesinnungen und Gefühlen, unter denen er „manches gelitten habe und leide". Auf Granitfelsen stehend, abgehoben vom Werden und Vergehen der Täler, fühle sich der Mensch einsam, wie einer, „der nur den ältsten, ersten, tiefsten Gefühlen der Wahrheit seine Seele eröffnen will". Auch Vulkanausbrüche könnten ihm dort nichts anhaben, denn „unerschüttert bleibt die Grundveste, auf der ich noch sicher ruhe, indeß die Bewohner der fernen Ufer und Inseln unter dem untreuen Boden begraben werden."

Alle naturkundlichen Einzelbeobachtungen hatten für Goethe den einen Zweck, hinter der verwirrenden Fülle der Erscheinungen das allgemeine System der Natur zu erkennen, das, vom Einfachen ausgehend, durch „Bildung" und „Steigerung" zum Komplizierten sich entwickle und im Menschen kulminiere. 1781 sprach Goethe von seinem Plan, in einem naturwissenschaftlichen Lehrgedicht („Roman über das Weltall") die Geschichte der Erde darzustellen.[493] Das Fragment „Über den Granit" gilt als Vorarbeit zu diesem unausgeführt gebliebenen Werk. So wie Goethe das Gemeinsame der Lebewesen im Urtier und in der Urpflanze suchte, so hoffte er auch in der Geologie, einen Ausgangsstoff für die Vielfalt der Erscheinungen zu entdecken. Im Granit glaubte er, diesen Urstoff gefunden zu haben. Bezüglich der Erdgeschichte faszinierte ihn diese Gesteinsart ähnlich wie „das Totengerippe" bezüglich der Artenvielfalt der Tiere: Granit wie Skelett stellten für Goethe den Grund, das Urphänomen des farbigen Abglanzes dar. Sammelnd, beschreibend, definierend und theoretisierend umkreiste er diese Themen jahrzehntelang.

Überlegungen zur Entstehung und Schichtung der Gesteine[494] ließ Goethe stets mit dem Granit beginnen. In den vielen Listen und Notizen zu Geologie und Mineralogie, die er im Lauf seines Lebens anlegte, nimmt der Granit fast immer die erste Stelle ein.[495]

Hinter oder über der Beschäftigung mit einzelnen Gesteinsarten stand für Goethe das Grundproblem der Erdentstehung. Diese wurde zu seiner Zeit von zwei sich heftig befehdenden Schulen, den „Neptunisten" und den „Vulkanisten", in ganz verschiedener Weise beschrieben: Die ersteren, vor allem die Anhänger des Geologen Abraham Gottlob Werner (1749–1817), erklärten alle Erscheinungen aus einem sich nach und nach zurückziehenden Weltmeer, das einerseits die versteinerten Meerestiere auf den Bergen hinterlassen, dessen dickflüssige Brühe andererseits die meisten Gesteine als Sedimente abgesetzt habe. Die „Vulkanisten" oder auch „Plutonisten" dagegen, zu denen etwas später vor allem Alexander von Humboldt gerechnet wurde, betonten als Ursache der meisten geologischen Erscheinungen das Feuer im Inneren der Erde und führten alle Bewegungen der Erdkruste auf den Vulkanismus zurück.

Goethe blieb zeit seines Lebens ein überzeugter Anhänger des „Neptunismus", den er allerdings nicht zum Dogma erhoben wissen wollte.[496] Stets achtete er darauf, ob sich nicht doch aus der Anschauung der Natur Gegenargumente finden

---

[493] WA IV, 5, S. 231 f.

[494] WA II, 9, S. 124, 129 u. ö.

[495] In dem Aufsatz *Zur Geologie, besonders der böhmischen* (vermutlich 1820 geschrieben) heißt es: „Zu der Zeit, als der Erdkörper mich wissenschaftlich zu interessiren anfing und ich seine Gebirgsmassen im Ganzen, wie in den Theilen, innerlich und äußerlich kennen zu lernen mich bestrebte, in jenen Tagen war uns ein fester Punct gezeigt, wo wir stehen sollten und wie wir ihn nicht besser wünschten; wir waren auf den Granit, als das Höchste und das Tiefste angewiesen, wir respectirten ihn in diesem Sinne, und man bemühte sich, ihn näher kennen zu lernen." (WA II, 9, S. 124).

[496] So etwa in seinem Aufsatz *Vergleichsvorschäge, die Vulkanier und Neptunier über die Entstehung des Basalts zu vereinen* von 1789 (WA II, 9, S. 304–309). – Vgl. auch die Anspielungen im *Faust II* (Verse 7519–7605, 7801–7950).

176

ließen. Dies hielt ihn nicht davon ab, sich lange Zeit gegen jede Theorie zu wehren, die „tumultuarische" Umbrüche voraussetzte: „Mein Abscheu vor gewaltsamen Erklärungen, die man auch hier" – bei den Granitfelsen in der Umgebung von Wunsiedel – „mit reichlichen Erdbeben, Vulkanen, Wasserfluthen und andern Titanischen Ereignissen geltend zu machen suchte, ward auf der Stelle vermehrt, da mit einem ruhigen Blick sich gar wohl erkennen ließ, daß durch teilweise Auflösung wie teilweise Beharrlichkeit des Urgesteins, durch ein daraus erfolgendes Stehenbleiben, Sinken, Stürzen, und zwar in ungeheuern Massen, diese staunenswürdige Erscheinung ganz naturgemäß sich ergeben habe. [...] Ich zweifle jedoch, daß eine so ruhige Ansicht dem turbulenten Zeitalter genügen werde."[497] „Naturgemäß" war für Goethe, wie man sieht, das Gegenteil von „turbulent".

Die von Goethe schon früh bemerkte und für seine Grundhypothese eher bedrohliche Tatsache, dass der Granit in den unterschiedlichsten Arten vorkommt, erklärte er, ähnlich wie bei Tieren und Pflanzen, durch „Morphologie", durch sanfte „Auflösung" und „Bildung": „Der Granit, wo er seinen Charakter aufgibt, hat daher nicht eine, sondern mehrere Verwandlungsarten. [...] Dieses Aufgeben seines Charakters [...], diese Metamorphose, kann man als ein Aussichschreiten, ein Überschreiten ansehen."[498]

Schon früh musste Goethe erkennen, dass der Granit in manchen Gegenden ganz offensichtlich nicht das älteste anstehende Gestein ist: Im November 1782, also noch vor dem Granit-Fragment, gestand er seinem Freund Johann Heinrich Merck: „Wegen des Granit, ob ich gleich überzeugt bin, daß er die Basis unserer bekannten Oberfläche ist, werden wir aber doch wohl nachgeben und einen *granit secondaire* statuiren müssen. Es wird dies zu vielen Diskussionen Anlaß geben."[499] Doch auch diesen „Sekundärgranit" dachte er sich wieder als auf metamorphotische und „neptunische" Weise aus dem Urgranit hervorgegangen.

Doch im Laufe der Jahrzehnte musste sich Goethe immer deutlicher eingestehen, dass viele geologische Erscheinungen nur durch gewaltige, in unvorstellbar großen Zeiträumen geschehene Umwälzungen und Katastrophen zu erklären sind. So las er 1822 in den Berichten eines „bedeutenden Reisenden", „daß die ganze Porphyrformation des südlichen Tyrols, vom Eisack- bis zum Fassathal und von da bis an die Mendola durch den alten Kalkstein heraufgehoben worden sey und den auf dem Alpenkalkstein aufgelagerten Dolomit *par compagnie* emporgehoben habe. [...] Wie bey solchen unumstößlichen Thatsachen den Neptunisten zu Muthe sey, verräth ein laut gewordener Stoßseufzer der Wernerischen Schule."[500]

---

[497] WA I, 36, S. 155 f.
[498] WA II, 10, S. 80.
[499] WA IV, 6, S. 83.
[500] WA II, 13, S. 375 f.

In einem kleinen Gedicht, das erstmals 1827 in den „Zahmen Xenien" publiziert wurde, beschreibt Goethe die schwächer werdende Position der „Neptunisten" nach dem Tode ihres Protagonisten Werner – und seine Abneigung gegen diese Entwicklung:

> *„Kaum wendet der edle Werner den Rücken,*
> *Zerstört man das Poseidaonische Reich;*
> *Wenn alle sich vor Hephästos bücken,*
> *Ich kann es nicht sogleich. "*[501]

Dass eben nicht nur die „Wernerische Schule", sondern auch Goethe selbst von diesen sich durchsetzenden Erkenntnissen unangenehm berührt wurde, geht auch aus einem Notizblatt derselben Zeit hervor:

> *„Daß ich einen solchen wilden, willkürlichen Erdboden nicht bewohnen, wenigstens nicht betrachten werde, denn wie sieht es in meinem Kopfe aus, wenn ich mich quäle, zu dencken und zu imaginieren, daß durch Strecken viele Meilen aus dem Meere emporgehoben, dort Urländer ins Meer versenkt worden, wenn die Erde bald hie bald da klafft und gähnt, […] wenn das feste Tyrol reißt, der Porphyr aus der Tiefe hervorsteigt, den Dolomit zerstückt und zerklüftet!"*[502]

Die für uns nur schwer nachvollziehbare, geradezu pathologische Abneigung Goethes gegen die großen Veränderungen der Erdgeschichte ist, wenigstens teilweise, dadurch zu erklären, dass er sich, wie viele seiner Zeitgenossen, bewusst oder unbewusst auf die mosaische Zeitrechnung stützte und davon ausging, die Welt sei nur etwa 6 000 Jahre alt. Er musste sich also die Faltung der Gebirge und die anderen tiefgreifenden Veränderungen der Erdkruste als relativ schnelle und junge „Katastrophen" in der Art von Vulkanausbrüchen oder Erdbeben vorstellen und versuchte, die Angst vor solchen Umbrüchen durch Verdrängung in den Griff zu bekommen.

Dies war für ihn umso wichtiger, als er, wie er mehrfach gestand, in der Beschäftigung mit den Naturwissenschaften ja gerade jene Ruhe und Beständigkeit, jene harmonische, „naturgemäße" Entwicklung suchte, die er in seinen persönlichen Verhältnissen und den gesellschaftlich-politischen Zuständen seiner Zeit vermisste. Immer wieder verglich Goethe die Folgen der Französischen Revolution für Europa mit den revolutionären Umbrüchen in den Naturwissenschaften, und auch hier dient ihm der Granit als Ausgangspunkt:

---

[501] WA I, 3, S. 359.
[502] WA II, 10, S. 270.

178

> *„Wie man die Könige verletzt,*
> *Wird der Granit auch abgesetzt;*
> *Und Gneis, der Sohn, ist nun Papa!*
> *Auch dessen Untergang ist nah:*
> *Denn Pluto's Gabel drohet schon*
> *Dem Urgrund Revolution;*
> *Basalt, der schwarze Teufels-Mohr,*
> *Aus tiefster Hölle bricht hervor,*
> *Zerspaltet Fels, Gestein und Erden,*
> *Omega muß zum Alpha werden.*
> *Und so wäre denn die liebe Welt*
> *Geognostisch auch auf den Kopf gestellt.* “[503]

Daraus geht deutlich hervor, dass der Granit für Goethe – trotz mancher Irritationen – nicht nur ein ehrwürdiges, sondern geradezu ein heiliges Material war. Eine derart tiefe Bedeutung wurde diesem Gestein meines Wissens weder vorher noch später zugeschrieben, doch lassen sich die Folgen von Goethes „Granit-Kult" bis weit in das 20. Jahrhundert hinein beobachten.

Granit als Werkstoff

Es erscheint nun an der Zeit zu fragen, welches Interesse Goethes Beschäftigung mit dem Granit für den Kunsthistoriker haben könnte. Für Goethe – der insofern in der „werkstoff-orientierten" Tradition von Scamozzi und Lodoli steht[504] – leisten die Eigenschaften der Materialien einen wichtigen Beitrag zur Entstehung von Kunstwerken. In seinem unter dem Eindruck der italienischen Reise geschriebenen Aufsatz „Material der bildenden Kunst", 1788 im „Teutschen Merkur" erschienen, lobt er jene Künstler, die sich dem Material anpassten und „nicht mehr machen wollten, als die Materie ihnen erlaubte". Er vermutet sogar, Semper vorwegnehmend, dass „die Menschen durch das Material zur Kunst geführt und in ihr selbst weiter geleitet worden sind"[505]. Als Beispiel für diese Theorie vom Werkstoff als dem Lehrmeister des Künstlers zieht Goethe wieder die ägyptischen Obelisken heran, deren Form er (zu Unrecht!) von einer bestimmten physikalischen Eigenschaft des Granits, nämlich seiner Spaltbarkeit, ableitet.

---

[503] WA I, 3, S. 358.

[504] S. oben S. 38 f.

[505] WA I, 47, S. 65. – Ähnlich heißt es auch in der *Italienischen Reise:* „Wie viel eine genaue Kenntniß des Materials, worin die Künste gearbeitet, zu ihrer Beurtheilung hilft, fällt genugsam in die Augen" (WA I, 30, S. 218).

Dass diese Fragen ihn damals auch über den Material-Aufsatz hinaus beschäftigten, geht aus einem Brief an den Altphilologen Christian Gottlob Heyne hervor:

„Wenn ich geneigt wäre, etwas auf das Papier zu bringen, so wären es vorerst sehr einfache Sachen, z. B. inwiefern die Materie, woraus gebildet worden, den klugen Künstler bestimmt, das Werk so und nicht anders zu bilden. So geben die verschiednen Steinarten gar artige Aufschlüsse über die Baukunst, jede Veränderung des Materials und des Mechanismus giebt dem Kunstwercke eine andere Bestimmung und Beschränkung. "[506]

Eine Frucht dieser Gedanken ist das erst aus dem Nachlass herausgegebene Fragment „Baukunst"[507] von 1795, in dem wiederum das Material als Voraussetzung für jede Kunst betont wird, und dem drei „Zwecke" gegenübergestellt werden: 1. „rohe Naturpfuscherei" aus Gründen der bloßen Notwendigkeit, 2. handwerkliche Beherrschung zur Befriedigung von Notwendigkeit und Bequemlichkeit, und 3. künstlerische Hervorbringung sinnlich-harmonischer Gegenstände. Das „Sinnlich-Harmonische" aber sei „in jeder Kunst von eigner Art und bedingt; es kann nur innerhalb seiner Bedingungen beurteilt werden. Diese Bedingungen entspringen aus dem Material, aus dem Zweck und aus der Natur des Sinns, für welchen das Ganze harmonisch sein soll. "

Materialien waren für Goethe durchaus „Bedeutungsträger" im Bandmannschen Sinne. Teilweise steht er dabei in älteren Traditionen, so wenn er wertend „Marmor mit Sandstein" oder „Marmor mit Gips"[508] vergleicht, oder Gold, Bronze und einzelne Edelsteine erwähnt. Neuartig – und typisch für Goethes Denken – ist dagegen der metaphorische Umgang mit naturwissenschaftlichen Beobachtungen: z. B. Granit und Schwemmsand (oder Basalt) als Bilder für Anfang und Ende.[509]

Immer wieder bezog Goethe Gesteinsarten als Metaphern auf den Menschen. Das Urgestein Granit galt ihm – zumindest zeitweise – als der größte Gegensatz zum Menschen, vor allem zu dem von Goethe als besonders unstet empfundenen weiblichen Geschlecht: Aus Karlsbad, wo er zum erstenmal zur Kur weilte und (offensichtlich nicht nur) geologische Studien trieb, schrieb er 1785 leicht anzüglich an den Herzog nach Weimar: „Vom Granit, durch die ganze Schöpfung durch, bis zu den Weibern, Alles hat beigetragen, mir den Aufenthalt angenehm und interessant zu machen."[510] Viel später sollte Goethe in einem Gespräch mit Eckermann Napoleon als „Menschen aus Granit" bezeichnen.[511]

---

[506] WA IV, 9, S. 7.

[507] WA I, 47, S. 67 ff.

[508] WA I, 37, S. 139; WA I, 30, S. 238. – Vgl. oben S. 82 und 42 f.

[509] WA II, 10, S. 78 u. ö.

[510] WA IV, 7, S. 74.

[511] Goethe-Gedenk-Ausgabe, Bd. 24, S. 675 (11. März 1828).

Die Verwendung des Granits als Material für Kunstwerke ist ein durch Jahrzehnte von Goethe verfolgtes Thema, aber die Aussagen dazu wandeln sich: Noch im Granit-Fragment von 1784 erwähnte er lediglich die ägyptischen Denkmäler; jüngere oder gar zeitgenössische Beispiele waren ihm damals anscheinend nicht bekannt oder erwähnenswert. Doch schon im darauffolgenden Jahr ließ er aus Thüringen einen großen Granitblock „aus Verehrung gegen seine urgebirgliche Herkunft nach Weimar schaffen, um ein ansehnliches Gefäß daraus zu formen"[512]. Es erscheint aber unter Berücksichtigung von Goethes mehr als dreißig Jahre später angestellten Betrachtungen über „Granitarbeiten in Berlin" fraglich, ob man in Weimar damals überhaupt in der Lage war, ein solches Gefäß auszuführen.

Auch auf der italienischen Reise beschäftigte sich Goethe mehrfach mit Kunstwerken aus Granit: Er bewunderte den damals noch zu Boden liegenden Obelisken vom römischen Marsfeld[513] und sammelte auf seinen Spaziergängen mit dem Maler Wilhelm Tischbein Granit-, Porphyr- und Marmorstücke auf, „die zu Tausenden hier herum liegen und von der alten Herrlichkeit der damit überkleideten Wände noch als unerschöpfliche Zeugen gelten"[514]. Der Dichter schätzte den Maler gerade wegen seiner Materialkenntnisse: „Auch was die Steine betrifft, mit welchen die Alten und Neuen gebaut, ist er vollkommen zu Hause, er hat sie gründlich studirt, wobei ihm sein Künstlerauge und die Künstlerlust an sinnlichen Dingen sehr zu statten kommt. Eine für mich ausgewählte Sammlung von Musterstücken hat er vor kurzem nach Weimar abgesendet, die mich bei meiner Zurückkunft freundlich empfangen soll."[515]

Auf Tischbeins berühmtem Gemälde „Goethe in der Campagna" von 1787 (Abb. 18) sitzt der Dichter im Vordergrund auf einem zerbrochenen Obelisken, während sich nach hinten ein klassisches Relief und ein Kompositkapitell staffeln.[516] Noch während seiner Entstehung wurde dieses Bild durch Ludwig Strack,

---

[512] WA II, 9, S. 282.

[513] In der *Italienischen Reise* (September 1787) erwähnt Goethe „den mächtigen Obelisk, der auf dem Marsfelde durch August errichtet als Sonnenweiser diente, nunmehr aber in Stücken, umzäunt von einem Breterverschlag, in einem schmutzigen Winkel auf den kühnen Architekten wartete, der ihn aufzuerstehen berufen möchte. [...] Er ist aus dem echtesten ägyptischen Granit gehauen" (WA I, 32, S. 90 f.).

[514] *Italienische Reise,* 18. November 1786 (WA I, 30, S. 218). – Am 10. Februar 1817 schrieb Wilhelm Tischbein an Goethe: „Erinnern Sie sich noch, als wir in den Fernesischen Gärden die Porfier und Granide und Pronsen zusamen lassen und sie versteckten an der Mauer eines Garden Hausses, um sie ein ander mal mit nach Haus zu nehmen? ich glaube, sie ligen noch da." Zit. nach: Chr. Beutler (wie Anm. 516), S. 27.

[515] WA I, 30, S. 217 f.

[516] Christian Beutler: J. H. W. Tischbein. *Goethe in der Campagna.* Stuttgart 1962. – Ellen Spickernagel: Goethe gemalt von Tischbein. Ein Porträt und seine Geschichte. Frankfurt am Main 1974. – Herbert von Einem: Der *Wanderer auf dem Obelisk.* Zu Wilhelm Tischbeins *Goethe in der Campagna.* In: Kunst als Bedeutungsträger. Gedenkschrift für

Abb. 18: J. H. W. Tischbein, Goethe in der Campagna di Roma,
Frankfurt/M., Städel, 1786/87

einen Vetter Tischbeins, interpretiert: Die antiken Fragmente des Vordergrunds
seien als Hinweise auf die älteste damals bekannte Kunst, die der Ägypter, auf
„die beßte Zeit der griechischen Kunst" und auf die Epoche „der Römer unter den
Kaisern" zu verstehen. Der Autor weist auch darauf hin, dass die Berge im Hintergrund vulkanischen Ursprungs seien. „Über diese Revolutionen der Natur und
der menschlichen Dinge staunet das Auge des philosophischen Dichters hin, und
der schauervolle Gedanke der Vergänglichkeit scheinet auf seinem Gesichte zu
schweben."[517]

Die ursprünglich auf dem Obelisken dargestellten Hieroglyphen wurden in
der Endfassung des Bildes übermalt, vielleicht, um ihn so noch altertümlicher
wirken zu lassen, vielleicht aber auch, um die Form der „Spitzsäule" zu beto-

---

Günter Bandmann. Berlin 1978, S. 305–315. – Christian Lenz: Tischbein. *Goethe in
der Campagna di Roma.* Frankfurt am Main 1979.

[517] Zit. nach: Chr. Lenz, a. a. O., S. 6 f. Der Text wurde zuerst 1788 im *Teutschen Merkur*
publiziert.

nen, jene Form, von der Goethe glaubte, sie sei durch die Spaltbarkeit des Granits zu erklären.

Über dreißig Jahre später (1822) betitelte Goethe das Gemälde seines Jugendfreundes als „Der Wanderer aufm Obelisken"[518]. Durch die Metapher des Wanderers spielte er auf den Gegensatz zwischen dem unsteten Leben und der Vergänglichkeit des *homo viator* einerseits und der Ewigkeit des Granits andererseits an. Da für ihn das Ruhen auf Granit den Inbegriff von sicherer Festigkeit darstellte, lässt sich in dem Gemälde noch eine weitere Bedeutungsebene erkennen:

Goethe blickt nicht nur vom ältesten Kulturdenkmal aus auf die Entwicklung der späteren Kunst, vielmehr ruht er bei seiner Betrachtung der Vergänglichkeit der Natur und des Menschenwerks auf Granit. Über diese Situation hatte er wenige Jahre zuvor geschrieben: „Hier auf dem ältesten ewigen Altare, der unmittelbar auf die Tiefe der Schöpfung gebaut ist, bring' ich dem Wesen aller Wesen ein Opfer. Ich fühle die ersten festesten Anfänge unseres Daseins; ich überschaue die Welt [...] und ihre fernen fruchtbaren Weiden, meine Seele wird über sich selbst und über alles erhaben und sehnt sich nach dem nähern Himmel."[519]

Als sich Goethe 1795/96 auf seine zweite italienische Reise vorbereitete, die der Stoffsammlung für eine große Kunst- und Kulturgeschichte Italiens dienen sollte, aber schließlich nicht zustande kam, machte er sich auch Aufzeichnungen über Vorkommen und Verwendung der edleren Gesteinsarten[520]. Aus einem Buch des Geologen Ermengildo Pini (1739–1825) notierte er sich folgende Angaben über die Granitverwendung in Italien: „Früher als der Mitte des 16. Jahrhunderts finden sich keine Gebäude davon. Carl Borrom. scheint ihn zuerst gebraucht zu haben. Große Reihen rother Granit Säulen am schweizerischen Colleg. und am Seminar zu Mayland. [...] Das Fusgestell unter der *Statue equestre* auf dem Platze *Sant Annunc.* zu Florenz. Untere Verkleidung der Wände und der Fusboden in der *Capella di San Lorenzo.*"[521]

Seit etwa 1810 nahm Goethe auch Anteil an der Verwendung des Granits für künstlerische Zwecke in Deutschland, vor allem in Preußen. Als Beispiel hierfür mag das Denkmal stehen, das die Stadt Rostock 1814 beschloss, ihrem großen Sohn, dem Feldherrn von Blücher, zu errichten. In den folgenden Jahren wurden verschiedene Pläne erwogen und viele Briefe zwischen Gottfried Schadow, der die Statue entwerfen sollte, Goethe, der als Gutachter gefragt worden war, und anderen am Entstehen des Monuments beteiligten Personen gewechselt. Wie bei fast allen Denkmälern dieser Zeit wurde vor allem diskutiert, in welcher Kleidung und

---

[518] WA IV, 35, S. 243.
[519] WA I, 9, S. 174.
[520] WA I, 34/2, S. 164: „Granit: Statuen, Säulen, Obelisken, Wannen; Porphyr: Säulen, Wannen pp., Sarkophage."
[521] WA I, 34/2, S. 177 f.

Haltung der „Marschall Vorwärts" darzustellen sei, aber auch die Frage, ob seine Statue aus Kupfer getrieben, aus Erz gegossen oder aus Marmor gemeißelt werden sollte. Am 29. Januar 1817 diktierte Goethe den Aufsatz „Blüchers Denkmal", worin es heißt: „Das Piedestal aus vaterländischem Granit wird auf der Schweriner Schleifmühle, von der so schöne Arbeiten in dem härtesten Stein bekannt sind, [...] bearbeitet."[522]

Interessant für die spätere Symbolik des Granits ist, dass er hier bereits als „vaterländisch" apostrophiert wird – eigentlich erstaunlich, da auch Goethe selbst immer wieder betonte, Granit bilde auf der ganzen Welt die tiefsten Schichten und die höchsten Berge. Er wäre also eher zum Symbol des „Internationalismus" oder der Völkerverständigung prädestiniert gewesen.

Der Aufsatz „Blüchers Denkmal" erschien 1818 in den Heften „Über Kunst und Alterthum". Genau zehn Jahre später publizierte Goethe ebendort eine Betrachtung über „Granitarbeiten in Berlin"[523], in der er seiner Freude darüber Ausdruck verleiht, dass schon seit ungefähr acht Jahren Granit in Preußen wieder für künstlerische Aufgaben herangezogen und „der Werth dieser edlen Gebirgsart, wie sie von den Alten hochgeschätzt worden, auch nunmehr bei uns anerkannt" wird. Er erwähnt den Sockel des Lutherdenkmals zu Wittenberg, die Postamente an der neuerbauten Schlossbrücke in Berlin, Säulen und Grabmonumente. Ausführlich berichtet er von der großen Granitschale[524] vor dem Berliner Alten Museum.

Alle diese Arbeiten wurden aus Findlingen hergestellt, die durch eiszeitliche Gletscher aus Skandinavien in die Mark Brandenburg transportiert worden waren. Im 19. Jahrhundert waren allerdings viele Autoren überzeugt, es handle sich um einen „vaterländischen", seit Urzeiten hier gewachsenen Stein. Goethe war sich dieser beiden konträren Meinungen durchaus bewusst und schloss seinen kurzen Aufsatz mit der Bemerkung: „Glücklich würden wir uns schätzen, wenn Granit hier wirklich in seiner Urlage anstehend gefunden würde, und wir uns der bescheidenen Auflösung eines bisher allzustürmisch behandelten wichtigen geologischen Problems näher geführt sähen."

Der zuletzt besprochene Text unterstreicht noch einmal, wie der Granit – auch wenn er zu „Kunst" veredelt war – für Goethe immer der Urstoff, der unerschütterliche Urgrund der lebendigen Welt blieb.

---

[522] WA I, 49/2, S. 76–82 und 276 f.
[523] WA I, 49/2, S. 197 f.
[524] Hierzu ausführlicher unten S. 186 f.

Aufklärung und Romantik waren geneigt, in den Materialien – wie in der ganzen Natur – das Wirken Gottes oder Gott selbst zu erkennen.[525] Für den „Pantheisten" Goethe war der Granit zeitweise geradezu ein Abbild der Dreifaltigkeit, da dieser Stein zugleich „das Höchste und das Tiefste" sei, und die drei Teile, aus denen er besteht, sich so durchdringen, dass man nicht sagen könne, was das „Enthaltene" und was das „Enthaltende" sei.[526] Rückblickend spottete der Theologe Johann Gottfried Herder über diese Form der Naturreligion:

> *„Eine der lächerlichsten Genieperioden war die bergmännische in Weimar, als die Bergwerke in Ilmenau wieder gangbar gemacht werden sollten. Da war der Mensch gar nichts, der Stein alles. Goethe fand in der Organisation des Granits die göttliche Dreieinigkeit, die nur durch ein Mysterium erklärt werden könne. "[527]*

Doch darf diese kritische Bemerkung eines Zeitgenossen nicht darüber hinwegtäuschen, wie rasch und intensiv Goethes Granit-Gedanken von den gebildeten Kreisen übernommen wurden. Sie ist ja selbst ein Beleg für diese Rezeption. Das Fragment „Über den Granit" von 1794 lag zwar erst seit der Hempel'schen Ausgabe (1868–79) gedruckt vor, kursierte aber in Abschriften; jedenfalls waren die von Goethe dem Granit zugeschriebenen Bedeutungen alsbald in aller Munde:

In einem Brief vom 14. Oktober 1798 beschrieb die Goethe-Verehrerin Caroline Schlegel ihrem Schwager Friedrich den ersten Eindruck von dem soeben in Jena angekommenen Philosophen Schelling: „Er ist als Mensch interessanter, als Sie zugeben, eine rechte Urnatur, als Mineralie betrachtet, ächter Granit."[528] Schelling, der mit 23 Jahren als außerordentlicher Professor nach Jena kam, war noch ledig, so dass Friedrich Schlegel in seinem Antwortbrief zurückfragte: „Aber wo wird Schelling, der Granit, eine Granitin finden? Wenigstens muß sie doch von Basalt sein?"[529] Ironie des Schicksals: Wenige Jahre später wurde August Wilhelm Schlegel von Caroline geschieden, und diese heiratete den um zwölf Jahre jüngeren „Granit"!

---

[525] Hierzu: Tina Grütter: Melancholie und Abgrund. Die Bedeutung des Gesteins bei Caspar David Friedrich. Ein Beitrag zum Symboldenken der Frühromantik. Berlin 1986.

[526] WA II, 9, S. 124 f. und WA II, 10, S. 79.

[527] Zit. nach: Kurt Hildebrandt: Goethes Naturerkenntnis. Hamburg 1947, S. 296.

[528] Georg Waitz und Erich Schmidt (Hgg.): Caroline. Briefe aus der Frühromantik. 2 Bde. Frankfurt am Main 1913 (Reprint Bern 1970), Bd. 1, S. 459.

[529] Ebd., S. 471.

Noch in den 1860er Jahren spielte Joseph Victor von Scheffel in einigen seiner „Studentenlieder"[530] auf den historischen Streit zwischen „Neptunisten" und „Vulkanisten" und auf Goethes geologische Metaphern an: Die Gedichte tragen Titel wie „Asphalt", „Der erratische Block" oder „Der Basalt". Im Letzteren wird mit folgenden Zeilen an Goethes Grundeinstellung erinnert:

> *„Vulkanische Kraft war damals gehaßt*
> *Ob ihrer zerstörenden Schläge,*
> *Dem Ruhebedürfnis der Erde entsprach*
> *Entwicklung auf feuchtem Wege. "*

In dem Gedicht „Der Granit" ärgert sich das Urgestein über das auf ihm liegende „sedimentäre Gebräu" und beschließt, feurig und eruptiv zu werden. „Die Revolution", der Ausbruch, gelingt:

> *„Da sprach er mit Jodeln und Singen:*
> *Hurra! das wäre geglückt!*
> *Auch unsereins kann's zu was bringen,*
> *Wenn er nur herzhaftiglich drückt! "*

Zunächst wurde – z. B. in Goethes Granit-Fragment oder in Kotzebues Vorschlag für ein Völkerschlachtdenkmal[531] – die Gesteinsart Granit vor allem mit den alten Ägyptern und Römern, deren Ehrwürdigkeit und deren technischen Leistungen, in Verbindung gebracht. Aber nach und nach befrachtete man den Granit, wie wir sahen, immer mehr mit der Qualität des „Vaterländischen". Ausgangspunkt war offenbar das rohstoffarme Preußen.

Seit etwa 1820 hatte man in Berlin begonnen, Granit für künstlerische Aufgaben heranzuziehen. Für das Jahr 1826 lässt sich dort ein gewisser Höhepunkt der repräsentativen Granitverarbeitung feststellen: Praktisch gleichzeitig äußerte Schinkel (allerdings vergeblich) seinen Wunsch nach Granitsäulen für die im Bau befindliche Museumsrotunde,[532] ließ der König das erst 16 Jahre alte Sandstein-Mausoleum für seine Gemahlin in Granit erneuern[533] (Abb. 9), und wurde die große Granitschale vor dem Alten Museum in Auftrag gegeben. Dieser Auftrag und seine Vorgeschichte sei hier unter materialikonologischen Aspekten etwas genauer geschildert.

Der Unternehmer und spätere königliche Baurat Gottlieb Christian Cantian (1794–1866) hatte auf mehreren der Berliner Akademie-Ausstellungen Arbeiten

---

[530] Joseph Victor Scheffel: *Gaudeamus.* Lieder aus dem Engeren und Weiteren. Stuttgart 1868, S. 3 f., 11–14, 15–17, 23–25.

[531] S. oben S. 147.

[532] S. oben S. 115.

[533] S. oben S. 83 f.

aus poliertem Granit gezeigt. 1826 wurde eine seiner Granitschalen vom König für das Schloss Charlottenburg erworben, woraufhin der englische Gesandte in Berlin, der Herzog von Devonshire, für sich eine noch größere Schale bestellte. Der König bestand aber darauf, dass das jeweils größte Produkt aus diesem „vaterländischen" Material im Lande bleiben müsse.

In diesem Zusammenhang wurde – angeregt durch die monumentale Porphyrschale in den Vatikanischen Museen – beschlossen, auch in der Rotunde des Berliner Museums eine große Schale, aber eben nicht aus Porphyr, sondern aus preußischem Granit, aufzustellen. Schinkel fertigte hierzu Entwurfszeichnungen, während Cantian nach einem passenden Block suchte und schließlich den mächtigsten Findling der Mark auswählte, den größeren der beiden sogenannten „Markgrafensteine" in den Rauener Bergen am Scharmützelsee in der Gegend von Fürstenwalde. Der Stein lag tief ins Erdreich eingesunken und musste erst freigelegt werden, danach aber stellte sich heraus, dass er groß genug für eine Schale von etwa sieben Metern Durchmesser war.

Der Block wurde an Ort und Stelle grob zugehauen und dann auf der Spree nach Berlin gebracht. Ähnlich wie beim Sockel des Reiterdenkmals von St. Petersburg wurde auch hier der ursprüngliche Zustand des Findlings, das Heben und der Transport in Zeichnungen und Lithographien festgehalten und verbreitet.[534] Kaum aber war die Schale, die wesentlich größer geworden war als ursprünglich geplant, in Berlin angekommen, befielen Schinkel Zweifel, ob die Maßstäbe der Rotunde durch diesen Koloss nicht gesprengt würden. Deshalb machte er den Vorschlag, die Granitschale vor dem Museum aufzustellen, was dann auch geschah.

Cantian hatte inzwischen im Lustgarten ein provisorisches Gebäude errichtet, in dem die Schale mit Hilfe einer Dampfmaschine innen und außen geschliffen und poliert wurde. Im Sommer 1831 wurde die Schale vor dem Museum auf einen vorläufigen Sockel gestellt, erst 1834 waren alle Arbeiten an ihr beendet. Der Maler Johann Erdmann Hummel (Abb. 19) hat um 1830 drei Bilder gemalt, auf denen er bewundernd das Schleifen, das Umdrehen und die Aufstellung der Granitschale schilderte.[535]

Aber auch außerhalb Preußens erlangte der Granit bald diese vaterländische Bedeutung: Vom Passauer Denkmal für König Maximilian I. von Bayern, für dessen Sockel „der schoenste Granit, den die Urgebirge des Unterdonau-Kreises liefern", gewählt wurde, war oben schon die Rede.[536] Auch die durch Julius Lang-

---

[534] Paul Ortwin Rave: Karl Friedrich Schinkel. Lebenswerk. Berlin II. Berlin 1948, S. 124–128, Abb. 85–93. – Ders.: Zur Aufstellung der Großen Granitschale vor dem Alten Museum in Berlin. In: FS Friedrich Winkler. Berlin 1959, S. 346–350.

[535] Abb. bei P. O. Rave, a. a. O., S. 119. – Vgl. hierzu Goethes Miszelle *Der Markgrafenstein auf dem Rauhischen Berge bei Fürstenwalde, von Julius Schoppe an Ort und Stelle gezeichnet und von Tempeltey lithographiert* (1828) (WA I, 49/2, S. 199 f.).

[536] S. oben S. 115 f.

Abb. 19: Johann Erdmann Hummel: Die Granitschale im Lustgarten vor der Vollendung, 1832

behn verbreitete „völkische" Granit-Ideologie, die nicht nur für Historismus und Wilhelminismus, sondern auch für die Kunstpraxis des Dritten Reichs wichtig wurde, ist oben schon behandelt worden.[537]

Denkmalsockel aus Granit, die Kombination von Erz und Granit, sind für das 19. Jahrhundert fast zur Selbstverständlichkeit geworden. Zur Enthüllung des Friedrich-Denkmals in Berlin am 31. Mai 1851 erschien ein „Gedenkbuch"[538], auf dessen erster Seite ein (durchaus ernstgemeintes) Gedicht mit folgenden Zeilen beginnt:

> *„Auf festem Postamente aus Erz und aus Granite*
> *Steht Vater Fritz als Wächter in seines Volkes Mitte. "*

Die Auswirkungen von Goethes Beschäftigung mit dem Granit ließen sich über die „vaterländische" und die „deutschnationale" Phase bis hin zur folgenreichen

---

[537] S. oben S. 119 f.

[538] Andreas Sommer: Gedenkbuch, enthaltend: die Geschichte und Beschreibung des Friedrichs-Denkmals in Berlin, so wie die Darstellung der Grundsteinlegung am 1. Juni 1840 und der Enthüllung desselben am 31. Mai 1851. Berlin 1852.

188

Granit-Ideologie der Nationalsozialisten[539] verfolgen, was aber den Rahmen dieser Überlegungen sprengen würde.

Der lange Zeit namenlose Granit besitzt, wie gezeigt werden konnte, im Gegensatz zu vielen anderen Materialien keine auf antike oder mittelalterliche Traditionen zurückgehenden allegorischen oder symbolischen Verweisungsqualitäten. Die „semantische Aufladung" dieser Gesteinsart verlief vielmehr zeitlich parallel zu ihrer naturwissenschaftlichen Erforschung seit der Mitte des 18. Jahrhunderts. Dieser in der Geschichte der Materialikonologie eher ungewöhnliche Vorgang ist durch die langjährige sammelnde, deutende und kommentierende Anteilnahme Goethes nicht nur für uns besonders facettenreich nachvollziehbar, vielmehr ist zu vermuten, dass die Granitsymbolik des 19. und 20. Jahrhunderts – zumindest für Deutschland – unmittelbar auf Goethe zurückzuführen ist.

---

[539] Hitler soll über den für Berlin geplanten Kolossal-Triumphbogen gesagt haben: „Das wird wenigstens ein würdiges Denkmal für unsere Toten des Weltkrieges. Der Name jedes unserer 1,8 Millionen Gefallenen wird in Granit eingemeißelt werden" (zit. nach: Albert Speer: Erinnerungen. München 1969, S. 88). – Hitler schätzte das Adjektiv „graniten"; so berichtet er in *Mein Kampf*, in seiner Wiener Zeit habe sich ihm eine Weltanschauung gebildet, die zum „granitenen Fundament" seines Handelns wurde (Bd. 1, S. 21); an anderer Stelle spricht er allerdings auch von „der granitenen Dummheit unserer Menschheit" (Bd. 2, S. 412).

ERGEBNIS

Kunstwerke sind weder rein geistige noch rein ästhetische Gebilde. Sie bestehen immer aus Materie, denn ein Gedanke allein ist noch kein Kunstwerk. Das Material, das ein Künstler für sein Werk auswählt, ist nicht nur für dessen ästhetische Wirkung und praktische Funktion von Bedeutung, es trägt in vielen Fällen auf die eine oder andere Weise auch zur inhaltlichen Aussage des Kunstwerks bei. Ebenso, wie man zur ikonographischen Bestimmung eines Heiligenbildes darauf achten muss, ob das Attribut ein Pfeil oder ein Messer ist, sollte man unterscheiden, ob z. B. eine Porträtbüste aus vergoldeter Bronze oder aus weißem Porzellan, ein Denkmal aus Carraramarmor oder aus Alabaster gefertigt wurde.

Es wird – wenn keine entsprechenden Schriftquellen vorliegen – oftmals fraglich bleiben müssen, ob ein Material vom Künstler oder seinem Auftraggeber „absichtsvoll" ausgewählt wurde, um dem Kunstwerk eine zusätzliche Bedeutungsebene zu verleihen. Das Schweigen der Quellen allein spricht noch nicht unbedingt dagegen, denn zum einen können die Quellen unvollständig überliefert sein und zum anderen werden Selbstverständlichkeiten normalerweise nicht schriftlich festgehalten. Der Begriff „absichtsvolle Auswahl" ist allerdings problematisch, denn semantische Traditionen werden häufig unbewusst beibehalten, das Mitmachen einer Mode – auch einer „Materialmode"[540] – kann durchaus unabsichtlich geschehen. Man stelle sich vor, wie schwer es für einen Kunst- oder Kulturhistoriker in hundert Jahren sein wird, die spezifischen Konnotationen von Möbeln aus Mahagoni, Teakholz und Ikea-Fichte zu beschreiben und mit Quellen zu belegen.[541]

Wie die Ikonologie insgesamt birgt auch die Materialikonologie die Gefahr der Fehl- oder Überinterpretation. Um diese Gefahr möglichst gering zu halten, sollten nach Möglichkeit folgende Arbeitsschritte erfolgen, wenn man an ein Kunstwerk die „materialikonologische Frage" richten will:

---

[540] Fritz Schumacher: Strömungen in deutscher Baukunst seit 1800. Leipzig 1935, S. 124 spricht von „Muschelkalk-" und „Travertinmode". – R. Delbrueck (wie Anm. 367), S. 19: „Porphyrmode". – Alois Kieslinger: Gesteinsmoden in der Kunstentwicklung. In: Mitteilungen der Gesellschaft für vergleichende Kunstforschung in Wien 1, 1948, S. 2.

[541] In einer Untersuchung über das Buch *Der Papalagi* von Erich Scheurmann heißt es 1984: „Innerhalb weniger Jahre wurden mehr als eine halbe Million Exemplare vertrieben, die inzwischen aber keineswegs nur auf Ikea-, sondern ebenso auf Mahagoni-Regalen zu finden sind." Gerd Stein (Hg.): Exoten durchschauen Europa. Der Blick des Fremden als ein Stilmittel abendländischer Kulturkritik. Frankfurt am Main 1984, S. 14.

1. Feststellung der tatsächlich verwendeten oder auch nur durch Imitation vorgegebenen Werkstoffe. Wenn ein Material nur imitiert ist, z. B. Marmor durch Stuck, so folgt daraus keineswegs, dass es ohne Aussage für das Kunstwerk bleiben sollte. Im Gegenteil: Wer eine hölzerne oder aus Ziegeln gemauerte Säule mit Stuckmarmor verkleidet, bringt dadurch zum Ausdruck, dass ihm „Marmor" für diese Bauaufgabe angemessener erscheint als Holz oder Ziegel. Eine semantische Unterscheidung zwischen „echten" und „nur imitierten" Werkstoffen wurde erst seit der Mitte des 19. Jahrhunderts unter dem quasi-moralischen Aspekt der „Materialehrlichkeit" getroffen. Die Materialien sollten möglichst genau nach ihrer geographischen und/oder historischen Herkunft bestimmt werden.

2. Feststellung, mit welchem Namen der jeweilige Werkstoff zum Zeitpunkt der Entstehung des Kunstwerks bezeichnet wurde. Schriftlich tradierte semantische Traditionen verbinden sich in der Regel mehr mit dem Begriff als mit der durch ihn bezeichneten Sache. Hierbei ist zu beachten, dass Materialbezeichnungen sich ändern können, ja, dass manche Begriffe früher andere Materialien bezeichneten als heute.

3. Prüfung, ob zu dem Kunstwerk schriftliche Quellen vorliegen, in denen das Material genannt (und womöglich interpretiert) ist. Die Materialien von Kunstwerken werden in Quellen immer wieder erwähnt, vor allem wenn sie kostbar sind. Ausdrückliche Hinweise auf Bedeutungen der Materialien finden sich dagegen eher selten, etwa in Inschriften *(ex aere capto)* oder Legenden (die gedrehten Säulen in St. Peter). In vielen Fällen sind die Werkstoffe traditionell so bedeutungshaltig, dass schon ihre schlichte Nennung auf das semantische Umfeld anspielen soll, so etwa bei Porphyr, Bronze, parischem Marmor,[542] aber auch bei

---

[542] Die nachantike Semantik des parischen Marmors wäre eine eigene Untersuchung wert. Dem Mittelalter blieb er vor allem durch die Tatsache bekannt, dass der Salomonische Tempel (nach 1 Chr 29, 2) aus *marmor parium* errichtet war. Flavius Josephus (V, 223) berichtet, der Tempel erscheine den ankommenden Fremden „wie eine schneebedeckte Bergkuppe, denn wo man ihn nicht vergoldet hatte, war er blendend weiß". Aussehen und Herkunft des *parius* tradierte Isidor von Sevilla (Etymologiae, lib. XVI, 5, 8). Den allegorischen Sinn des parischen Marmors am Tempel behandelt Beda Venerabilis in seinem Kommentar „De templo" (CCSL 119A, 156) unter Hinweis auf Vergil, Aeneis III, 126. Nach der Chronik von Montecassino (vor 1099) wurde das Grab des hl. Benedikt mit einer Platte aus parischem Marmor bedeckt, und in der Mitte des 12. Jahrhunderts schrieb der englische „Magister Gregorius" über eine antike Venusstatue, die er in Rom dreimal besuchte, sie sei „aus parischem Marmor mit solch herrlicher und unerklärlicher Kunst gemacht, dass sie eher lebendig als eine Statue erscheint. Ihre Nacktheit scheint zu erröten, ebenso ihr Gesicht. Und wer nahe herangeht, meint zu sehen, wie das Blut das schneeige Gesicht erwärmt." – In S. Petronio zu Bologna wird die dritte Seitenkapelle auf der rechten Seite durch eine Marmorschranke abgetrennt, die 1481–1483 von

Beton („es kommt drauf an, was man draus macht"). Doch sollte dies im Einzelfall möglichst durch zusätzliche Belege begründet werden.

4. Untersuchung der Verwendungsgeschichte und kulturellen Bedeutung des jeweiligen Materials, nicht nur innerhalb dessen, was wir „Kunst" nennen, sondern auch in anderen Zusammenhängen (Magie, Medizin, Alltagskultur, Redensarten, Literatur usw.). Monographische Arbeiten über die Verwendungs- oder Kulturgeschichte einzelner Materialien liegen nur wenige vor, etwa zum Wachs.[543] Nachschlagewerke aus den verschiedensten Fachbereichen – etwa Realenzyklopädien, Redensartenlexika, das „Handwörterbuch des Deutschen Aberglaubens" – können hier weiterhelfen.

5. Überprüfung der Bedeutung(en) des jeweiligen Materials zum Zeitpunkt und am Ort der Entstehung des Kunstwerks. Die Semantik von Werkstoffen kann im Lauf der Zeit ziemlich starken Wandlungen unterliegen, wie an den Beispielen des Porphyrs, des „Berliner Eisens", des Granits oder des Betons gezeigt wurde. Es sind also nach Möglichkeit nur solche Quellen heranzuziehen, die für das zeitliche und örtliche Umfeld des untersuchten Kunstwerks aussagekräftig sind. Das heißt nicht unbedingt, dass die Schriftquellen aus der gleichen Zeit stammen müssen: Ein und dasselbe Material kann zur gleichen Zeit an zwei verschiedenen – nicht einmal weit von einander entfernten – Orten verschiedene Bedeutung haben, wie das Beispiel der „Bronze aus den Kanonen von Navarino" (Stuttgart und München) lehrte.

6. Untersuchung, ob und wie die festgestellten Materialbedeutungen zur Aussage des einzelnen Kunstwerks sinnvoll beitragen können. Wenn die bisherigen Erkenntnisschritte konkrete Ergebnisse erbracht haben, dann ist es wahrscheinlich, dass die eruierten Bedeutungen der Materialien auch Teil der Aussage des Kunst-

---

Albertino Rusconi aus Mantua geschaffen wurde. Die Inschrift über dem Eingang lautet: *EX PARIO TEXTVM MARMORE FVLGET OPVS* (Corrado Ricci und Guido Zucchini: Guida di Bologna. Bologna 1968, S. 15).

[543] Aby Warburg: Bildniskunst und florentinisches Bürgertum (1902). In: Ders.: Gesammelte Schriften. Leipzig 1932, Bd. 1, S. 89–126, bes. S. 99 f., 116–119. – Julius von Schlosser: Geschichte der Porträtbildnerei in Wachs. Ein Versuch. In: Jahrbuch der Kunsthistorischen Sammlungen des Allerhöchsten Kaiserhauses 29, 1910/11, S. 171–258. – Reinhard Bull und Ernst Moser: Stichwort „Wachs" in: RE, Suppl. XIII (1973), Sp. 1347–1414. – Wolfgang Brückner: *Cera – Cera Virgo – Cera Virginea*. Ein Beitrag zu „Wörtern und Sachen" und zur Theorie der „Stoffheiligkeit". In: Zeitschrift für Volkskunde 59, 1963, S. 233–253. – Anregende Überlegungen bei Wolfgang Kemp: Material (wie Anm. 13). – Reinhard Bull: Das große Buch vom Wachs. Geschichte, Kultur, Technik. 2 Bde. München 1978.

werks sind und sein sollten. Abschließend ließe sich nach Möglichkeit eruieren, ob, wie und für wie lange die Materialbedeutsamkeit auch in die Rezeptionsgeschichte des einzelnen Kunstwerks eingegangen ist.

Um „die Sprache der Materialien" zu erlernen, muss der Kunsthistoriker zum Kulturhistoriker werden und den engeren Bezirk der Kunst(-geschichte) in verschiedene Richtungen überschreiten. Doch lassen sich aus diesen „kunst-fernen" Gebieten Erkenntnisse mitbringen, die auch das Verständnis für die „Sprache der Kunstwerke" vertiefen und bereichern.

Verzeichnisse

Abkürzungen

CCSL = Corpus Christianorum, Series Latina, Turnhout-Paris 1953 ff.
CSEL = Corpus scriptorum ecclesiasticorum latinorum, Wien 1866 ff.
FS = Festschrift
LThK = Lexikon für Theologie und Kirche, 2. Aufl. Freiburg 1957–1965
NH = Naturalis historia des Plinius
PG = Patrologia graeca (Ed. J.-P. Migne), Paris 1857–1866
PL = Patrologia latina (Ed. J.-P. Migne), Paris 1878–1890
RAC = Reallexikon für Antike und Christentum, hg. von Theodor Klauser, Stuttgart 1950 ff.
RDK = Reallexikon zur deutschen Kunstgeschichte, Stuttgart 1937 ff.
RE = Paulys Realencyklopädie der klassischen Altertumswissenschaft, neue Bearbeitung, Stuttgart 1893 ff.
WA = Goethes Werke, hg. im Auftrag der Großherzogin Sophie von Sachsen. Weimar 1887–1919 (zitiert mit Abteilungs-, Band- und Seitenzahl)

Literatur

1   Alanus de Insulis: Liber in distinctionibus dictionum theologicalium (PL 210, 685–1012).
2   Alberti, Leon Battista: De pictura (1435) (Ed. Cecil Grayson). London 1972.
3   Aldinger, Ursula: Neue Materialien in der Plastik des 20. Jahrhunderts. Zum Problem: Werkstoff und Kunstwerk. In: Zeitschrift für Ästhetik und allgemeine Kunstwissenschaft 16/2, 1971, S. 242–259.
4   Andrieu, Michel: La *rota porphyretica* de la basilique Vaticane. In: Mélanges d'archéologie et d'histoire 66, 1954, S. 189–218.
5   Arenhövel, Willmuth: Eisen statt Gold. Preußischer Eisenkunstguß aus dem Schloß Charlottenburg, dem Berlin-Museum und anderen Sammlungen. Berlin 1982.
6   Asenijeff, Elsa: Max Klingers Beethoven. Eine kunst-technische Studie. Leipzig o. J. (1902).

7   Assunto, Rosario: La critica d'arte nel pensiero medioevale. Mailand 1961 (deutsche Ausg.: Die Theorie des Schönen im Mittelalter. Köln 1963).

8   Ausstellungskataloge (Ausst. Kat.) werden alphabetisch unter ihren Titeln aufgeführt.

9   Bach, Martin: Studien zur Geschichte des deutschen Kriegerdenkmals in Westfalen und Lippe (= Europäische Hochschulschriften, Reihe 28, Bd. 43). Frankfurt am Main u. a. 1985.

10 Baisier, Léon: The *Lapidaire Chrétien,* Its Composition, Its Influence, Its Sources (= Publications of the Department of Romance languages and literatures 14). Washington 1936.

11 Bandmann, Günter: Mittelalterliche Architektur als Bedeutungsträger. Berlin 1951.

12 Ders.: Bemerkungen zu einer Ikonologie des Materials. In: Städel-Jahrbuch N. F. 2, 1969, S. 75–100.

13 Ders.: Der Wandel der Materialbewertung in der Kunsttheorie des 19. Jahrhunderts. In: Helmut Koopmann und Josef Adolf Schmoll gen. Eisenwerth (Hgg.): Beiträge zur Theorie der Künste im 19. Jahrhundert (= Studien zur Philosophie und Literatur des 19. Jahrhunderts, Bd. 12/1). Frankfurt am Main 1971, Bd. 1, S. 129–157.

14 Barocchi, Paola: Scritti d'arte del Cinquecento. Mailand, Neapel 1971.

15 Bartetzko, Dieter: Illusionen in Stein. Stimmungsarchitektur im deutschen Faschismus. Ihre Vorgeschichte in Theater- und Filmbauten. Reinbek 1985.

16 Bartsch, Ingo: Nur Rost ...? Das Problem des oxydierenden Stahls in der Kunst. Münster 1986.

17 Baudrillard, Jean: Le système des objects. Paris 1968 (S. 52 ff.: „Les valeurs d'ambiance: le matériau") (deutsche Ausg.: Das Ding und das Ich. S. 50 ff.: „Stimmungswert Material").

18 Baxandall, Michael: The Limewood Sculptors of Renaissance Germany. London 1980 (deutsche Ausg.: Die Kunst der Bildschnitzer. München 1984).

19 Ders.: Die Wirklichkeit der Bilder. Malerei und Erfahrung im Italien des 15. Jahrhunderts. Frankfurt am Main 1977.

20 Becatti, Giovanni: Arte e gusto negli scrittori latini. Florenz 1951.

21 Bialostocki, Jan: *Ars Auro Prior.* In: Mélanges de littérature comparée et de philologie offerts à Mieczyslaw Brahmer. Warschau 1967, S. 55–63 (nochmals, leicht verändert, abgedruckt in: Ders.: The Message of Images. Studies in the History of Art. Wien 1988, S. 9–13).

22 Bischoff, Ulrich (Hg.): Skulptur und Plastik (= Kunsttheorie und Kunstgeschichte des 19. Jahrhunderts in Deutschland 3). Stuttgart 1985.

23 Blaaw, Sible de: Papst und Purpur. Porphyr in frühen Kirchenausstattungen in Rom. In: *Tesserae*. Festschrift für Josef Engemann (= Jahrbuch für Antike und Christentum, Erg.bd. 18). Münster 1991, S. 36–50.

24 Böhme, Hartmut: Das Steinerne. Anmerkungen zur Theorie des Erhabenen aus dem Blick des *Menschenfremdesten*. In: Christine Pries (Hg.): Das Erhabene. Zwischen Grenzerfahrung und Größenwahn. Weinheim 1989, S. 119–141.

25 Der Braunschweiger Burglöwe. Bericht über ein wissenschaftliches Symposion (= Schriftenreihe der Kommission für Niedersächsische Bau- und Kunstgeschichte bei der Braunschweigischen Wissenschaftlichen Gesellschaft 2). Göttingen 1985.

26 Brenk, Beat: Sugers Spolien. In: Arte Medioevale 1, 1983, S. 101–107.

27 Ders.: Spolia from Constantine to Charlemagne: Aesthetics versus Ideology. In: Dumbarton Oaks Papers 41, 1987, S. 103–109.

28 Brückner, Wolfgang: *Cera – Cera Virgo – Cera Virginea*. Ein Beitrag zu „Wörtern und Sachen" und zur Theorie der „Stoffheiligkeit". In: Zeitschrift für Volkskunde 59, 1963, S. 233–253.

29 Buchkremer, Josef: Der Königstuhl der Aachener Pfalzkapelle und seine Umgebung. In: Zeitschrift des Aachener Geschichtsvereins 21, 1899, S. 135–194.

30 Ders.: Dom zu Aachen – Beiträge zur Baugeschichte II: Vom Königstuhl und seiner Umgebung. Aachen 1941.

31 Buddensieg, Tilmann: Die Statuenstiftung Sixtus' IV. im Jahre 1471. Von den heidnischen Götzenbildern am Lateran zu den Ruhmeszeichen des römischen Volkes auf dem Kapitol. In: Römisches Jahrbuch für Kunstgeschichte 20, 1983, S. 33–73.

32 Büchsel, Martin: Die romanischen Portale im Geiste Clunys. In: Städel-Jahrbuch N. F. 11, 1987, S. 7–54.

33 Bull, Reinhard: Das große Buch vom Wachs. Geschichte, Kultur, Technik. 2 Bde. München 1978.

34 Chanlot, André: Les ouvrages en cheveux. Leurs secrets. Paris 1986.

35 Clark, Grahame: Symbols of excellence. Precious materials as expressions of status. Cambridge u. a. 1986.

36 Claussen, Peter Cornelius: Goldschmiede des Mittelalters. In: Zeitschrift des Deutschen Vereins für Kunstwissenschaft 32, 1978, S. 46–86 (S. 79 ff.: Bemerkungen zu Materialwert und Kunstwert im Mittelalter).

37 Collison, Robert L.: Encyclopaedias – Their History Throughout the Ages. 2. Aufl. New York, London 1966.

38 Daniélou, Jean: La symbolique du temple de Jerusalem chez Philon et Joseph. In: Le symbolisme cosmique des monuments religieux (Série orientale Rome 14). Rom 1957, S. 83–90.

39 Deér, Josef: Die abendländische Kaiserkrone des Hochmittelalters. In: Schweizer Beiträge zur allgemeinen Geschichte 7, 1949, S. 53–86.

40 Ders.: The Dynastic Porphyry Tombs of the Norman Period in Sicily (= Dumbarton Oaks Studies 5). Cambridge/Mass. 1959.

41 Deichmann, Friedrich Wilhelm: Die Spolien in der spätantiken Architektur (= Sitzungsberichte der Bayerischen Akademie der Wissenschaften, philos.- histor. Klasse, 1975, H. 6). München 1975.

42 Delbrueck, Richard: Antike Porphyrwerke (= Studien zur spätantiken Kunstgeschichte 6). Berlin, Leipzig 1932.

43 „Dimensionen des Plastischen. Bildhauertechniken". Ausst. Kat. Berlin 1981.

44 Drerup, Heinrich: Zum Ausstattungsluxus in der römischen Architektur. Ein formgeschichtlicher Versuch (= *Orbis Antiquus* 12). Münster/Westf. 1957 (2. Aufl. 1981).

45 Dulière, Cécile: *Lupa romana*. Recherches d'iconographie et essai d'interpretation (= Etudes de philologie, d'archéologie et d'histoire anciennes publiées par l'Institut historique belge de Rome 18). 2 Bde. Brüssel, Rom 1979.

46 „Eisenarchitektur. Die Rolle des Eisens in der historischen Architektur der zweiten Hälfte des 19. Jahrhunderts". Hg. vom Deutschen Nationalkomitee von ICOMOS. Hannover 1982.

47 „Eisen, Gold und bunte Steine. Bürgerlicher Schmuck zur Zeit des Klassizismus und des Biedermeier: Deutschland, Österreich, Schweiz". Ausst. Kat. Berlin 1984.

48 Elbern, Victor H.: Zur Bedeutung des Goldes in der Kunst des frühen Mittelalters. In: Sitzungsberichte der kunstgeschichtlichen Gesellschaft zu Berlin 1960/61, S. 4 f.

49 Ders.: Liturgisches Gerät in edlen Materialien zur Zeit Karls des Großen. In: Karl der Große. Lebenswerk und Nachleben. Düsseldorf 1965, Bd. III, S. 115–167.

50 El-Danasouri, Andrea: Kunststoff und Müll. Das Material bei Naum Gabo und Kurt Schwitters. München 1992.

51 Endres-Mayser, Irmgard und Gockerell, Nina: Aus Menschenhaaren gefertigter Schmuck. In: Waffen- und Kostümkunde 22, 1980, S. 45–56, 130–152; 23, 1981, S. 39–54.

52 Esch, Arnold: Spolien. Zur Wiederverwendung antiker Baustücke und Skulpturen im mittelalterlichen Italien. In: Archiv für Kulturgeschichte 51, 1969, S. 1–64.

53 Evans, Joan: Magical Jewels of the Middle Ages and the Renaissance, Particularly in England. Oxford 1922.

54 Dies.: Die Adlervase des Sugerus. In: Pantheon 10, 1932, S. 221–223.

55 Ewart Witcombe, Christopher L. C.: Sixtus V and the Scala Santa. In: Journal of the Society of Architectural Historians 44, 1985, S. 368–379.

56 Falkenstein, Ludwig: Der *Lateran* der karolingischen Pfalz zu Aachen (= Kölner Historische Abhandlungen 13). Köln, Graz 1966.

57 Fichtenau, Heinrich: Byzanz und die Pfalz zu Aachen. In: Mitteilungen des Instituts für österreichische Geschichtsforschung 59, 1951, S. 1–54.

58 Filarete: Trattato di architettura (Ed. Anna Maria Finoli und Liliana Grassi). Mailand 1972.

59 Fillitz, Hermann: Die Edelsteinordnung auf der Reichskrone und ihre Beziehung zur Spätantike. In: Österreichische Zeitschrift für Kunst und Denkmalspflege 10, 1956, 1, S. 38–45.

60 Ders.: Studien zur römischen Reichskrone. In: Jahrbuch der Kunsthistorischen Sammlungen in Wien 50, 1953, S. 23–52.

61 Forbes, Robert J.: Silver and Lead in Antiquity. In: Jaarbericht van het vooraziatisch-egyptisch Gezelschap *Ex Oriente Lux* 7, 1940, S. 489–524.

62 Frank, Hartmut: Welche Sprache sprechen Steine? In: Ders. (Hg.): Faschistische Architekturen. Planen und Bauen in Europa 1930 bis 1945. Hamburg 1985, S. 7–21.

63 Frey, Dagobert: Der Realitätscharakter des Kunstwerks. In: Ders.: Kunstwissenschaftliche Grundfragen. Prolegomena zu einer Kunstphilosophie. Wien 1946, S. 107–149.

64 Fritz, Rolf: Die Gefäße aus Kokosnuß in Mitteleuropa, 1250–1800. Mainz 1983.

65 Frommel, Christoph Luitpold: Der römische Palastbau der Hochrenaissance (= Römische Forschungen der Bibliotheca Hertziana 21). 3 Bde. Tübingen 1973.

66 Galitis, Georg: Zu einer Theologie der Materie. In: Ehrenfestschrift für Konstantin D. Kalokyris (= Aristoteleio Panepistemio Thessalonikes, Epistemonike epeterida theologikes scholes). Thessalonike 1985, S. 457–466.

67 „Gestalten in Beton. Zum Werk von Pier Luigi Nervi" (= arcus 7). Köln 1989.

68 Giacchero, Marta: *Edictum Diocletiani et Collegarum de pretiis rerum venalium* (= Pubblicazioni dell'Istituto di storia antica e scienze ausiliarie dell'Università di Genova VIII). Genua 1974.

69 Gnoli, Raniero: *Marmora Romana*. Rom 1971 (2. Aufl. 1988).

70 *„Gold gab ich für Eisen."* Der schlesische Eisenkunstguß im 19. Jahrhundert". Ausst. Kat. Magdeburg 1992.

71 Goldziher, Ignaz: Eisen als Schutz gegen Dämonen. In: Archiv für Religionswissenschaft 10, 1907, S. 41–49.

72 Gosebruch, Martin: Vom Burglöwen und seinem Stein. In: Der Braunschweiger Burglöwe (s. d.), S. 9–19.

73 Grabner, Elfriede: Die Koralle in Volksmedizin und Volksglaube. In: Zeitschrift für Volkskunde 65, 1969, S. 183–195.

74 Gramaccini, Norberto: Zur Ikonologie der Bronze im Mittelalter. In: Städel-Jahrbuch N. F. 11, 1987, S. 147–170.

75 Grütter, Tina: Melancholie und Abgrund. Die Bedeutung des Gesteins bei Caspar David Friedrich. Ein Beitrag zum Symboldenken der Frühromantik. Berlin 1986.

76 Hackelsberger, Christoph: Beton – Stein der Weisen? Nachdenken über einen Baustoff (= bauwelt fundamente 79). Braunschweig 1988.

77 Hamann, Richard: Die Methode der Kunstgeschichte und die allgemeine Kunstwissenschaft. In: Monatshefte für Kunstwissenschaft 9, 1916, S. 64–78, 103–114, 141–154.

78 Ders.: Die Kategorie der Stofflichkeit in der Kunst. In: Festschrift Wilhelm Worringer. Königsberg 1943, S. 143–150.

79 Hamann-MacLean, Richard: Antikenstudium in der Kunst des Mittelalters. In: Marburger Jahrbuch 15, 1949/50, S. 157–250.

80 Ders.: Der Hirsch im Hof des Episcopiums in Reims. In: Festschrift Martin Gosebruch zu Ehren, anläßlich seines 65. Geburtstages. München 1984, S. 72–79.

81 Hansmann, Liselotte und Kriss-Rettenbeck, Lenz: Amulett und Talisman. Erscheinungsform und Geschichte. München 1966.

82 Haupt, Gottfried: Die Farbensymbolik in der sakralen Kunst des abendländischen Mittelalters. Ein Beitrag zur mittelalterlichen Form- und Geistesgeschichte. (Phil. Diss.) Dresden 1941.

83 Heckscher, Wilhelm S.: *Sixtus IIII aeneas insignes statuas Romano populo restituendas censuit.* s'Gravenhage 1955.

84 Hegel, Georg Wilhelm Friedrich: Einleitung in die Ästhetik. Hg. von Wolfhart Menckmann. München 1967.

85 Hegemann, Hans-Werner: Das Elfenbein in Kunst und Kultur Europas. Ein Überblick von der Antike bis zur Gegenwart. Mainz 1988.

86 Hempel, Eberhard: Material und Strukturechtheit in der Architektur (= Abhandlungen der Sächsischen Akademie der Wissenschaften zu Leipzig, philolog.-histor. Klasse, Bd. 48, H. 3). Berlin 1956.

87 Hentschel, Walter: Zum Problem der Materialechtheit in der alten Kunst. In: Sitzungsberichte der kunstgeschichtlichen Gesellschaft zu Berlin, N. F. 2, 1953/54, S. 8–12.

88 Herklotz, Ingo: Der *Campus Lateranensis* im Mittelalter. In: Römisches Jahrbuch für Kunstgeschichte 22, 1985, S. 1–42.

89 Hermann, Alfred: *Porphyra* und Pyramide. Zur bedeutungsgeschichtlichen Überlieferung eines Baugedankens. In: Jahrbuch für Antike und Christentum 7, 1964, S. 117–138.

90 Heusinger von Waldegg, Joachim: Holz – Zwischen Kunst und Natur. In: Ausst. Kat. „Dimensionen des Plastischen. Bildhauertechniken". Berlin 1981, S. 32–57.

91 Ders.: Erinnerungen an Gips. Zur Geschichtlichkeit eines Werkstoffs. In: Kunst und Antiquitäten 1988, H. 2, S. 106–113.

92 Hofmann, Werner: Das Material in der neuen Plastik. In: Werk (Winterthur) 46, 1959, S. 101–105.

93 Holländer, Hans: Steinerne Gäste der Malerei. In: Gießener Beiträge zur Kunstgeschichte 2, 1973, S. 103–131.

94 Huhn, Rosi und Peter Rautmann: „Gold gab ich für Eisen". Materialaspekte zur documenta 7. In: Kritische Berichte 10, 1982, 4, S. 21–36.

95 Ivory. An International History and Illustrated Survey. New York 1987.

96 Jebens, Adolph Carol: Vom deutschen Eisenkunstguß. In: Hellweg 4, 1924, S. 480–485.

97 Jeffries, Zay: Gold. In: Proceedings of the American Philosophical Society 108, 1964, S. 437–442.

98 Johannsen, Otto: Geschichte des Eisens. 3. Aufl. Düsseldorf 1953.

99 Jones, Roger: Mantegna and Materials. In: I Tatti Studies 2, 1987, S. 71–90.

100 Joray, Marcel: Le béton dans l'art contemporain. 2 Bde. Neuchâtel 1977/ 1984.

101 Keller, Harald: Reliquien, in Architekturteilen beigesetzt. In: Beiträge zur Kunst des Mittelalters. Festschrift für Hans Wentzel zum 60. Geburtstag, hg. von Rüdiger Becksmann u. a. Berlin 1975, S. 105–114.

102 Ders.: Zur Entstehung der sakralen Vollskulptur in der ottonischen Zeit. In: Ders.: Blick vom Monte Cavo. Frankfurt am Main 1984, S. 19–47.

103 Kemp, Wolfgang: Disegno. Beiträge zur Geschichte des Begriffs zwischen 1547 und 1607. In: Marburger Jahrbuch für Kunstwissenschaft 19, 1974, S. 219–240.

104 Ders.: Material der bildenden Kunst. Zu einem ungelösten Problem der Kunstwissenschaft. In: Prisma (Gesamthochschule Kassel), H. 9, 1975, S. 25–34.

105 Ders.: Holz – Figuren des Problems Material. In: Ausst. Kat. „Holz = Kunst-Stoff". Baden-Baden 1976, S. 9–14.

106 Kieslinger, Alois: Gesteinsmoden in der Kunstentwicklung. In: Mitteilungen der Gesellschaft für vergleichende Kunstforschung in Wien 1, 1948, S. 2.

107 Ders.: Die nutzbaren Gesteine Kärntens (= Carinthia 2, Sonderheft 17). Klagenfurt 1956.

108 Ders.: Geist im Stein – Zur Geschichte einer spätgotischen Gesteinsmode. In: Alte und moderne Kunst 7, 1962, H. 58/59, S. 15–20.

109 Ders.: Die nutzbaren Gesteine Salzburgs. Salzburg 1964.

110 Ders.: Die Steine der Wiener Ringstraße. Wiesbaden 1972.

111 Kitt, Adelheid: Der frühromanische Kronleuchter. (masch. Diss.) Wien 1947.

112 Klapisch-Zuber, Christiane: Les maîtres du marbre. Carrare 1300–1600 (= Ecole pratique des hautes études. VIe section. Ports – routes – trafics 25). Paris 1969 (italienische Ausg.: Carrara e i maestri del marmo. 1300–1600. Massa 1973).

113 Kobler, Friedrich: Denkmäler aus Eisen. Bemerkungen zum Denkmal auf König Max I. Joseph in Neumarkt in der Oberpfalz. In: Die Oberpfalz, ein europäisches Eisenzentrum (= Schriftenreihe des Bergbau- und Industriemuseums Ostbayern 12/1). Theuern 1987, S. 517–524.

114 Kopp, Hans Friedrich: Der deutsche Marmor. München 1939.

115 Kreusch, Felix: Im Louvre wiedergefundene Kapitelle und Bronzebasen aus der Pfalzkapelle Karls des Großen zu Aachen. In: Cahiers Archéologiques 18, 1968, S. 71–98.

116 Kruft, Hanno-Walter: Geschichte der Architekturtheorie. München 1985.

117 Kühne, Hellmut R. W.: Über die Beziehung Sempers zum Baumaterial. In: Gottfried Semper und die Mitte des 19. Jahrhunderts. Symposion vom 2. bis 6. Dezember 1974, veranstaltet durch das Institut für Geschichte und Theorie der Architektur an der Eidgenössischen Technischen Hochschule Zürich. Bern, Stuttgart 1976, S. 109–117.

118 Kugler, Franz: Handbuch der Kunstgeschichte. Stuttgart 1842 (S. 372 ff.: „Styl und Material der altchristlichen Bildnerei").

119 „Kunst um 1400 am Mittelrhein. Ein Teil der Wirklichkeit". Ausst. Kat. Frankfurt am Main 1975.

120 „Kunst und Kunststoff. Der Kunststoff als Werkstoff des Künstlers". Ausst. Kat. Wiesbaden 1968 (darin zahlreiche Äußerungen von Künstlern zum Thema).

121 „Kunst wird Material". Ausst. Kat. Neue Nationalgalerie, Berlin 1982.

122 Langbehn, Julius: Rembrandt als Erzieher. Weimar 1890.

123 Lauer, Philippe: Le palais de Latran. Etude historique et archéologique. Paris 1911.

124 Lauffer, Siegfried: Diokletians Preisedikt. Berlin 1971.

125 Legner, Anton: Bilder und Materialien in der spägotischen Kunstproduktion. In: Städel-Jahrbuch N. F. 6, 1977, S. 158–176.

126 Lehmann-Brockhaus, Otto: Schriftquellen zur Kunstgeschichte des 11. und 12. Jahrhunderts für Deutschland, Lothringen und Italien. Berlin 1938.

127 Ders.: Lateinische Schriftquellen zur Kunst in England, Wales und Schottland vom Jahre 901 bis zum Jahre 1307 (= Veröffentlichungen des Zentralinstituts für Kunstgeschichte in München 1). 4 Bde. München 1955–58.

128 Lipps, Theodor: Die Ästhetik. Psychologie des Schönen und der Kunst. Bd. 2 („Die ästhetische Betrachtung und die bildende Kunst"). Hamburg, Leipzig 1906.

129 Löwy, Emanuel: Stein und Erz in der statuarischen Kunst. In: Kunstgeschichtliche Anzeigen (= Beiblatt der Mitteilungen des Instituts für österreichische Geschichtsforschung). Innsbruck 1913, S. 5–40.

130 Loos, Adolf: Die Baumaterialien (1898). In: Ders.: Ins Leere gesprochen. Zürich 1921, S. 133–138.

131 Lucci, Maria Luisa: Il porfido nell'antichità. In: Archeologia classica 16, 1964, S. 226–271.

132 Lüth, Erich: Ich finde Beton zum Kotzen. In: Berichte. Jahrbuch der Freien Akademie der Künste in Hamburg 1971/72, S. 70 f.

133 Lützeler, Heinrich: Einführung in die Philosophie der Kunst (= Die Philosophie, ihre Geschichte und ihre Systematik. Hg. von Theodor Steinbüchel, Abt. 14). Bonn 1934 (S. 30–37: „Der Werkstoff und seine künstlerischen Gesetzlichkeiten").

134 Ders.: Der Werkstoff in der Kunst. Ziegel in der außereuropäischen Architektur. In: Jahrbuch für Ästhetik und Allgemeine Kunstwissenschaft 10, 1965, S. 65–107.

135 Ders.: Kunsterfahrung und Kunstwissenschaft. 3 Bde. Freiburg, München 1975 (Bd. 2, S. 1102–1117: „Werkstoff").

136 Lurz, Meinhold: Kriegerdenkmäler in Deutschland. 6 Bde. Heidelberg 1985–1987.

137 Ders.: *Lieblich ertönt der Gesang des Sieges.* Projekte und Denkmäler der Völkerschlacht bei Leipzig aus den Jahren von 1814 bis 1894. In: Kritische Berichte 16, 1988, 3, S. 17–32.

138 Machlup, F.: The Fascination of Gold. In: Proceedings of the American Philosophical Society 109, 1965, S. 105–107.

139 „Made of iron". Ausst. Kat. University of St. Thomas, Houston/Texas 1966.

140 Mayr, Vincent: Studien zur Sepulkralplastik in Rotmarmor im bayerisch-österreichischen Raum 1360–1460. (Phil. Diss.) Bamberg 1972.

141 Meier, Christel: *Gemma Spiritalis.* Methode und Gebrauch der Edelsteinallegorese vom frühen Christentum bis ins 18. Jahrhundert (= Münstersche Mittelalterschriften 34/1). München 1977.

142 Messerer, Wilhelm: Zu extremen Gedanken über Bestattung und Grabmal um 1800. In: Hermann Bauer (u. a. Hgg.): Probleme der Kunstwissenschaft 1, 1963, S. 172–194.

143 Meyer, André: Edelmetalle und Edelsteine in der mittelalterlichen Architektur. Bemerkungen zur Bedeutung des Materials. In: Thomas Bolt (u. a. Hgg.): Grenzbereiche der Architektur. Festschrift Adolf Reinle. Basel u. a. 1985, S. 167–175.

144 Möseneder, Karl: *Lapides vivi*. Über die Kreuzkapelle der Burg Karlstein. In: Wiener Jahrbuch für Kunstgeschichte 34, 1981, S. 39–69.

145 Mortet, Victor: Recueil de textes relatifs à l'histoire de l'architecture et la condition des architectes en France au moyen-âge. 2 Bde. Paris 1911/1929.

146 Mundy, E. James: Porphyry and the „Posthumous" Fifteenth Century Portrait. In: Pantheon 46, 1988, S. 37–43.

147 Murat, Achille: La Colonne Vendôme. Paris 1970.

148 Neuhardt, Johannes: Geschnitztes Steinbockhorn – Kostbarkeiten aus Salzburg. In: Schönere Heimat 79, 1990, S. 121 f.

149 Noehles, Karl: Zur Wiederverwendung antiken Spolienmaterials an der Kathedrale von Sessa Aurunca. In: Festschrift Max Wegner zum 60. Geburtstag. Münster 1962, S. 90–100.

150 Nungesser, Michael: Das Denkmal auf dem Kreuzberg von Karl Friedrich Schinkel. Berlin 1987.

151 Ohly, Friedrich: Vom geistigen Sinn des Wortes im Mittelalter. In: Zeitschrift für deutsches Altertum und deutsche Literatur 89, 1958/59, S. 1–23.

152 Ders.: Hölzer, die nicht brennen. In: Zeitschrift für deutsches Altertum und deutsche Literatur 100, 1971, H. 1/2, S. 63–72.

153 Ders.: Tau und Perle. In: Beiträge zur Geschichte der deutschen Sprache und Literatur 95, 1973, S. 406–423.

154 Ders.: Diamant und Bocksblut. Zur Traditions- und Auslegungsgeschichte eines Naturvorgangs von der Antike bis in die Moderne. Berlin 1976.

155 Olschki, Leonardo: The Myth of Felt. Berkeley, Los Angeles 1949.

156 *„Ornamenta Ecclesiae*. Kunst und Künstler der Romanik". Ausst. Kat. 3 Bde. Köln 1985.

157 Panofsky, Erwin: Idea. Ein Beitrag zur Begriffsgeschichte der älteren Kunsttheorie. Hamburg 1924 (2. Aufl. 1959 – Reprint Berlin 1989).

158 Ders.: Abbot Suger on the Abbey Church of St.-Denis and Its Art Treasures. Princeton 1946 (2. Aufl. 1979).

159 Petrignani, Achille: Il santuario della Scala Santa nelle sue successive trasformazioni, dalla sua origine ai recenti lavori compiuti per l'ampiamento della Cappella di S. Lorenzo. Città del Vaticano 1941.

160 Plumpe, Josef C.: *Vivum saxum, vivi lapides*. The Concept of „Living Stone" in Classical and Christian Antiquity. In: Traditio 1, 1943, S. 1–14.

161 Raab, Rex u. a.: Sprechender Beton. Dornach 1972.

162 Reudenbach, Bruno: Säule und Apostel. Überlegungen zum Verhältnis von Architektur und architekturexegetischer Literatur im Mittelalter. In: Frühmittelalterliche Studien 14, 1980, S. 310–351.

163 Ders.: Das Taufbecken des Reiner von Huy in Lüttich. Wiesbaden 1984.

164 Richter, Jean Paul: Quellen der byzantinischen Kunstgeschichte. Wien 1897.

165 Ringbom, Sixten: Stone, Style and Truth. The Vogue for Natural Stone in Nordic Architecture 1880–1910. Helsinki 1987.

166 Rivius (Ryff), Walter Hermann: Bawkunst oder Architectur aller fürnemmsten, nothwendigsten, angehörigen mathematischen und mechanischen Künsten (...). Basel 1582.

167 Rohde, Alfred: Bernstein, ein deutscher Werkstoff. Seine künstlerische Verarbeitung vom Mittelalter bis zum 18. Jahrhundert. Berlin 1937.

168 Rosenthal, Earl E.: Die „Reichskrone“, die „Wiener Krone“ und die „Krone Karls des Großen“ um 1520. In: Jahrbuch der Kunsthistorischen Sammlungen in Wien 66, 1970, S. 7–48.

169 Rumpf, Andreas: Archäologie. 2 Bde. Berlin 1956 (Bd. 2, S. 38–81: „Die Materialien“).

170 Scheicher, Elisabeth: Korallen in fürstlichen Kunstkammern des 16. Jahrhunderts. In: Weltkunst 52, 1982, S. 3447–3450.

171 Scheinfuß, Katharina (Hg.): Von Brutus zu Marat. Kunst im Nationalkonvent 1789–1795. Dresden 1973.

172 Schießl, Ulrich: Rokokofassung und Materialillusion. Untersuchungen zur Polychromie sakraler Bildwerke im süddeutschen Rokoko (= Studien und Materialien zur kunsthistorischen Technologie 1). Mittenwald 1979.

173 Ders.: Die deutschsprachige Literatur zu Werkstoffen und Techniken der Malerei von 1530 bis ca. 1950. Worms 1989.

174 Schilling, Jürgen: Nichttraditionelle Materialien – Der erweiterte Spielraum. In: Ausst. Kat. „Dimensionen des Plastischen. Bildhauertechniken“. Berlin 1981, S. 138–151.

175 Schlosser, Julius von: Die Kunst- und Wunderkammern der Spätrenaissance. Ein Beitrag zur Geschichte des Sammelwesens. Leipzig 1908.

176 Schmidt, Eva: Zur Geschichte des Gleiwitzer Eisenkunstgusses. In: Anschauung und Deutung. Festschrift Willy Kurth zum 80. Geburtstag (= Studien zur Architektur- und Kunstwissenschaft 2). Berlin 1964, S. 203–216.

177 Dies.: Der preußische Eisenkunstguß. Technik, Geschichte, Werke, Künstler. Berlin 1981.

178 Schmidt, Leopold: Das Blei in seiner volkstümlichen Geltung. In: Mitteilungen des Chemischen Forschungsinstituts der Industrie Österreichs 2, 1948, S. 98–104.

179 Ders.: Heiliges Blei in Amuletten, Votiven und anderen Gegenständen des Volksglaubens in Europa und im Orient (= Leobener Grüne Hefte 32). Wien 1958.

180 Schneider, Rolf Michael: Bunte Barbaren. Orientalenstatuen aus farbigem Marmor in der römischen Repräsentationskunst. Worms 1986.

181 Schönberger, Guido: Narwal-Einhorn. Studien über einen seltenen Werkstoff. In: Städel-Jahrbuch 9, 1935/36, S. 167–247.

182 Schramm, Percy Ernst (Hg.): Herrschaftszeichen und Staatssymbolik. Beiträge zu ihrer Geschichte vom 3. bis zum 16. Jahrhundert. Bd. I. Stuttgart 1954.

183 Schreiner, Peter: *Omphalion* und *Rota Porphyretica*. Zum Kaiserzeremoniell in Konstantinopel und Rom. In: Byzance et les Slaves. Mélanges Ivan Dujcev. Paris 1979, S. 401–410.

184 Sedlmayr, Hans: Michelangelo. Versuch über die Ursprünge seiner Kunst. München 1940.

185 Semper, Gottfried: Der Stil in den technischen und tektonischen Künsten. Frankfurt am Main 1860.

186 Ders.: „Wissenschaft, Industrie und Kunst" und andere Schriften über Architektur, Kunsthandwerk und Kunstunterricht. Hg. von Hans W. Wingler. Mainz, Berlin 1966.

187 Ders.: Kleine Schriften. Hg. von Hans und Manfred Semper. Berlin, Stuttgart 1884.

188 Settis, Salvatore: *Tribuit sua marmora Roma*. Sul reimpegno di sculture antiche. In: Marina Armandi (Hg.): Lanfranco e Wiligelmo. Il Duomo di Modena. Modena 1985, S. 309–317.

189 Shelton, Lois Heidmann: Gold in Altarpieces of the Early Italian Renaissance: A Theological and Art Historical Analysis of Its Meaning and of the Reasons for Its Disappearance. (Phil. Diss.) Yale University 1987.

190 Singer, Karl Helmut: Die Metalle Gold, Silber, Bronze, Kupfer und Eisen im Alten Testament und ihre Symbolik (= Forschung zur Bibel 43). Würzburg 1980.

191 Spies, Gerd: Der Braunschweiger Löwe (= Braunschweiger Werkstücke 62). Braunschweig 1985.

192 Spitz, Hans-Jörg: Die Metaphorik des geistigen Schriftsinns. Ein Beitrag zur allegorischen Bibelauslegung des ersten christlichen Jahrtausends (= Münstersche Mittelalterschriften 12). München 1972.

193 Staats, Reinhart: Theologie der Reichskrone. Ottonische *Renovatio Imperii* im Spiegel einer Insignie (= Monographien zur Geschichte des Mittelalters 13). Stuttgart 1976.

194 Stabenow, Cornelia: Die Entkleidung der Kultur. Zur Mythologisierung des Materials bei Mario Merz und Jannis Kounellis. In: Carla Schulz-Hoffmann

(Hg.): Mythos Italien – Wintermärchen Deutschland. Die italienische Moderne und ihr Dialog mit Deutschland. München 1988, S. 85–90.

195 Stamm, Brigitte: Blicke auf Berliner Eisen (= Aus Berliner Schlössern. Kleine Schriften 6). Berlin 1979.

196 Stange, Alfred: Die Bedeutung des Werkstoffes in der deutschen Kunst. Mit einem Anhang über Stil, Geschichte und Persönlichkeit. Bielefeld, Leipzig 1940.

197 Stedman Sheard, Wendy: Verrocchio's Medici Tomb and the Language of Materials; with a Postscript on His Legacy in Venice. In: Steven Bule (u. a. Hgg.): Verrocchio and Late Quattrocento Italian Sculpture. Florenz 1992, S. 63–90.

198 Stille, Eva: Bilder und Schmuck aus menschlichem Haar. In: Volkskunst 1, 1978, S. 225–233.

199 Strocka, Volker Michael: Antikenbezüge des Braunschweiger Löwen? In: Der Braunschweiger Burglöwe (s. d.), S. 65–88.

200 Stummann-Bowert, Ruth: Eisenkunstguß. Wetzlar 1984.

201 Thürlemann, Felix: Die Bedeutung der Aachener Theoderich-Statue für Karl den Großen (801) und bei Walahfrid Strabo (829). Materialien zu einer Semiotik visueller Objekte im frühen Mittelalter. In: Archiv für Kulturgeschichte 59, 1977, S. 25–65.

202 Träger, Jörg: Über die Säule der Großen Armee auf der Place Vendôme in Paris. In: Festschrift Wolfgang Braunfels. Tübingen 1977, S. 405–418.

203 Ders.: Der Geist der Marmorgemeinde. Sakrale Verwandlung in der Walhalla und ein theologischer Gedanke Johann Michael Sailers. In: Hans Bungert (Hg.): Johann Michael Sailer. Theologe, Pädagoge und Bischof zwischen Aufklärung und Romantik (= Schriftenreihe der Universität Regensburg 8). Regensburg 1983, S. 87–113.

204 Unger, Friedrich Wilhelm: Quellen zur byzantinischen Kunstgeschichte, Bd. 1 (= Quellenschriften für Kunstgeschichte und Kunsttechnik des Mittelalters und der Renaissance XII). Wien 1878.

205 Utitz, Emil: Grundlegung der allgemeinen Kunstwissenschaft. 2 Bde. Stuttgart 1914/1920.

206 Valentien, Freerk: Untersuchungen zur Kunst des 12. Jahrhunderts im Kloster Komburg. (Phil. Diss.) Stuttgart 1965.

207 Venezia, Francesco: Transfer und Transformation. Die Architektur der Spolien: Eine Kompositionstechnik. In: Daidalos 1985, Nr. 16, S. 92–104.

208 Vincenz, Andrzej: *Materia superabat opus*. In: *Ars Auro Prior. Studia Joanni Bialostocki sexagenario dicata*. Warschau 1981, S. 53–59.

209 Vischer: Friedrich Theodor: Das Material. In: Ders.: Aesthetik oder die Wissenschaft des Schönen. Dritter Theil: Die Kunstlehre. Stuttgart 1852.

210 Walkling, Gillian: Antique Bamboo Furniture. London 1979.
211 Ward Perkins, John B.: The Shrine of St. Peter and Its Twelve Spiral Columns. In: The Journal of Roman Studies 42, 1952, S. 21–33.
212 Watteck, Nora: Geschnitztes Steinbockhorn – ein vergessener Zweig des Salzburger Kunsthandwerks. In: Alte und moderne Kunst 7, 1962, H. 58/59, S. 27–31.
213 Wegner, Max: Spolien-Miszellen aus Italien. In: Festschrift für Martin Wackernagel. Köln, Graz 1958, S. 1–16.
214 Wolbert, Klaus: Die Nackten und die Toten des „Dritten Reiches" (= Kunstwissenschaftliche Untersuchungen des Ulmer Vereins 12). Gießen 1982 (S. 100 ff.: „Holz und Granit gegen Marmor und Bronze").

Abbildungsnachweis

Abb. 1:   Ernst Günther Grimme: Der Dom zu Aachen. Architektur und Ausstattung. Aachen 1994. Foto: Ann Münchow.
Abb. 2:   Ernst Günther Grimme: Der Dom zu Aachen. Architektur und Ausstattung. Aachen 1994. Foto: Ann Münchow.
Abb. 3:   Martin Gosebruch: Der Braunschweiger Dom und seine Bildwerke. Königstein/T. 1980. Foto: Jutta Brüdern.
Abb. 4:   The Illustrated Bartsch, Bd. 27, S. 188, Nr. 515.
Abb. 5:   Rainer Budde: Deutsche romanische Skulptur 1050-1250. München 1979. Foto: Albert Hirmer.
Abb. 6:   Rupert Feuchtmüller: Der Wiener Stephansdom. Wien 1978. Foto: Peter Kodera.
Abb. 7:   Eberhard Lutze: Veit Stoß. München, Berlin 1952. Foto: Staatliche Bildstelle.
Abb. 8:   Ernst Günther Grimme: Der Dom zu Aachen. Architektur und Ausstattung. Aachen 1994. Foto von Ann Münchow.
Abb. 9:   Margarete Kühn: Schloss Charlottenburg. Berlin 1970. Foto: Werner Obigt.
Abb. 10: Tilmann Breuer: Augsburg. München, Berlin 1966. Foto: Helga Schmidt-Glassner.
Abb. 11: Bruno Reudenbach: Das Taufbecken des Reiner von Huy in Lüttich. Wiesbaden 1984. Foto: Rheinisches Bildarchiv, Köln.
Abb. 12: Herwig Guratzsch (Hg.): Max Klinger. Bestandskatalog der Bildwerke, Gemälde und Zeichnungen im Museum der bildenden Künste Leipzig. Leipzig 1995. Foto vermutlich von Ursula Gerstenberger.
Abb. 13: Inez Scott Ryberg: Panel Reliefs of Marcus Aurelius. New York 1967.

Abb. 14: Wolfgang Müller-Wiener: Bildlexikon zur Topographie Istanbuls. Tübingen 1977. Foto: DAI.

Abb. 15: Josef Deér: The Dynastic Porphyry Tombs of the Norman Period in Sicily. Cambridge/Mass. 1959. Foto: Anderson, Rom.

Abb. 16: Jörgen Birkedal Hartmann: Antike Motive bei Thorvaldsen. Tübingen 1979. Foto: G. Zimmer.

Abb. 17: Marc Aurel. Der Reiter auf dem Kapitol. München 1999 (kein Fotograf angegeben).

Abb. 18: Christian Lenz: Tischbein. Goethe in der Campagna di Roma. Frankfurt am Main 1979. Foto: Joachim Blauel.

Abb. 19: Paul Ortwin Rave: Karl Friedrich Schinkel. Lebenswerk, Bd. II. Berlin 1948.

Personenverzeichnis

Sachverzeichnis (Begriffe, Kunstwerke u. ä.)

Materialverzeichnis

57, 79, 83 f., 91, 114–117, 116 f.,
119, 121, 122, 143 f., 147, 156,
166–189

granito del Foro 167 f.

Grauwacke 121

Haar 69, 158, 197 (34), 198 (51),
207 (198)

Holz (s. a. *lignum setim*, Eichen-, Lin-
den-, Mahagoni-, Oliven-, Palmen-,
Teak-, Zedern-, Zypressenholz) 13,
16, 16 (14), 19, 36, 40, 41, 42, 43,
50 (95), 57, 76, 77, 78, 93 f., 106,
119, 127, 143, 158, 192, 201 (90,
105), 204 (152)

Honig 25

Horn s. Büffel-, Rhinozeros-, Steinbockhorn

Hymettos-Marmor 74

Jaspis 125, 133

Kalk 79

Karfunkel 71, 72, 93

Karton 158

Klinker s. Ziegel

Kohle 79

Kokosnuss 12 (2), 199 (64)

Koralle 60, 200 (73), 205 (170)

Kunststoff 24 (29), 158 (444), 198 (50),
202 (120)

Kupfer 12 (3), 23, 102 (267), 113, 184,
206 (190)

Labrador 124 (339)

lapides vivi 97, 98, 204 (144, 160)

Lapislazuli 23

lapis Thebaicus s Thebaischer Stein

Leder 158

lignum setim 93 f.

ligurius 72

Lindenholz 16, 196 (18)

Lunensischer Marmor s. Carrara-Marmor

Magnet 71

Mahagoniholz 191

Malachit 67

Mandlscheck 63 f.

Marmor (s. a. *bigio morato*, Carrara-M.,
cipollino, *giallo antico*, Hymettos-
M., Parischer M., *pavonazzetto*,
Pentelischer M., Pyrenäischer M.,
rosso antico, Rotmarmor, Thasischer
M., Thessalischer M., Untersberger
M.) 13, 19, 20, 23, 28, 33, 35, 36,
38, 38 (64), 40, 41, 43, 50 (95),
51 f., 65, 73, 74, 78, 79, 80, 81 f.,
84, 104 (271), 108 f., 116, 118,
119, 122, 125, 133, 144, 158 f.,
180, 181, 184, 192, 199 (69),
202 (114), 206 (188)

marmor romanum s. Porphyr

Menschenhaar s. Haar

Mergel 79

mistio 23 (26)

Müll 25 (29), 158 (444), 198 (50)

Muschelkalk 118, 191 (540)

Nagelfluh 118

Narwalhorn 19 (21), 69, 206 (181)

Nashorn s. Rhinozeroshorn

„neue" Materialien 16, 24, 76, 158–160,
195 (3), 198 (50), 201 (92),
205 (174)

Numidischer Marmor s. *giallo antico*

Olivenholz 21, 78 (181)

Onyx 125

Opal 125

ostolanus 71

Palmenholz 78 (181)

Papier 7, 44

Pappe 158

Parischer Marmor 20, 121, 143, 192

pavonazzetto 61

Pentelischer Marmor 109, 121

peperino 114

Pergament 24

Perle 12 (4), 78, 204 (153)

Perlmutt 69, 78

Phrygischer Marmor 113

Plastik s. Kunststoff

Porosstein 40

Porphyr 7, 17, 23, 23 (26), 43, 52, 57,
62, 79, 80, 110, 112 (301), 113,
116, 124 (339), 131, 133, 134–142,
168 f., 177, 178, 181, 187,